Dreikönigsmord

Das Buch

Hauptkommissarin Jo Weber und Hauptkommissar Lutz Jäger werden zu einer skelettierten Leiche gerufen, die offenbar schon seit mehreren Hundert Jahren auf einem Klostergelände verscharrt liegt. Nach einem Autounfall auf der Rückfahrt finden Jo und Lutz sich ganz plötzlich im Mittelalter wieder – und müssen den Mord an dem jungen Mann aufklären, dessen Leiche sie im 21. Jahrhundert in Augenschein genommen haben. Ohne all die gewohnten modernen Techniken scheint ihnen das zunächst unmöglich, doch sie stellen fest, dass auch mit der guten alten Zeugenbefragung und einfachen Indizien ein Mörder überführt werden kann. Außerdem führt das Ermitteln im archaischen Mittelalter dazu, dass auch vollkommen rationale Kommissare des 21. Jahrhunderts lernen, den eigenen Gefühlen zu vertrauen. Jo und Lutz sind sich in ihren Ansichten nicht immer ganz einig und streiten viel. Doch zu zweit allein im Mittelalter braucht man einfach seinesgleichen. Und so entwickelt sich natürlich auch eine Annäherung zwischen Jo und Lutz ...

Die Autorin

Bea Rauenthal schreibt unter ihrem richtigen Namen Beate Sauer erfolgreich historische Romane. Sie liebt spannende, humorvolle Geschichten und versetzt sich gern in andere Epochen. Bea Rauenthal lebt in Bonn.

BEA RAUENTHAL

DREI KÖNIGS MORD

Kriminalroman

List Taschenbuch

Besuchen Sie uns im Internet:
www.list-taschenbuch.de

Originalausgabe im List Taschenbuch
List ist ein Verlag der Ullstein Buchverlage GmbH, Berlin.
1. Auflage Dezember 2013
© Ullstein Buchverlage GmbH, Berlin 2013
Umschlaggestaltung: bürosüd° GmbH, München
Titelabbildung: Feld: © Lisa Sieczka / getty images,
Mann: Sally Mundy / Arcangel Images,
Frau: Diane Kerpan / Arcangel Images
Satz: LVD GmbH, Berlin
Gesetzt aus der Dorian
Papier: Pamo Super von Arctic Paper Mochenwangen GmbH
Druck und Bindearbeiten: CPI – Clausen & Bosse, Leck
Printed in Germany
ISBN 978-3-548-61180-8

1. KAPITEL

Eine unüberschaubare Menschenmenge drängte sich zu beiden Seiten der Gasse. Wut- und hassverzerrte Gesichter starrten Jo an.

»Hexe!«

»Verdammte Hexe!«

»Tötet das verfluchte Weib!«

Die Schreie prasselten wie Hiebe auf sie nieder. Sie stand auf einem Karren und trug ein seltsames, zerfetztes Kleid. Ihre Hände waren auf ihren Rücken gefesselt. *Wie war sie nur hierhergekommen?* Ihr wurde übel vor Angst. Panisch wollte sie von dem Wagen springen. Doch ein grobschlächtiger Mann hielt sie mit eisernem Griff fest.

Ein Stein pfiff vor ihr durch die Luft. Ein anderer traf sie mit voller Wucht am Arm. Während ihr der Schmerz den Atem raubte, kam der Karren zum Halten. Ein weiterer Mann, noch fetter als der, der sie gepackt hatte, trat auf sie zu. Ehe sie reagieren konnte, hatte er schon den Strick ergriffen und zerrte sie von dem Karren. *Sie musste sich wehren, sich von dem Kerl befreien ... Wie war noch einmal die erste Kampfstellung im Aikido? Verdammt, niemand hatte ihr beigebracht, was sie tun sollte, wenn jemand sie mit einem Kälberstrick hinter sich herschleppte.*

Wieder traf sie ein Stein. Diesmal am Bein.

Etwas Weiches, Stinkendes klatschte ihr ins Gesicht. Sie sackte zu Boden.

»Komm schon, Täubchen, nicht schlappmachen«, höhnte der Fette.

Mit dem unverletzten Bein trat sie nach ihm. Sein Fausthieb gegen ihren Kopf ließ sie kurz die Besinnung verlieren.

Als sie wieder zu sich kam, banden die beiden Männer sie an einen Pfahl. Die Menge umgab sie in einem weiten, bedrohlichen Halbkreis. Ein bleierner Himmel breitete sich über den Giebeln von Fachwerkhäusern aus. Dann erst bemerkte sie das Stroh und das Holz, das um den Pfahl aufgeschichtet war. *Das konnte doch nicht wahr sein!*

Einer der Männer hielt eine brennende Fackel an das Stroh. Zischend schossen Flammen hoch.

»Nein! Nein, Neeeeiiiin ...!« Ihre Schreie gingen in dem Aufheulen der Menge unter. Schon konnte sie die Hitze des Feuers spüren. Der Rauch drohte, sie zu ersticken.

»Nein!« Verzweifelt riss sie an ihren Fesseln. Die prasselnden Flammen, das Lärmen der Menge und ihre eigenen Schreie vereinigten sich zu einem schrillen, immer höher werdenden Ton. Noch einmal bäumte sie sich auf. Dann stürzte sie ins Bodenlose.

Hauptkommissarin Jo Weber spürte, dass sie auf einem harten Untergrund lag. Etwas Weiches, Schweres bedeckte ihr Gesicht. Sie rang nach Luft, zappelte und trat panisch um sich. Plötzlich konnte sie wieder atmen. Vor ihr erhob sich eine große, grau schimmernde Fläche. *Meine Schlafzimmerschränke ...*, begriff Jo. *Ich bin aus dem Bett gefallen und habe dabei die Decke mitgerissen.* Stöhnend richtete sie sich auf. Ihr Hals schmerzte, und ihr Kopf fühlte sich an, als sei er aus Watte. Ihr Unwohlsein vom vergangenen Tag hatte sich zu einer starken Erkältung ausgewachsen. Was hatte sie nur für einen Unsinn geträumt?

Jo humpelte zu dem gekippten Fenster, durch das schwacher Rauchgeruch drang, und schlug es zu. Wahrscheinlich heizten irgendwelche Nachbarn wieder einmal mit Holz. Es ging doch nichts über eine Zentralheizung! Sie hatte sich kaum ins Bett fallen lassen und sich in die Decke gemummelt, als der schrille Ton erneut einsetzte. Er kam von ihrem Handy, das auf dem Nachttisch lag. Der Wecker zeigte Viertel nach neun an. Es war Sonntag, und sie hatte dienstfrei.

Jo versuchte, das Klingeln zu ignorieren. Doch dann fiel ihr ein, dass möglicherweise Friedhelm sie anrief. Am Abend war er nach einem heftigen Streit aus ihrer Wohnung gestürmt. Sie hangelte nach dem Handy und nahm den Anruf an.

»Ja, hallo?«, krächzte sie.

»Jo?«

Augenblicklich wünschte sie sich, sie hätte das Gespräch nicht angenommen. Die resolute, vom jahrelangen Kettenrauchen heisere Stimme ihrer Dezernatsleiterin Brunhild Birnbaum drang an ihr Ohr.

»Es ist mir klar, dass du heute freihast, Jo. Aber ich wüsste nicht, wen ich sonst bitten könnte, sich die Leiche einmal anzusehen. Meyer hat Urlaub und ist in der Eifel. Kierberg und Lembach, die heute eigentlich Dienst hätten, sind krank. Und ich selbst habe dieses Wochenende meine Enkel zu Besuch. Vier und sechs Jahre alt ... Die kann ich nicht allein lassen.«

»Es tut mir leid. Aber mir geht es überhaupt nicht gut ...«, protestierte Jo.

»Fieber?«

»Nein, das heißt, ich weiß nicht. Ich habe meine Temperatur noch nicht gemessen ...«

»Wenn du Fieber hättest, würdest du es spüren. Hör zu, du setzt dich jetzt in dein Auto und fährst zum Kloster Waldungen hinaus. In spätestens zwei Stunden bist du zurück, nimmst ein heißes Bad und legst dich danach wieder hin.«

»Mein Auto ist seit Freitag in der Werkstatt«, versuchte Jo abzuwiegeln.

»Das macht nichts. Lutz Jäger kann dich sicher auch abholen.«

»Jäger?!« Jo setzte sich ruckartig auf. »Das meinst du jetzt wohl nicht im Ernst.«

»Lutz Jäger ist ein sehr fähiger Kollege.« Brunhild Birnbaums Stimme klang beschwichtigend, hatte jedoch gleichzeitig jenen unnachgiebigen Unterton, den Jo nur zu gut kannte.

»Auch wenn du es nicht wahrhaben willst, kannst du viel von ihm lernen.« Ihr Tonfall wechselte von Chefin zu mütterlich. »Jo, du musst wieder lockerer werden. Wieder mehr deinen Instinkten vertrauen.«

Jo schloss die Augen. Scham, Ärger und Schuldbewusstsein stiegen in ihr auf. Vor vier Monaten war es ihr nicht gelungen, einen Serienvergewaltiger rechtzeitig zu überführen. Sie hasste es zu versagen. »Was kannst du mir zu dem Leichenfund sagen?«, murmelte sie und war sich nur zu bewusst, dass es Brunhild Birnbaum wieder einmal gelungen war, sie zu manipulieren.

»Bauarbeiter haben vor einer Stunde eine skelettierte menschliche Leiche gefunden ...«

»Bauarbeiter ... An einem Sonntagmorgen?«

»Ja, auf dem Klostergelände hat es gestern am späten Abend einen Rohrbruch gegeben, der die Wasserversorgung im Restaurant und im Museum komplett zum Erliegen brachte. Deshalb mussten die Arbeiter anrücken. Beim Graben nach der defekten Stelle sind sie dann auf das Skelett gestoßen.« Im Hintergrund war Kindergeschrei zu hören. »Ich muss Schluss machen«, sagte Brunhild Birnbaum hastig. »Ich ruf dich später noch mal an. Vielleicht habt ihr dann ja schon was herausgefunden. Ich sage Lutz Jäger Bescheid, dass er um zehn bei dir ist. Und danke ... Du hast einen Gefallen bei mir gut.« Damit beendete sie das Gespräch.

Immer noch verärgert über sich selbst, starrte Jo das Handy einen Moment lang an, ehe sie es auf den Nachttisch warf und aus dem Bett kroch. *Warum haben Sie solche Angst vor dem Versagen?*, hatte der Polizeipsychologe gefragt, zu dem Brunhild Birnbaum sie geschickt hatte. *Ach verdammt ...*

Im Bad stieg sie auf die Waage. Sechzig Kilo bei einer Größe von 1,74 Meter – das war okay, aber sie wünschte sich, zwei Kilo weniger zu wiegen. Nach einer schnellen Dusche eilte sie in die Küche, schob ein Pad in die Kaffeemaschine und steckte zwei Brotscheiben in den Toaster. Während sie sich die Haare föhnte, blickte ihr aus dem Badezimmerspiegel ein schmales, von der Erkältung gerötetes Gesicht entgegen. Ihre blauen Augen waren verquollen.

Jo schnitt sich eine Grimasse. Bei ihren Kollegen galt sie als »die spröde, attraktive Blondine«. Heute entsprach sie jedenfalls nicht diesem Bild. Wobei sie sich ohnehin in letzter Zeit oft unsicher fühlte. Sie band ihre glatten Haare zu einem strengen Pferdeschwanz zurück, zog Jeans und einen enganliegenden schwarzen Rollkragenpullover an und trug Make-up auf. Immerhin zeigte ihr ein weiterer Blick in den Spiegel, dass sie damit die schlimmsten Entstellungen überdeckt hatte.

Inzwischen waren Kaffee und Toast fertig. Wie meistens frühstückte Jo im Stehen, wobei sie wieder einmal dachte, dass die Markeneinbauküche, die sie für mehrere Tausend Euro vom Vormieter hatte übernehmen müssen, für sie wirklich eine Verschwendung war. Schließlich kochte sie so gut wie nie. Aber wenigstens gefielen ihr die glänzenden Metalloberflächen.

Um Punkt zehn Uhr zog Jo die Eingangstür des Gründerzeithauses hinter sich zu. Wieder lag ein leichter Geruch von

brennendem Holz in der Luft. Schneeflocken wehten die von
alten Villen gesäumte Straße entlang. Von Lutz Jäger war weit
und breit nichts zu sehen. *Es hätte mich auch sehr gewundert,
wenn er pünktlich gewesen wäre,* dachte Jo grimmig.

Wie hatte ihn Brunhild Birnbaum einmal teils tadelnd,
teils anerkennend genannt? Unseren Anarchisten? Pah …
Selbst Anarchisten hatten Ziele. Und sei es, eine Revolution
anzuzetteln. Jäger dagegen lebte einfach in den Tag hinein,
war unzuverlässig und unberechenbar. Der Himmel mochte
wissen, wie er es jemals zum Hauptkommissar gebracht
hatte. Wahrscheinlich hatte er sämtliche Frauen aus den Prü-
fungskommissionen bezirzt. Wobei es ihr ein Rätsel war, was
ihre Geschlechtsgenossinnen an einem Kerl fanden, der mit
seinen schulterlangen schwarzen Haaren und dem Schnurr-
und Spitzbart aussah wie ein in die Jahre gekommener, dick-
licher Musketier.

Jo vergrub sich tiefer in ihrer gefütterten Lederjacke, zog
die Kapuze über den Kopf und begann gereizt, an dem
schmiedeeisernen Gartenzaun auf und ab zu laufen.

»Nein, ich habe keine Ahnung, wo Lutz steckt«, erwiderte ihr
der Kollege aus der Zentrale desinteressiert, als Jo ihn eine
Viertelstunde später anrief. »Er wird schon noch bei dir auf-
tauchen. Mach dir keinen Stress.«

Jo murmelte einen Fluch. Sie war nahe dran, wutentbrannt
Brunhild Birnbaums Nummer zu wählen, als ein Polizei-
Passat mit quietschenden Reifen in die Straße einbog und
abrupt vor ihr am Bordstein bremste. Als sie die Beifahrertür aufriss, schlugen ihr der Duft von Kaffee, frischem Gebäck und schwacher Zigarettenrauch entgegen – natürlich
herrschte in den Polizeifahrzeugen Rauchverbot. Aus dem
Radio schallte irgendein Brit-Rock-Song aus den Sechzigern
mit hämmerndem, metallischem Beat.

»Warum zum Teufel kommen Sie erst jetzt?«, fuhr sie den Kollegen an, während sie sich rasch den Schnee abklopfte und dann in den Wagen stieg. »Ich bin hier draußen mittlerweile fast erfroren.«

»Oh, Sie hätten gern in Ihrer Wohnung auf mich warten können. Es hätte mir nichts ausgemacht zu klingeln.« Lutz Jäger grinste sie an und zeigte nicht das geringste Schuldbewusstsein.

»Sie sind zu spät ... Wir müssen einen Tatort und eine Leiche in Augenschein nehmen ...«

»Na ja, nachdem die Leiche skelettiert ist, ist die Sache wohl nicht mehr allzu eilig.« Lutz Jäger fuhr los, während er gleichzeitig auf den Rücksitz griff und nach einer Papiertüte hangelte. »Haben Sie Appetit auf eine Brioche? Das sind die besten, die in der Stadt zu kriegen sind.«

»Kommen Sie deshalb zu spät, weil Sie erst noch beim Bäcker waren?« Jo konnte es nicht fassen.

»Ja, ich hatte keine Zeit zu frühstücken. Probieren Sie mal eine, dann werden Sie verstehen, warum ich dafür einen Umweg gemacht habe.«

»Danke, nein!«, fauchte Jo und ignorierte den Appetit, der sich nach ihrem kargen Frühstück mit den zwei gebutterten Toasts in ihr regte. »Und an Ihrer Stelle würde ich mir ins Gedächtnis rufen, dass wir nicht mit Blaulicht und Sirene unterwegs sind. Folglich würde ich mich an die zulässige Höchstgeschwindigkeit halten.«

»Ich war höchstens zehn Stundenkilometer drüber.« Lutz Jäger zuckte mit den Schultern und bremste vor einer roten Ampel. Mit einem kratzenden Geräusch schoben die Scheibenwischer die Schneeflocken beiseite. Über der Straße hingen Girlanden aus Sternen, und auch die Läden waren adventlich geschmückt.

Mit einem Nicken wies Lutz Jäger auf die Auslage eines

Delikatessengeschäfts, wo sich in Folie verschweißte Schinken sowie teuer aufgemachte Dosen und Gläser, umrahmt von roten Kugeln und Tannengrün, türmten. »Ich freu mich schon auf Weihnachten. Wie jedes Jahr gibt's bei uns ein großes Essen. Meine drei älteren Schwestern, deren Familien und ich feiern zusammen. Wir sind so um die zwanzig Leute. Und ich koche für uns alle.«

Inzwischen folgten sie einer Straße, die einen Berg hinauf- und aus der Stadt hinausführte. Weihnachten ... Jos Hals schmerzte, und ihr Kopf dröhnte. Leider hatte sie es verpasst, sich rechtzeitig für den Dienst am vierundzwanzigsten einzutragen.

Wenn sie und Friedhelm sich bis dahin nicht versöhnt hatten – was durchaus zweifelhaft war –, würde sie dieses verwünschte Fest mit ihrer Mutter und Großmutter verbringen müssen, solange sie an dem Abend nicht allein bleiben wollte.

Falls sie sich für die erste Alternative entschied, würden sie zu dritt in dem Esszimmer ihrer Großmutter auf Biedermeierstühlen aus Kirschbaumholz sitzen, angestarrt von Ahnen aus goldgerahmten Gemälden. Der Kronleuchter über dem runden Esstisch würde das Meissener Porzellan und die geschliffenen Kristallgläser bescheinen. Aber weder sein Licht noch die brennenden Kerzen in den versilberten Leuchtern würden die frostige Atmosphäre zwischen den drei Frauen erwärmen können. Und das von der Köchin servierte Mahl würde fade wie immer schmecken. Vielleicht sollte sie an dem Abend doch besser ins Büro gehen und liegengebliebene Arbeiten erledigen. Ihre Kollegen hielten sie ja ohnehin für karrierebesessen.

»Und, was werden Sie so an Weihnachten machen?«, bohrte Lutz Jäger prompt in ihrer Wunde.

»Das geht Sie überhaupt nichts an«, fuhr Jo ihn reflexhaft

an. Im nächsten Moment bedauerte sie ihren Ausbruch. »Hören Sie ...«, begann sie, sich zu entschuldigen.

Doch zu dieser Entschuldigung sollte es nie kommen. Lutz Jäger hatte eine Kurve mit überhöhter Geschwindigkeit genommen. Auf der schneeglatten Straße brach der Wagen aus und schlingerte im Rhythmus der Beat-Drums wild hin und her.

»Sind Sie verrückt geworden?«, schrie Jo auf. »Ich habe Ihnen doch gesagt, Sie sollen langsamer fahren.«

»Oh, keine Sorge, alles ist in bester Ordnung.« Lutz Jägers Stimme klang aufreizend gleichmütig. Tatsächlich war es ihm gelungen, das Auto wieder unter Kontrolle zu bringen. »Vor ein paar Jahren habe ich einen Winter in Kanada verbracht. Da fährt man nur auf ungeräumten Straßen. Aber wenn Ihnen das lieber ist, können wir auf der Rückfahrt gerne tauschen und Sie fahren.«

»Ja, allerdings, das werde ich tun«, schnappte Jo zurück. »Schließlich würde ich diese Tatort-Besichtigung gerne überleben. Und tun Sie mir einen Gefallen und stellen Sie diese grauenhafte Musik ab.«

Wortlos griff Lutz Jäger zum Regler und drehte den CD-Player aus. Schweigend setzten sie ihre Fahrt fort. Dann und wann lichteten sich die kahlen Bäume, und Jo erhaschte durch den feinen Flockenwirbel einen Blick auf die Stadt mit ihrem mittelalterlichen Kern und dem mächtigen Bau des gotischen Doms. Neubaugebiete zogen sich die Hänge hinauf. Der Strom, der die weite Ebene durchschnitt, hatte die gleiche graue Farbe wie der Himmel.

Jo atmete innerlich auf, als sie hinter einer weiteren Kurve die Abzweigung zum Kloster Waldungen erreichten und zwischen den Baumwipfeln der barocke Turm der Klosterkirche auftauchte. Seit sie vor vier Jahren nach Ebersheim gezogen war, hatte sie das ehemalige Benediktinerinnenkloster einige Male mit Gästen besucht, denn es galt als eine der schönsten Sehenswürdigkeiten der Gegend. Außerdem ließ es sich in dem Restaurant hervorragend speisen.

Einmal hatte sie sogar zusammen mit Friedhelm hier gegessen. Ein Großteil der Klostergebäude sowie das Kircheninnere stammten – soweit Jo sich erinnerte – noch aus dem Mittelalter. Nur der Turm mit der Zwiebelhaube war im 17. oder 18. Jahrhundert erbaut worden.

Lutz Jäger fuhr bis dicht an die hohe Mauer heran, die das Gelände umschloss. In den Sommermonaten standen die Parkplätze, vor allem an Sonntagen, immer voller Autos. Doch an diesem Wintermorgen waren nur der Lkw einer Baufirma sowie ein Lieferwagen hier abgestellt. Immer noch schweigend stiegen sie aus dem Passat.

»Bitte ...« Lutz Jäger reichte ihr den Wagenschlüssel mit einer leichten, ironischen Verbeugung. Jo ergriff ihn kommentarlos, ließ ihn in ihre Jackentasche gleiten und knallte die Tür zu.

Ohne auf ihren Kollegen zu warten, ging sie in Richtung des großen Eingangstors. Die beiden grün gestrichenen Flügel standen offen. Hinter sich hörte sie die Absätze von Lutz Jägers Cowboystiefeln auf dem hartgefrorenen Kiesboden klappern. *Welcher Mann, der noch einigermaßen bei Trost war, wählte derartige Stiefel?*, fragte sie sich.

Hinter dem Tor lag ein mit Schnee überzuckerter Garten. Hier wuchsen im Sommer Kräuter und Blumen. Da und dort ragten welke Stängel aus den Beeten auf. Im Schnittpunkt von zwei sich kreuzenden Wegen stand ein Sandsteinbrunnen, dessen Schale auf vier von Wind und Wetter längst abgeschliffenen, verwitterten Säulen ruhte. Obwohl sie fror, brach Jo plötzlich der Schweiß aus.

Sie hatte den Brunnen gerade passiert, als der Garten um sie herum verschwamm. Haltsuchend griff sie nach der

Brunnenschale. Ihre Umgebung war immer noch verschneit, wirkte aber irgendwie verändert. Sie blinzelte. Von einer hohen Hecke her näherten sich ihr zwei seltsam gekleidete Männer. Dann begriff sie. Die Männer trugen mittelalterliche Tracht – wie die Menschen in ihrem Albtraum.

Eine Berührung an ihrer Schulter brachte Jo wieder zu sich. »Alles okay mit Ihnen?«, hörte sie Lutz Jäger besorgt fragen. Ein Gefühl wie ein leichter elektrischer Schlag durchlief sie. Im nächsten Moment konnte sie ihren Kollegen und den Garten wieder klar sehen.

»Ja, natürlich«, erwiderte sie schroff. *Was ist nur heute mit mir los?*, dachte sie ärgerlich. *Die einzige halbwegs plausible Erklärung ist, dass ich ein ausgewachsenes Fieber entwickele und allmählich zu halluzinieren beginne.*

Trotzdem erschrak Jo, als ihnen nun tatsächlich zwei Männer entgegenkamen. Dann erkannte sie, dass die beiden gelbe Schutzhelme und Bauarbeiterkleidung trugen. Sie straffte sich und ging mit energischen Schritten auf sie zu. »Hauptkommissarin Weber ... und Hauptkommissar Jäger«, sagte sie, während sie mit einer knappen Kopfbewegung auf ihren Kollegen wies.

»Gut, dass Sie endlich hier sind.« Der ältere der beiden Arbeiter wischte über seine von der Kälte gerötete Knollennase. »Wir müssen so bald wie möglich weiterarbeiten. Wenigstens ist die Dame von der Gerichtsmedizin schon vor einer Weile eingetroffen und sieht sich das Skelett an.«

»Eine Frau? So eine Hübsche asiatischer Herkunft?« Lutz Jäger lächelte.

»Ja, hübsch ist sie.« Der jüngere Arbeiter erwiderte sein Grinsen.

Jo verdrehte die Augen.

»Dann los!«, wandte sie sich brüsk an den Knollennasigen und stapfte auf die schmale Tür in der Bruchsteinmauer zu, durch die die beiden in den Garten gekommen sein mussten. *Eben hat sich hier eine Hecke befunden*, schoss es Jo durch den Kopf, nur um sich gleich darauf zur Ordnung zu rufen: Was dachte sie schon wieder für einen Unsinn!

Hinter der schmalen Tür erstreckten sich weitläufige Rasenflächen. Sie lagen seitlich des hohen, gotischen Kirchenschiffs und wurden von einer weiteren Mauer begrenzt. Während sie an der Kirche entlangliefen, sagte Jo zu dem Arbeiter: »Laut meiner Vorgesetzten haben Sie das Skelett um halb neun gefunden. Stimmt das?«

»Ja, allerdings.« Seufzend nickte er. »Ungefähr zwei Stunden lang hatten wir gegraben, bevor wir drauf stießen. Normalerweise lässt sich die Stelle, wo ein Rohr geborsten ist, recht schnell finden. Aber hier ist es wie verhext ... Der Restaurantbesitzer macht uns allmählich die Hölle heiß ...«

»Wie tief im Boden lag die Leiche?«

»Ungefähr drei Meter ...«

Jo machte sich in Gedanken eine Notiz. Auch wenn diese Angabe natürlich nachgeprüft werden musste.

Als sie um die Apsis mit ihrem Halbkreis aus spitz zulaufenden, schmalen Fenstern gebogen waren, sah Jo in einiger Entfernung einen Bagger auf der Wiese stehen. Ein weißes Zelt verdeckte seine Schaufel. Ein etwa vierzig Meter langer Graben verlief über die Wiese, an dessen Rand sich Erdschollen türmten. Auch sie waren von einer dünnen Schneeschicht überzogen. Schnee bedeckte auch die Gestänge der Baulampen, die vor dem grauen Himmel wie verkohlte urzeitliche Pflanzen wirkten.

Vor dem rot-weißen Band, das den Tatort sicherte, hatte sich eine Gruppe Arbeiter versammelt. Bei ihnen befand sich ein Mann, der einen eleganten Kamelhaarmantel trug. Als er Jo und ihren Begleiter erblickte, kam er eilig auf sie zu und herrschte sie an: »Wann kann hier denn endlich weitergearbeitet werden? Wissen Sie, was es mich kostet, wenn ich das Restaurant an einem Sonntag nicht öffnen kann?«

»Ich kann es mir ungefähr vorstellen«, erwiderte Jo trocken. »Sobald wir Näheres wissen, werden Sie sofort informiert. Und jetzt warten Sie beide bitte vor der Absperrung.« Sie bückte sich unter dem Band hindurch und betrat dann das Zelt.

Die Gerichtsmedizinerin Yun-Si Mittermaier stand über die Baggerschaufel gebeugt. Auf den Erdklumpen in der Schaufel lag, wie eine seltsame archaische Opfergabe, das Skelett. Wieder fühlte Jo, dass ihr ein Fieberschauer über den Körper rann. Die zierliche Frau drehte sich zu ihr um und begrüßte sie mit einem freundlichen Nicken. Jo kannte sie nicht sehr gut, denn Yun-Si arbeitete noch nicht lange für die Gerichtsmedizin. Aber sie hatte die Ärztin als kompetent kennengelernt und schätzte sie.

»Yun-Si, was für ein Sonnenschein an einem grauen Wintermorgen.« Lutz Jäger war hinter Jo in das Zelt getreten.

»Hallo Lutz.« Die Gerichtsmedizinerin begann doch tatsächlich, mädchenhaft zu kichern und mit ihren langen Wimpern zu klimpern. »Schön, dich mal wieder zu sehen.«

Es war einfach nicht zu fassen ... »Frau Mittermaier, was können Sie uns über die Leiche sagen?«, fragte Jo eisig.

Yun-Si Mittermaier schob die Kapuze ihres Plastikschutzanzugs zurück. »Tja, der Tote fällt nicht in euren Zuständigkeitsbereich.«

»Wie meinen Sie das?«

Mit ihrer kleinen Hand deutete die Gerichtsmedizinerin auf die bräunlich verfärbten Beckenkochen. »Die schmale Beckenform weist den Toten ganz klar als Mann aus. Die Knochen sind so stark angegriffen, dass das Skelett schon sehr lange im Boden gelegen haben muss. Hier zum Beispiel ...« Ihr Finger verharrte über der rechten Beckenpfanne. »Der Knochen ist papierdünn und an manchen Stellen löchrig.

Und hier ...« Sie wies auf einen Unterarm. »Die Elle hat sich schon ganz aufgelöst. Ich werde das noch genau untersuchen. Aber ich bin mir sicher, dass der Tote seit mehreren Jahrhunderten im Boden gelegen hat.«

»Und warum ist das Skelett dann noch nicht völlig verwest?«, fragte Lutz Jäger.

»Der Boden ist sehr tonhaltig. Deshalb gelangte nur wenig Sauerstoff an den Leichnam.« Yun-Si Mittermaier kam Jo mit ihrer Antwort zuvor. Sie nahm ein wenig Erde von der Baggerschaufel und zerkrümelte sie zwischen ihren Fingern. Rötliche Partikel blieben an ihrer Haut haften. »Der Sauerstoffmangel führt zum Abbrechen der Verwesung, und die Körperfette überziehen den Körper mit einer wachsähnlichen Schutzschicht ...«

»Was man *Adipociren* nennt, Herr Jäger«, bemerkte Jo frostig. »Falls Sie dieses Wort in Ihrer Ausbildung noch nicht gehört haben sollten.« Diese ganze Tatort-Besichtigung war also völlig umsonst gewesen. Sie wünschte sich, endlich wieder in ihrem Bett zu liegen.

»Doch, ich erinnere mich vage an das Wort.« Lutz Jäger hob die Augenbrauen. »Nun ja«, er fand seine gute Laune sofort wieder und wandte sich Yun-Si zu, »immerhin haben wir also mit diesem Toten keine weiteren Umstände.« Er senkte verschwörerisch die Stimme. »Wie steht's mit deinem Sonntag? Hast du heute schon was vor?«

»Ach, Lutz ...« Wieder kicherte sie mädchenhaft.

Wortlos drehte sich Jo um und verließ das Zelt.

Der Restaurantbesitzer erwartete sie schon an dem Absperrband. »Was ist jetzt? Können die Bauarbeiter weitermachen?«, verlangte er ungeduldig zu wissen. Jo wies auf das Zelt. »Fragen Sie das meinen Kollegen und die Gerichtsmedizinerin.«

Auf dem Rückweg zum Auto begann es, heftiger zu schneien. Obwohl die wirbelnden Flocken Jo wie kalte Nadelstiche ins Gesicht trafen, schwitzte sie wieder stark. Jedes Schlucken bereitete ihr Schmerzen. *Wenn dieser Jäger noch länger mit Yun-Si Mittermaier herumturtelt, fahre ich ohne ihn in die Stadt,* schwor sie sich. Doch als sie eben in den Passat gestiegen war und ihr Headset aufsetzte, kam er über den Parkplatz gerannt und riss die Beifahrertür auf.

»Nehmen Sie es doch locker, Frau Kollegin.« Lutz Jäger sank neben ihr in den Sitz. »Ein netter Ausflug an einem Wintermorgen ...«

Ohne ihn eines Blicks zu würdigen, schnallte Jo sich an. Danach drehte sie den Schlüssel in der Zündung. Der Motor des Passats hustete kurz auf. Dann erstarb er. *Oh, verdammt ...*

»Sie müssen den Motor langsamer kommen lassen.«

»Danke für den Rat. Aber ich habe tatsächlich schon ein paar Jahre den Führerschein.« Erneut betätigte Jo die Zündung und drückte auf das Gaspedal. Diesmal fuhr das Auto mit einem harten Ruck an. Etwas rollte unter dem Fahrersitz hervor und kullerte gegen ihre Füße. Sie bremste und bückte sich. Das »Etwas« entpuppte sich als eine Bierdose.

»Ist das Ihre?« Als Jo die Dose hochhielt, tropfte Flüssigkeit auf ihre Jeans.

»Ja, die ist wohl von dem Fußballspiel gestern übrig geblieben.« Lutz Jäger zuckte mit den Schultern. »Und damit Sie sich keine Sorgen machen: Nein, ich habe keinen Dienstwagen für private Zwecke missbraucht. Ich habe einen kranken Kollegen vertreten und zusammen mit ein paar Kumpels Dienst bei einem Zweitliga-Spiel geschoben. Außerdem hat der Fahrer des Wagens keinen Tropfen Alkohol zu sich genommen und war nicht im Geringsten in seiner Fahrtüchtigkeit beeinträchtigt.«

»Ihre Erklärungen interessieren mich kein bisschen.« Jo pfefferte die Dose auf den Rücksitz. »Aber falls wir noch einmal zusammen einen Dienstwagen benutzen sollten, was ich nicht hoffe, wäre ich Ihnen dankbar, wenn Sie vorher Ihren Müll entsorgen würden. Und Ihre Kippen ...« Sie deutete auf den Aschenbecher.

Jo war kaum losgefahren, als das Handy an ihrem Gürtel klingelte. Während sie vorsichtig in die Straße einbog, nahm sie das Gespräch entgegen. »Weber ...«

»Jo, wir müssen reden.« Friedhelms Stimme hallte durch den Passat.

»Es tut mir leid. Ich kann jetzt nicht. Ich ruf dich zurück, sobald ich zu Hause bin.« Hektisch suchte sie nach der Lautsprechertaste.

»Nein, wir sprechen jetzt miteinander. Ich habe es satt, dass immer alles nach deinem Willen laufen muss.«

»Jetzt verdrehst du aber die Tatsachen.« Wo war nur diese verflixte Taste? Aus den Augenwinkeln sah Jo, dass Lutz Jäger vor sich hingrinste. »Ich habe es dir doch gestern Abend schon gesagt. Mir ging es einfach nicht gut. Deshalb habe ich dich gebeten zu gehen.« Die Scheibenwischer verschmierten die Flocken. Ein wässriger Film bildete sich auf der Windschutzscheibe.

»Das mit deiner Erkältung war nur eine Ausrede. Und das weißt du auch ganz genau.«

Jo registrierte, dass sie nun das langgezogene, fast ebene Straßenstück erreicht hatten, das nach etwa fünfhundert Metern einen kurzen, steilen Hang hinaufführen würde. Ein letzter Anstieg, ehe die Straße sich dann in Serpentinen zur Stadt und zur Flussebene hinunterwand. Eine tückische Strecke bei diesem Wetter, auf der sie keinesfalls ihre Beziehungsprobleme mit ihrem Freund diskutieren wollte. Vor allem nicht im Beisein von Lutz Jäger.

»Friedhelm ...«, bat sie. Dies musste die Lautsprechertaste sein. Fest drückte sie darauf.

»Dir hat es nicht gepasst, dass ich unangemeldet bei dir vorbeigekommen bin.« Seine Stimme schallte noch lauter durch den Wagen. »Du musst immer alles unter Kontrolle haben ...«

»Ach, Unsinn ...«, protestierte sie aufgebracht. Ein Lkw fuhr jetzt den steilen Abhang hinunter. Sein Fahrerhaus leuchtete rot durch die Schneeflocken. Einen Moment lang schielte Jo auf das Handy, während sie den richtigen Befehl eingab.

»Ich kann so nicht mit dir leben.«

Erleichtert bemerkte Jo, dass Friedhelms zornige und frustrierte Stimme endlich nur noch im Headset ertönte. »Aber ...« Sie setzte zu einer Antwort an und stockte. Irgendetwas war merkwürdig mit dem Lkw.

»Scheiße ...« Fast gleichzeitig mit Lutz Jägers entsetztem Fluch begriff sie: Der Lkw schlitterte quer über die Straße. Das Führerhaus streifte die Bäume. Ein kreischend-schabendes Geräusch ertönte, als ob ein riesiges Stück Schmirgelpapier über Holz schliffe. Es bohrte sich in Jos Kopf. Füllte ihn ganz aus. Der mächtige Wagen schwankte, kippte. Sein Aufprall auf dem schneeglatten Asphalt vibrierte wie ein Stromstoß durch ihren Körper. Sie versuchte zu bremsen, das Lenkrad herumzureißen.

»Halten Sie auf den Lkw zu!«, hörte sie Lutz Jäger brüllen. Verschwommen nahm sie wahr, dass er ins Steuer griff. Der Passat schlingerte wild. »Verdammt! Tun Sie, was ich Ihnen sage.«

»Nein!« Sie lenkte dagegen. Die umgestürzte Ladefläche bewegte sich rasend schnell auf sie zu. Die blau-weiß gestreifte Plane flatterte hin und her wie die Flügel eines riesigen Vogels im Todeskampf. Gleich würden die Schwingen sie unter sich begraben.

Wie in Zeitlupe nahm Jo wahr, dass sich der Passat an dem Lkw vorbeibewegte. Hatten sie es etwa tatsächlich geschafft? Etwas Großes, Dunkles ragte vor ihr auf. Noch einmal versuchte sie, das Steuer herumzureißen. Doch zu spät.

Krachend prallte der Wagen gegen einen Baum. Eine gigantische Hand riss sie nach vorn, nur um sie gleich darauf in den Sitz zurückzuschleudern und dann durch die Luft zu wirbeln.

»Jo, um Himmels willen! Was ist geschehen? Jo ...« Friedhelms Rufe drangen aus großer Entfernung an ihr Ohr. Ein erneuter Aufprall. Dann breitete sich Schwärze um sie aus. Sie fiel und fiel und fiel ...

Gedämpftes Gemurmel drang in Jos Bewusstlosigkeit. Nur langsam kam sie zu sich. Ihr Kopf schmerzte, als wollte er jeden Moment zerspringen, und ihr Körper fühlte sich an, als sei er gerädert worden. Verschwommen erinnerte sie sich: Sie war mit einem Polizeifahrzeug verunglückt. Gewiss hatte man sie in ein Krankenhaus gebracht.

Das Gemurmel wurde etwas lauter. Wahrscheinlich standen Ärzte und Pfleger um ihr Bett herum. Nein, sie hatte keine Lust, jetzt in deren professionell fröhliche Gesichter zu blicken und sich ihr aufmunterndes Gerede anzuhören.

Vorsichtig, mit geschlossenen Augen, versuchte Jo, ihre Finger und Zehen zu bewegen. Erleichtert registrierte sie, dass alle ihr gehorchten. Gelähmt war sie also nicht. Sie wünschte sich, wieder einschlafen zu können. Doch plötzlich schnupperte sie irritiert. Es roch nicht nach Krankenhaus. Statt nach den Ausdünstungen von Desinfektionsmitteln und Arzneien roch es nach ... ja: brennenden Kohlen, Kräutern und ... Weihrauch ...

Hatte sie etwa ihr Geruchsempfinden bei dem Unfall eingebüßt? Jo öffnete die Lider einen Spalt weit. Keine weiß gestrichene Decke mit Neonröhren erstreckte sich über ihr, sondern ein brauner, grobgewebter Stoff. Eine Art Baldachin. Noch ehe sie sich darüber wundern konnte, hörte sie wieder das Gemurmel. Eine einzelne Stimme stach daraus hervor. Es war die eines Mannes. Sie war knarzend und unangenehm. Auch wenn Jo nicht recht verstehen konnte, was der Mann sagte.

Hatte sie etwa wieder einen Albtraum? Nun glaubte sie, den Mann die Wörter »Weib« und »Sünde« sagen zu hören. *Was in aller Welt ...?* Jo riss die Augen auf. Ja, sie war tatsächlich in einem Albtraum gefangen. Sie lag in einem holzgetäfelten Zimmer. Eine Gruppe von Menschen stand um ihr Bett. Allen voran ein fast kahlköpfiger, hakennasiger Mönch, um dessen ausgezehrten Körper eine schwarze Kutte schlotterte. Rechts und links von ihm sah sie zwei jüngere Mönche. Offensichtlich seine Gehilfen. Denn der eine schwenkte ein Weihrauchfass, und der andere hielt ein dickes, in Leder gebundenes Buch in den Händen. Hinter den Mönchen hatten sich etwa zwei Dutzend in mittelalterliche Gewänder gekleidete Männer und Frauen aufgereiht. Diese starrten Jo mit dem Ausdruck größter Verblüffung an.

»Herrin!« Eine rundliche Frau, die rote Apfelbäckchen und haselnussbraune Augen hatte, eilte an das Bett und ergriff Jos Hände. »Endlich seid Ihr wieder zu Euch gekommen.«

»Ja, danken wir alle Gott, dem Herrn, für diese Gnade.« Der hagere Mönch breitete salbungsvoll die Arme aus. »Und Ihr«, er bedachte Jo mit einem stechenden Blick, »solltet jetzt Eure Sünden bekennen. Denn ganz sicher waren es Eure Hoffart und Euer Eigensinn, die Euch für mehr als zwei Monate an das Krankenlager gefesselt und Euren Geist verwirrt haben.«

»Wie ... bitte ...«, stammelte Jo.

»Hochwürdigster Priester, verzeiht«, wandte die rundliche

Frau schüchtern ein, »aber ich glaube nicht, dass meine Herrin dazu schon in der Lage ist.«

Der Mönch ignorierte sie und trat näher an Jo heran. »Los, sprecht mir nach!« Ungeduldig wedelte er mit der Hand herum. »Ich, eine Tochter Evas, ein Weib und deshalb den niederen Trieben und den Einflüsterungen des Bösen besonders zugänglich, bekenne, dass ich ...«

Die Menschen in dem Raum begannen, eine leise, lateinisch klingende Litanei anzustimmen. Dieser Traum wurde ja immer verrückter. Jo klammerte sich an der schweren, wollenen Bettdecke fest.

»Nun macht schon, Weib! Worauf wartet Ihr noch? Oder hat Euch ein Dämon die Lippen versiegelt?« Der hagere Mönch beugte sich vor und hob die Hand, als wolle er sie auf den Mund schlagen.

Auch wenn dies nur ein Traum war – das war zu viel! Jo setzte sich so abrupt auf, dass ihr einen Moment lang schwindelig wurde. »Raus hier! Auf der Stelle!«, brüllte sie dann mit krächzender Stimme.

Der Mönch wich zurück, hatte sich dann jedoch sofort wieder gefasst. »Weib, was erlaubt Ihr Euch?«, donnerte er. »Auf den Knien werdet Ihr mir Abbitte für diese Unverschämtheit leisten!« Dem Gefäß seines Begleiters entwich eine große Weihrauchwolke.

Der Rauch kratzte in Jos Kehle. Die Menschen im Hintergrund des Raums unterbrachen ihre leise Litanei, warfen sich entsetzte Blicke zu und begannen, miteinander zu tuscheln. Hustend raffte Jo die Decken um sich und stieg aus dem Bett.

»Auf die Knie mit Euch!«, wiederholte der Mönch gebieterisch.

Jo baute sich breitbeinig vor ihm auf, wie sie es bei einem besonders renitenten Straftäter getan hätte. Dann sah sie ihm fest in die Augen. »Sie verlassen diesen Raum«, sagte sie bestimmt, aber ohne ihre Stimme noch einmal zu erheben, »und zwar sofort. Und alle anderen, die sich in diesem Zimmer befinden, werden mit Ihnen gehen.«

Der Blick des Mönchs flackerte unsicher. »Ihr ... Ihr seid tatsächlich besessen«, japste er schließlich.

Was redete er da ...? »Das mag ja sein«, erwiderte Jo betont gleichmütig. »Aber jetzt werden Sie und alle anderen meinem Befehl unverzüglich Folge leisten.« Sie trat einen Schritt auf den Mönch und seine beiden Begleiter zu.

Der mit dem Weihrauchfass zuckte ängstlich zusammen, was dem versilberten Gefäß erneut eine dichte Qualmwolke entsteigen ließ. »Pater Lutger, Ihr habt recht«, flüsterte er, »lasst uns für dieses Mal dem Dämon weichen und ein anderes Mal besser gerüstet hierherkommen.«

»Meine Herrin ist nicht besessen«, mischte sich die rundliche Frau wieder ein. »Sie ist einfach noch krank und deshalb nicht ganz bei Sinnen.«

»Wir werden fürs Erste dieses sündige Haus verlassen.« Der hakennasige Mönch bedachte Jo mit einem kalten Blick. »Aber seid versichert, Euer freches, gotteslästerliches Verhalten wird nicht folgenlos bleiben.«

»Ach, wenn Sie wüssten, was mir schon alles angedroht wurde«, murmelte Jo, während sie gegen ein plötzliches, heftiges Schwindelgefühl ankämpfte. Erleichtert sah sie, dass sich Pater Lutger hoheitsvoll umdrehte und seine beiden Begleiter zu sich winkte. Die anderen Menschen wichen zurück, um den drei Männern den Weg zu einer dunklen, schweren Holztür freizugeben. Nachdem die Mönche den Raum verlassen hatten, schoben sich auch die übrigen Anwesenden durch die Tür. Die Beine gaben unter Jo nach, und sie sackte auf den Bettrand.

»Herrin, ach Herrin, wie konntet Ihr Euch Pater Lutger nur

so zum Feind machen?« Die rundliche Frau kniete sich vor ihr auf den Bretterboden und sah sie bekümmert an. »Ich weiß ja, dass Ihr den Pater nicht leiden könnt. Aber ich wusste mir einfach keine andere Wahl, als ihn zu rufen. Schließlich ist er bekannt dafür, böse Geister auszutreiben. Und Ihr wart schon so lange schwerkrank ...« Tränen schimmerten in ihren Augen.

»Sie sind nicht real. Das alles ist nicht real ...«, murmelte Jo. *Ist dies etwa nicht bloß ein Albtraum?* Wirre Gedanken schwirrten durch ihren Kopf. *Bin ich möglicherweise nach dem Unfall in ein Koma gefallen und liege jetzt auf einer Intensivstation an alle möglichen Schläuche und Geräte angeschlossen, während mein Unterbewusstes mich in eine Fantasie-Welt versetzt, gespeist aus meinen letzten Eindrücken vor dem Unglück?*

»Ach Herrin, ich weiß ja nicht genau, was Ihr mit dem Wort *real* meint. Jedenfalls seid Ihr wirklich. Ebenso wie ich und dieser Raum in Eurem Heim.« Die Frau schüttelte besorgt den Kopf. »Ihr werdet doch wohl Eure Magd Katrein wiedererkennen.«

»Ich habe keine Magd«, flüsterte Jo. »Nur einen Herd und eine Spülmaschine, die ich so gut wie nie benutze. Und das hier ist nicht mein Zuhause. Ich lebe im 21. Jahrhundert und ...«

»Wir schreiben das Jahr 1380. Und nun müsst Ihr Euch wieder hinlegen«, erklärte die Frau, die sich Katrein nannte. Resolut fasste sie Jo um die Schultern und drückte sie mit sanfter Gewalt auf das Bett nieder. Jo war zu erschöpft, um sich zu wehren. Von irgendwoher aus dem Gebäude war ein merkwürdiges, gleichmäßiges Geräusch zu hören. Als ob jemand große Holzstücke gegeneinander schlüge.

»Was sind das für Töne?«, fragte Jo die Magd, die ihr die Wolldecke bis zur Brust hochzog und sie dann unter der Matratze feststeckte. Sie entschied, dass es am einfachsten war, wenn sie fürs Erste in diesem Traum oder in dieser Koma-Fantasie mitspielte.

»Erkennt Ihr etwa nicht einmal das Geräusch Eurer Webstühle?«

»Meine Webstühle ...?« Trotz ihrer Kopfschmerzen und ihrer Müdigkeit musste Jo beinahe lachen. Gewebt hatte sie ein einziges Mal in ihrem Leben. Ein schmuddeliges, schiefes Stoffstück auf einem Handwebrahmen, in der zweiten Grundschulklasse. Sie hatte Handarbeiten immer gehasst.

»Ja, natürlich. Ihr besitzt acht Webstühle. Sie stehen in der Weberei, die Ihr von Eurem verstorbenen Gatten geerbt habt.«

»Ich bin ... Witwe?« *Diese Traumbilder wurden ja immer absurder ...*

»Bei Gott ... Die lange Krankheit hat Euer Gedächtnis wirklich völlig verwirrt.« Wieder stiegen Katrein Tränen in die Augen. »Sagt, wisst Ihr wenigstens noch Euren Namen?«

»Jo ... Josepha Weber«, flüsterte Jo.

Ein erleichtertes Lächeln breitete sich auf dem Gesicht der Magd aus. »Dem Himmel sei Dank. Euer Geist ist also doch nicht völlig zerrüttet. Ich bin überzeugt, in den nächsten Tagen wird Eure Erinnerung allmählich vollständig zurückkehren.«

»Ich trage also auch im Traum diesen Namen?«

»Nicht nur im Traum.« Katrein seufzte leicht. »Auf den Namen *Josepha* seid Ihr getauft, und *Weber* ist der Name, den Ihr bei Eurer Heirat von Eurem Gatten übernommen habt.« Während sie sprach, trat sie an eine wuchtige Truhe. Dort ergriff sie einen Tonkrug und goss eine Flüssigkeit in einen Becher. Mit dem Gefäß in der Hand kam sie wieder zum Bett und setzte sich neben Jo. »Trinkt das, Herrin«, sagte sie sanft.

»Was ist das?«, fragte Jo misstrauisch.

»Nur Wasser.«

Jo spürte plötzlich, wie durstig sie war. Sie ließ sich von

Katrein aufhelfen und sich den Tonbecher an die Lippen setzen. Das Wasser schmeckte ein wenig süßlich. Doch ehe sie die Magd zur Rede stellen konnte, ob sie nicht doch irgendein Mittel hineingegeben habe, fielen ihr schon die Augen zu. Sie hörte noch, wie sich Katrein einen Stuhl heranzog und sich neben das Bett setzte, und dachte: *Wenn ich das nächste Mal zu mir komme, werde ich diesen Traum hoffentlich vergessen haben.* Dann schlief sie ein.

Der Geruch von Kampfer, Wermut und Kamille stieg Jo in die Nase und ließ sie im Halbschlaf niesen. Ihr Albtraum war also immer noch nicht zu Ende. Ach, wenn es doch nur nach Desinfektionsmitteln gerochen hätte. Resigniert schlug sie die Augen auf. Katrein saß immer noch oder wieder auf dem Stuhl neben dem Bett. Sie stopfte ein Loch in einem Strumpf. Hinter der Magd fiel Sonnenlicht durch die Butzenscheiben eines kleinen Fensters und malte Kringel auf den Bretterboden. Schwerfällig stützte Jo sich auf ihren Ellbogen.

Katrein blickte von ihrer Handarbeit auf und lächelte sie an. »Herrin, Ihr habt zwei Tage lang geschlafen. Wie fühlt Ihr Euch? Hoffentlich besser?«

Tatsächlich hatten Jos Kopfschmerzen nachgelassen, und sie kam sich nicht mehr ganz so gerädert vor. Doch sie fühlte sich immer noch zu müde, um sich mit dieser Traumgestalt herumzustreiten. »Ein bisschen besser, ja«, sagte sie. Ihr Magen zog sich zusammen und ließ ein lautes Knurren hören.

»Oh, Ihr habt Hunger. Das ist ein gutes Zeichen. Ich hole Euch rasch Eure Morgensuppe.« Behände sprang die Magd auf.

Als sie allein war, blickte Jo sich stirnrunzelnd um. Der Raum, in dem sie sich befand, war recht groß, wenn auch niedrig, mit dunkel verfärbten Balken an der Decke. In einem

Kamin brannten Holzscheite, und vor dem Fußende des breiten Bettes stand ein Metallbecken auf einer Art hüfthohem Dreifuß, in dem Kohlen glommen. Drei klobige Truhen sowie einige Stühle und Schemel bildeten die ganze Einrichtung. An Metallhaken, die in die Wandtäfelung eingelassen waren, hing eine Ansammlung von Kleidungsstücken.

Nun, mein Gehirn reproduziert also perfekt das Ambiente eines mittelalterlichen Zimmers, dachte Jo. Ob dies für die Welt »draußen« auch so gelten würde? Oder befand sich dort eine Art leerer Raum, ähnlich dem Set hinter einer Filmkulisse?

Vorsichtig stieg Jo aus dem Bett. Sie trug, das registrierte sie erst jetzt, einen sackartigen, aus grobem Leinen gewebten Kittel. Obwohl ein Windstoß eine dünne Rauchwolke aus dem Kamin ins Zimmer wehte, nahm sie wahr, dass ihr Körper müffelte. *Auf dieses Detail hätte ihre Einbildungskraft nun aber wirklich verzichten können …*

Mit dem Gefühl, Watte in den Beinen zu haben, tappte Jo zum Fenster und stieß es auf. Sie blickte auf eine enge Gasse hinaus, die schmalgieblige Fachwerkhäuser säumten. Zwischen den verschneiten Dächern ragte ein mächtiger Bau auf. Das unvollendete Schiff war eingerüstet. Dennoch war unverkennbar, dass es sich bei diesem Gebäude um den Dom von Ebersheim handelte.

»Herrin, um Himmels willen, geht von dem offenen Fenster weg. Sonst holt Ihr Euch noch den Tod!« Die Magd stellte das Tablett, das sie in den Händen hielt, hastig auf einer Truhe ab. Dann eilte sie zu Jo, schlug das Fenster zu und bugsierte sie, während sie leise und liebevoll auf sie einschimpfte, zu einem Lehnstuhl vor dem Kaminfeuer.

Nachdem sie eine dicke Decke um sie gelegt und ihr Wollstrümpfe über die nackten Füße gezogen hatte – was Jo, die sich wie in Trance fühlte, ohne Gegenwehr geschehen ließ –, zog Katrein einen niedrigen Tisch heran und holte das Tab-

29

lett. Darauf standen ein Holzbecher mit einer klaren, dampfenden Flüssigkeit – offenbar heißes Wasser – und eine Tonschüssel, die mit einem braunen Brei gefüllt war.

Skeptisch tauchte Jo den Holzlöffel, den ihr Katrein reichte, in die zähe Masse und rührte darin herum.

»Nun esst schon, Herrin!« Aufmunternd nickte die Magd ihr zu.

Vorsichtig kostete Jo. Der Brei fühlte sich glibberig auf ihrer Zunge an. Er schmeckte auf eine widerliche Weise nach gar nichts und erinnerte sie an die Suppen, die ihr bei einem »Fünf-Elemente-Wellness-Wochenende« – dies war eine eklatante Fehlinvestition gewesen – serviert worden waren.

»Ich kann das nicht essen.« Sie stieß den Löffel in die Pampe.

»Aber Herrin, was habt Ihr denn gegen die Speise einzuwenden?«, fragte Katrein sie konsterniert. »Ihr mögt sie doch sonst. Kommt, versucht es noch einmal. Wahrscheinlich muss sich Euer Gaumen nach der schweren Krankheit erst wieder an Nahrung gewöhnen.« Sie zog den Löffel aus dem Brei und machte Anstalten, ihn Jo in die Hand zu drücken.

Traum oder nicht ... Sie hatte es satt, sich wie ein Kleinkind behandeln zu lassen. »Ich kann und werde dieses Zeug nicht essen«, erklärte Jo bestimmt und stellte die Schüssel mit einem Knall auf den Tisch. »Bringen Sie mir also bitte etwas anderes.«

»Gewiss, Herrin.« Katrein nickte besänftigend. »Was hättet Ihr denn gerne?«

»Kaffee ...«

Die Magd starrte sie nur verständnislos an.

Jo seufzte. *Dieser Traum war anscheinend real bis ins letzte Detail ...* »Irgendeinen anregenden Tee ...«

»Anregend ...?«

»Einen Tee, der mich wachmacht. Und Toast ... Ich meine,

geröstetes Brot«, verbesserte sie sich rasch. »Und Butter und ein Acht-Minuten-Ei.«

»Herrin, was soll das sein: ein Acht-Minuten-Ei?«

»Na ja, ein Ei, das acht Minuten lang gekocht hat. Was denn sonst?«, erwiderte Jo ungeduldig.

»Aber ... Wie soll ich denn die Zeit von acht Minuten bemessen?« Katrein wirkte zunehmend verwirrt. »Wie viele Vaterunser wären das?«

Gab es denn in dieser Pseudo-Mittelalter-Welt noch nicht einmal Uhren? »Bringen Sie mir stattdessen einfach Rührei«, sagte Jo schwach. »Ach ja, und ich würde mich gern waschen und etwas Sauberes anziehen ...«

»Rührei ...«, wiederholte Katrein zweifelnd. »Außerdem geröstetes Brot, Butter und einen Tee, der wachmacht. Ich kümmere mich darum. Was das Waschen betrifft, werde ich Euch gleich Marie schicken. Sie wird Euch mit allem Notwendigen versorgen.«

»Danke.« Jo nickte und mummelte sich tiefer in die Decke ein. Trotz des Feuers im Kamin und dem Becken voll glimmender Kohlen fror sie. *Warum konnte mich mein Unterbewusstes nicht in eine andere Zeit versetzen?*, dachte sie missmutig. *In eine Zeit mit Zentralheizung und fließend heißem und kaltem Wasser?*

Tatsächlich schleppte das magere, sommersprossige Mädchen, das wenig später den Raum betrat, einen schweren, dampfenden Tonkrug, den es auf eine der Truhen neben eine große Schüssel wuchtete. Danach wisperte es schüchtern einige Worte, die Jo nicht verstand, und wuselte wieder davon. Gleich darauf erschien es wieder. Dieses Mal trug es einen Weidenkorb, dem es Tücher und ein Schälchen entnahm, in dem sich eine klebrige dunkelgraue Masse befand, die ekelhaft roch.

»Was ist das?«, fragte Jo.

»Pottasche, Herrin.« Das Mädchen sah sie mit großen Augen an, während es heißes Wasser aus dem Krug in die Schüssel goss.

Anscheinend eine Art Seife ... Seufzend streifte Jo den verschwitzten Kittel ab. Fröstelnd tauchte sie einen Lappen erst in das Wasser, dann in die graue Masse und versuchte, so gut es ging, sich zu waschen. Nachdem sie damit fertig war, kam sie sich nicht viel sauberer vor. Aber immerhin entdeckte sie zwischen den Tüchern einen frischen Kittel – ebenso sackartig wie der, den sie eben abgelegt hatte.

Jo hatte gerade den Kittel übergestreift und frierend ihren Platz vor dem Kaminfeuer wieder eingenommen, als Katrein die Tür mit der Schulter aufstieß. »So, hier ist alles, wie Ihr es Euch gewünscht habt.« Mit einem leichten Seufzer stellte sie das Tablett neben Jo auf dem Tisch ab und nahm eine Art Tonglocke von einem Teller. Das Rührei darauf sah nicht einmal unappetitlich aus. Jo strich mit einem Messer Butter auf eine der leicht angekokelten Brotscheiben, die in einem Körbchen lagen. Auf dem Tablett befand sich keine Gabel – hatte es im Jahr 1380 noch keine Gabeln gegeben? –, deshalb häufte sie mit Hilfe des Messers das Rührei auf das Brot.

Ausgehungert biss Jo in die Scheibe. Sie schlang das Brot und das Ei gierig hinunter und trank hastig von dem ein wenig bitter schmeckenden Tee. Erst als sie den letzten Krümel vertilgt und den letzten Tropfen getrunken hatte, lehnte sie sich in ihrem Stuhl zurück.

Katrein, die sich in ihre Nähe gesetzt hatte und wieder an einem Strumpf stopfte, sah zu ihr herüber. »Jetzt hat es Euch aber geschmeckt«, stellte sie erleichtert fest.

»Ja, das hat es«, erwiderte Jo. Sie konnte sich nicht erinnern, wann sie das letzte Mal so viel gefrühstückt hatte. Sie fühlte sich angenehm satt und träge.

»Herrin, ich möchte Euch jetzt eigentlich lieber nicht damit belasten«, Katreins Stimme klang zögerlich, »aber ich muss

Euch warnen. Ihr wisst ja, dass die Brüder Eures Gatten Euch das Erbe neiden. Während Eurer Krankheit haben sie versucht, die Wirtschaftsbücher an sich zu bringen. Ich konnte sie abwimmeln. Aber noch einmal werden sie sich nicht so leicht vertreiben lassen.«

Jo schloss einen Moment lang die Augen. *Mit was für Überraschungen wartet dieser Albtraum denn noch auf?*, fragte sie sich resigniert. Nun, bevor es zum Streit mit den Verwandten ihres »toten Ehemanns« kam, würde sie wohl hoffentlich endlich erwacht sein.

»Ich habe also geerbt ...«, meinte sie leichthin.

»Ja, Ihr seid eine sehr wohlhabende Frau.« Katrein nickte. »Ihr besitzt neben der Weberei ein gutgehendes Handelsgeschäft. Das Haus hier in der Stadt und eines auf dem Land. Außerdem Felder und Weinberge.«

»Und wie lange ist mein ... mein Gatte«, es widerstrebte Jo, das Wort auszusprechen, »schon tot?«

»Habt Ihr das etwa auch vergessen?« Die Magd seufzte. »Gerhardt, Euer Gemahl, starb im letzten Sommer an einem Fieber.«

Jetzt war es Winter ... »Welches Datum haben wir eigentlich?« Die Magd blickte sie wieder einmal irritiert an.

»Ich meine: Welcher Tag ist heute?«

»Der Tag der heiligen Barbara.«

Jo forschte in ihrem Gedächtnis. War das nicht der vierte Dezember? Als sie noch klein gewesen war, hatte ihr Kindermädchen an diesem Tag immer Zweige abgeschnitten, die sie in Jos Zimmer gestellt hatte. Während der nächsten Wochen war sie immer wieder zu der Vase gerannt und hatte gehofft, dass die Zweige endlich Blüten treiben würden. So lange hatte sie nicht mehr daran gedacht. Dann durchfuhr es sie. Der Tag, an dem sie und Lutz Jäger auf dem Rückweg vom Kloster Waldungen verunglückt waren, war der zweite Dezember gewesen. Dies musste der Tag gewesen sein, an dem sie das erste Mal aus ihrer Krankheit erwacht war.

»Herrin, hört doch ...« Katrein blickte sie erschrocken an.

Jo horchte. Irgendwo in dem Haus erklangen wütende Männerstimmen. Waren etwa die Brüder ihres Gatten schon angerückt? Nein, eine der Stimmen kam ihr bekannt vor. Sie lauschte noch einmal.

»Nimm deine dreckigen Hände von mir!«, brüllte nun einer der Männer. Zweifellos war dies die Stimme Lutz Jägers. War etwa auch er Teil dieses irren Traums?

Jo raffte die Decke um ihre Schultern, sprang auf und hastete aus dem Zimmer.

Der Flur war dämmrig und schmal. Jo folgte dem Geschrei durch eine offenstehende Tür am anderen Ende des Gangs, die auf einen Treppenabsatz führte. Von hier aus konnte sie in eine kleine Halle hinunterblicken. Lutz Jäger rang mit zwei Männern. Ein drahtiger blonder Kerl, der um die zwanzig Jahre alt sein mochte, versuchte, ihm den rechten Arm auf den Rücken zu drehen, während der andere Mann – er war etwas älter, dunkelhaarig und breitschultrig – ihren Kollegen an der Schulter gepackt hatte und schüttelte. »Hau ab, du Mistkerl!«, brüllte er.

»Ihr Schwachköpfe, lasst mich in Ruhe. Ich muss Eure Herrin sehen.« Lutz Jäger trat dem Blonden gegen das Bein, woraufhin dieser ihn losließ und in die Knie sackte. Mit einem Wutschrei schlug der andere Mann noch heftiger auf Lutz Jäger ein. Der packte ihn seinerseits um den Oberkörper. Ineinander verkeilt, schwankten die beiden ächzend durch den Raum, bis sie gegen eine Truhe krachten.

»Aufhören! Sofort aufhören!«, schrie Jo und hastete die Holzstufen hinunter.

Keuchend ließen Lutz Jäger und sein Gegner einander los.

Auch der Blonde, der sich wieder aufgerappelt hatte, wich zurück. *Irgendwie hatte sich Jäger verändert ...* Doch bevor Jo realisierte, was genau sie an ihm irritierte, wandte sich schon der Breitschultrige an sie.

»Herrin!« Anklagend deutete er auf ihren Kollegen. »Dieser Kerl ist hier einfach hereinspaziert und hat behauptet, Euch sehen zu wollen. Was ja ganz bestimmt eine Lüge ist ...«

Jo musterte ihren Kollegen. Jetzt erkannte sie, dass er schlanker geworden war und um einiges jünger wirkte als sein reales Ich. Auf seiner linken Wange befand sich eine Narbe wie von einem Messerschnitt. Er grinste leicht. Einer seiner oberen Eckzähne fehlte, was ihm ein piratenhaftes Aussehen verlieh. Allem Anschein nach hatte ihm die Prügelei auch noch Spaß gemacht. Eben war sie fast erleichtert gewesen, seine Stimme in ihrem Traum zu hören. Dieses Gefühl verschwand nun schlagartig.

»Sie beide«, Jo sah den Blonden und den Breitschultrigen an – offenbar waren sie irgendwelche Bediensteten –, »gehen jetzt wieder an Ihre Arbeit. Mit diesem Mann werde ich schon fertig. Und wir zwei«, sie drehte sich zu ihrem Kollegen um, »müssen miteinander reden.«

»Mistkerl«, zischte der Breitschultrige, wohl in der Annahme, dass Jo ihn nicht hörte. Die Männer bedachten Lutz Jäger mit bösen Blicken, trollten sich jedoch.

Gegenüber der Treppe befand sich eine Tür. Jo stieß sie auf. Der Raum dahinter war düster und klein, aber für ihre Zwecke ausreichend. »Hier hinein.« Jo wies mit dem Kopf über ihre Schulter.

»Aber Herrin.« Katrein stürzte auf sie zu. »Ihr könnt Euch unmöglich allein mit einem fremden Mann in einem Zimmer aufhalten. Noch dazu in Eurem Aufzug. Denkt doch an Euren guten Ruf!«

Erst jetzt nahm Jo wahr, dass sie immer noch das Nachthemd trug. Sie versuchte, die Wolldecke enger um sich zu raffen, während sie die Magd energisch an der Schulter fasste und sie aus dem Weg bugsierte. »Katrein, ich bin Ihnen wirklich dankbar für Ihre Hilfe, aber jetzt lassen Sie mich bitte in Frieden.« Ohne sich weiter um den Protest der Magd zu kümmern, ergriff sie Lutz Jägers Arm, zog ihn in das Zimmer und schlug die Tür zu.

In dem spärlichen Licht, das durch ein schmales vergittertes Fenster fiel, erkannte Jo ein mit Tintenfass und Feder ausgestattetes Stehpult, eine schwere, eisenbeschlagene Truhe sowie ein Regal mit einigen ledergebundenen Büchern darauf. Der Raum schien eine Art Büro zu sein. Sie fühlte sich wieder ein wenig schwindelig und ließ sich deshalb auf eine Bank vor dem Fenster sinken.

»Es macht Ihnen Spaß, die Leute herumzukommandieren, nicht wahr?« Lutz Jäger blieb mit vor der Brust verschränkten Armen stehen und lächelte sie – wie Jo fand – aufreizend an. »Übrigens ... Sie sehen verändert aus. Irgendwie weiblicher, sinnlicher ... Wenn ich das einmal so sagen darf.« Er räusperte sich.

Jo bemerkte, dass sich die beiden Enden der Wolldecke über ihrer Brust geöffnet hatten. Sie schielte an sich hinunter. In dem weiten Ausschnitt ihres Hemds wölbten sich zwei üppige milchweiße Brüste. Das war nicht ihr Busen. Der war immer kleiner gewesen. Körbchengröße B. Dieser hier hatte mindestens D. Was hatte das nun schon wieder zu bedeuten? Hastig zerrte sie die Decke bis zum Hals hoch. Die Erkenntnis, dass sie keinerlei Make-up trug, verunsicherte sie noch mehr.

»Ihr seht auch anders aus als sonst«, erwiderte Jo frostig und stockte. *Jetzt rede ich auch schon so verdreht wie Katrein,* schoss es ihr durch den Kopf. Rasch fing sie sich wieder. »Was hatte denn diese Prügelei zu bedeuten?«

»Ehrlich gesagt, weiß ich das selbst nicht so genau. Die beiden Kerle sind auf mich losgegangen, kaum dass ich das Haus betreten hatte.«

»Einen Grund dazu werden sie schon gehabt haben«, meinte Jo bissig.

Lutz Jäger lehnte sich lässig gegen das Stehpult. »Vor zwei Tagen bin ich mit einem schlimmen Brummschädel aufgewacht. Ich lag nicht in meinem Bett, wo ich eigentlich hingehört hätte, sondern in einer Art Kneipe.«

»Tatsächlich ...« Jo konnte sich den Sarkasmus nicht verkneifen.

Lutz Jäger ging darüber hinweg. »Ja, grobgezimmerter Tresen, mit Sand bestreuter Bretterboden ... Irgendwie kam ich auf die Beine. In einem Raum mit einer gemauerten Feuerstelle fand ich dann einen Eimer voll Wasser. Ich habe mir das Wasser über den Kopf gekippt, und während ich mich noch bemühte, klar zu denken, tauchte ein Mann auf und sprach mich mit meinem Namen an. Dass ich mich reichlich wirr benahm, fiel ihm nicht weiter auf, denn er dachte, dass ich einen üblen Kater hätte. Jedenfalls war dieser Mann – Herbert – überzeugt, dass ich der Kneipenwirt bin und Lutz Jäger heiße.«

»So, ein Kneipenwirt ...«

»Das ist ein durchaus ehrenwerter Beruf.« Lutz Jäger wirkte gänzlich ungerührt. »Auch wenn ich es natürlich nicht so gut getroffen habe wie Sie ... Und um auf Ihre ursprüngliche Frage zurückzukommen: Mein Mittelalter-Alter-Ego scheint aus irgendeinem Grund mit Ihren Knechten verfeindet zu sein.«

»Wie haben Sie mich eigentlich gefunden?«

Er rieb sich das Kinn. »Na ja, nachdem ich nach einigem Grübeln zu dem Schluss gekommen war, dass ich mich tatsächlich im Mittelalter befand und dies wahrscheinlich etwas mit dem Unfall zu tun hatte, dachte ich, dass Sie vielleicht auch in dieser Zeit gelandet sind. Deshalb habe ich bei meinen Kneipengästen und auch sonst in der Stadt herumgefragt, ob es hier jemanden mit dem Namen Josepha Weber gibt. Es dauerte nicht lange, da erfuhr ich von einer reichen Witwe Ihres Namens.«

Sie musste sich zusammenreißen. Dies alles war nicht real ... Jo schüttelte den Kopf. »Sie und ich ... Wir sind Teil eines Traums. Wir müssen versuchen, wieder in die Wirklichkeit zurückzufinden.«

»Das ist kein Traum.« Lutz Jäger klang sehr entschieden.

»Natürlich ist es das!«

»Dazu verlaufen alle Geschehnisse viel zu geordnet und logisch: Ich wache aus dem vermeintlichen Rausch auf. Dieser Herbert taucht bei mir auf, und ich komme allmählich dahinter, wer ich bin. Ich versuche, mich in der Kneipe zurechtzufinden. Ich bewirte Gäste, frage nach Ihnen und finde Sie ... In einem echten Traum hätte es einen Bruch gegeben. Ich wäre mit einem Surfbrett einen Berg hinuntergerast oder mit einem Auto über Hausdächer geflogen, hätte unsere Chefin Brunhild Birnbaum geküsst ... Irgendetwas in der Art ... Außerdem ... Haben Sie jemals in einem Traum Dinge so intensiv gerochen und gefühlt?« Lutz Jäger fuhr über die Kante des Schreibpults, dann entkorkte er das Tintenfass und schnupperte daran. »Hier, riechen Sie mal.«

Dem kleinen Tongefäß entstieg ein sehr realer, metallisch-erdiger Geruch. Außerdem bemerkte Jo plötzlich, dass ihre Haut nach der grässlichen Pottasche stank und sich der Rauch des Holzfeuers und der glimmenden Kohlen in ihren Haaren festgesetzt hatte. Die Wolldecke kratzte sehr wirklichkeitsnah an ihren nackten Armen und Beinen.

Verzweiflung erfasste Jo. Heftig redete sie dagegen an: »Vielleicht ist es ja auch kein Traum, sondern wir liegen im

Koma, und unser Unterbewusstes ruft alle Sinneseindrücke ab, die wir jemals hatten. Deshalb erscheinen sie uns so intensiv. Ach, verdammt ...« Nur mit Mühe konnte sie verhindern, dass ihr die Tränen in die Augen stiegen. Es wäre einfach unvorstellbar schrecklich, wenn sie sich tatsächlich im Mittelalter befinden würden. Wie immer, wenn sie sich unsicher und verletzlich fühlte, suchte sie ihr Heil im Angriff. »Aber falls wir wirklich im Koma liegen sollten, dann ist das allein Ihre Schuld. Wenn Sie mir nicht ins Lenkrad gegriffen hätten, hätte ich es bestimmt geschafft, den Wagen heil zum Stehen zu bringen.«

»Wenn ich das nicht getan hätte, würden wir jetzt höchstwahrscheinlich überhaupt nicht mehr existieren«, fuhr Lutz Jäger sie aufgebracht an. Zum ersten Mal, seit Jo ihn kannte, streifte er seine nonchalante Schale ab. »Weder in einem Traum noch in einem Koma oder im Mittelalter. Es wäre das Vernünftigste gewesen, den Passat frontal gegen den Anhänger prallen zu lassen. Die Airbags hätten uns schon vor dem Schlimmsten bewahrt. Stattdessen müssen Sie wie wild herumlenken und ...«

»Als ob die Airbags uns bei einem derartigen Aufprall das Leben gerettet hätten!«

Lutz Jäger ignorierte ihren Einwand. »Außerdem ... Wenn Sie nicht versucht hätten, Ihren Beziehungszwist mit dem Herrn Oberstaatsanwalt Friedhelm Seidel« – er sprach den Titel betont spöttisch aus – »ausgerechnet während einer Autofahrt zu klären, hätten Sie ja vielleicht noch rechtzeitig reagieren können. Ich mag Seidel ja nicht besonders, aber in einem hat er recht: Sie haben einen Kontrollwahn.«

Jo stand auf und fixierte Lutz Jäger mit kaltem Blick. »Noch nicht einmal im Traum möchte ich mich in einem Raum mit Ihnen aufhalten. Tun Sie mir also den Gefallen und verschwinden Sie!«

»Ganz wie Sie wünschen.« Lutz Jäger neigte leicht den Kopf. »Falls Sie aber zu dem Schluss kommen sollten, dass Sie meine Hilfe doch benötigen, um wieder in die Gegenwart zurückzukehren, finden Sie mich in der Kornmühlengasse in der *Grünen Traube*.«

»Ganz bestimmt suche ich Sie nicht auf.«

»Oh, es ist eigentlich auch keine Gegend, in die eine Dame mit gutem Ruf sich wagen sollte.« Lutz Jäger winkte ihr noch einmal kurz zu. Dann schritt er aus dem Raum und schloss die Tür betont sanft hinter sich.

Jo ballte die Hände zu Fäusten. Sie musste aus diesem vermaledeiten Traum erwachen. Und sie würde dies schaffen! Auch ohne Lutz Jägers Hilfe. Als sie sich sicher war, dass er das Haus verlassen hatte, machte sie sich auf den Weg zu ihrem Schlafzimmer.

Während sie die Halle durchquerte, stutzte sie plötzlich. Ja, tatsächlich, sie bewegte sich anders als sonst. Weniger schnell und zielgerichtet. Mehr aus der Hüfte heraus. Fast lasziv. Jo schluckte und blieb am Fuß der Treppe stehen. Langsam ließ sie ihre Hände an ihrem Körper hinabwandern. Nicht nur ihre Brüste waren größer geworden. Auch ihr Becken war zweifelsohne breiter. Außerdem hatte sie das Gefühl, dass sie kleiner geworden war. Ob sich auch ihr Gesicht verändert hatte? Sie rannte die Stufen hinauf.

Katrein hatte auf sie gewartet. »Oh, Herrin«, die Magd sprang auf, als Jo ins Zimmer gestürzt kam, und rang die Hände, »Ihr dürft Sitte und Anstand nicht außer Acht lassen. Bitte, hört das nächste Mal auf meinen Rat. Ihr seid eine Witwe und müsst an das Gerede der Leute denken ...«

»Gibt es hier irgendwo einen Spiegel?«, unterbrach Jo ihren Redefluss.

»Ihr wollt einen Spiegel?«

»Ja, ich möchte sehen, ob sich mein Aussehen durch die Krankheit verändert hat.«

»Ihr seid magerer und blasser geworden. Das kann auch ich Euch sagen.« Brummelnd öffnete Katrein eine Truhe und kramte darin herum.

Die Tür war – schätzte Jo – etwa einen Meter achtzig hoch. Sie stellte sich an den Rahmen. Zwischen ihrem Kopf und dem Sturz hätte sich nur ein ungefähr handbreiter Zwischenraum befinden dürfen. Tatsächlich waren es mindestens zwanzig Zentimeter. Sie war um einen halben Kopf geschrumpft.

»Herrin, was macht Ihr denn da?« Die Magd blickte Jo irritiert an, während sie ihr ein rundes, glänzend poliertes Metallding mit einem Stiel daran reichte. »Euer Spiegel.«

Herr im Himmel, bis zu dieser Zeit war noch nicht einmal das Spiegelglas erfunden worden. Jo unterdrückte ein gereiztes Stöhnen. Doch als sie mit dem Spiegel an eines der Fenster trat, konnte sie sich in dem goldgelb schimmernden Metall erstaunlich gut erkennen. Das Gesicht, das ihr daraus entgegensah, besaß allenfalls eine schemenhafte Ähnlichkeit mit dem ihren. Es war runder, der Mund üppiger und breiter. Grübchen spielten in ihren Wangen. Nur die blauen Augen und die schmale, gebogene Nase erinnerten noch ein wenig an sie selbst. Ihre glatten hellblonden Haarsträhnen waren verschwunden. Stattdessen kräuselten sich honiggelbe Locken um ihren Kopf. Und das war noch nicht alles ... Jo hielt den Spiegel näher an ihr Gesicht. Nein, der Lichteinfall hatte sie nicht getäuscht. Sie war jünger geworden.

Lutz Jäger sah vorhin auch jünger aus, schoss es ihr durch den Kopf.

»Katrein«, Jo wandte sich zögernd an die Magd, »wie alt bin ich eigentlich?«

»Ach Herrin, habt Ihr selbst das vergessen?« Katrein seufzte.

»Wir schreiben das Jahr 1380. Ihr seid im Jahr 1361, im Monat Mai am Tag der heiligen Gisela geboren worden. Also zählt ihr neunzehn Jahre.«

Jo ließ sich auf einen Stuhl sinken. *Neunzehn ...* In ihrem normalen Leben war sie sechsunddreißig Jahre alt. Das bedeutete, sie war siebzehn Jahre jünger als ihr wirkliches Selbst. Nein, eigentlich hatte sie sich ja um viele Jahrhunderte verjüngt. Jo hatte das Gefühl, allmählich verrückt zu werden. *In dem Klostergarten, kurz bevor ich und Lutz Jäger das uralte Skelett gesehen haben, habe ich für Momente mittelalterlich gewandete Menschen erblickt,* ging es ihr durch den Kopf. *Wenn ich dorthin zurückkehre, werde ich vielleicht aus diesem Traum herausfinden.* Es war ihre einzige Möglichkeit. Sie musste es unbedingt versuchen.

»Herrin, fühlt Ihr Euch nicht gut?« Katrein beugte sich besorgt zu ihr.

Sie fühlte sich ganz grauenhaft ... »Wie komme ich zum Kloster Waldungen?«

»Aber in Eurem Zustand, geschwächt wie Ihr seid, könnt Ihr unmöglich dorthin reiten.«

Auch das noch ... Natürlich, *es war ja die Zeit von Pferd und Wagen ...* Als Kind und Jugendliche hatte Jo Reitunterricht genossen und war auch erfolgreich bei Turnieren angetreten. Obwohl sie seit einigen Jahren aus Zeitmangel kaum mehr auf einem Pferd gesessen hatte, hätte sie es sich normalerweise durchaus zugetraut, zu dem Kloster zu reiten. Aber da es ihr ständig schwindelig wurde, nahm sie davon Abstand.

»Ich brauche einen Wagen.«

»Es ist viel zu kalt draußen«, protestierte Katrein energisch.

»Aber ich muss unbedingt zu dem Kloster.« Jo schossen Tränen der Verzweiflung in die Augen. »Ich kann Ihnen nicht sagen, warum. Aber es ist sehr wichtig für mich.«

»Ach, Herrin.« Katreins Blick wurde milder. »Ich verstehe,
Ihr wollt Gott dort für Eure Genesung danken und an dem
Altar beten, den Euer Gatte gestiftet hat.«

»Ähm, ja genau ...« Jo schluckte.

»Meiner Ansicht nach hätte das ja noch ein paar Tage Zeit.«
Katrein schüttelte immer noch unzufrieden den Kopf. »Aber
wenn Ihr ein gar so starkes Bedürfnis danach habt, werden
Gott und die Jungfrau Maria Euch wohl behüten ... Gut, ich
werde Heinrich bitten, den Schlitten anzuspannen, und Euch
dann so warm wie möglich einpacken.«

Katrein hielt Wort: Eine Weile später saß Jo so dick einge-
mummt in einem Schlitten, dass sie sich unter all den Kleidungsstücken kaum noch rühren konnte. Die Dienerin hatte
ihr einen Mantel, einen Umhang, mehrere Schultertücher
und eine dicke Wolldecke aufgenötigt. Unter Jos Füßen befand sich ein kleines, geschlossenes Bronzebecken voll glimmender Kohlen, und ihre Hände steckten in pelzgefütterten
Handschuhen. Jo hatte sich geweigert, einen Schleier anzu-
legen – auch wenn Katrein noch so sehr gejammert hatte, als
anständige Frau müsse sie das tun. Stattdessen trug sie eine
Art rostbraune Filzmütze und darüber die Kapuze ihres
schweren, braunen Wollmantels.

Jo hatte die Dienerin nur mit Mühe davon abhalten können,
sie zu dem Kloster zu begleiten. Als Katrein erkannt hatte,
dass all ihre Überredungsversuche nichts fruchten würden,
hatte sie Heinrich eingeschärft, gut auf ihre Herrin achtzu-
geben. Der Knecht – ein kleiner, braungebrannter Mann mit
einem Gesicht wie ein verhutzelter Apfel – hatte Katreins
Redefluss stoisch über sich ergehen lassen. Jo konnte nicht
einschätzen, ob er sich darüber freute, dass »seine Herrin«
wieder einigermaßen gesund war, und er die Fahrt zu dem
Kloster gern unternahm, oder ob er bei dem kalten Wetter

lieber in der warmen Stube geblieben wäre. Jedenfalls lenkte er den stämmigen Braunen sicher die enge, vereiste Gasse entlang.

Eben passierten sie einen kleinen Platz. Das schmale, aus hellem Kalkstein erbaute Haus, das dort hinter einem Brunnen stand, kam Jo bekannt vor. Wenn sie sich richtig erinnerte, galt es als das älteste Gebäude von Ebersheim. Ansonsten erkannte sie nur den Dom mit dem eingerüsteten Turm sowie einige andere gotische und romanische Kirchen. Aber auch sie waren gewiss Projektionen ihres Unterbewusstseins. Das konnte ja alles nicht wahr sein!

Jo verkroch sich tiefer in ihre Kleidungsschichten. Der Wind, der die tiefhängenden dunkelgrauen Wolken vor sich herwehte, war irritierend kalt und real. Und auch das Treiben auf den Straßen wirkte sehr gegenständlich.

Ja, es herrschte ein derartiges Durcheinander, dass es jedem pflichtbewussten Verkehrspolizisten Schweißperlen auf die Stirn getrieben hätte. Kreischende Kinder schlitterten auf Brettern einen steilen Weg hinab und entgingen nur knapp dem Zusammenstoß mit einem holzbeladenen Karren. Ein Junge trieb eine Schar Gänse durch die Gasse. Schweine gruben ihre Schnauzen in den matschigen Schnee. Magere Hunde streunten herum. Ein Reiter drängte sich an einer Gruppe schwatzender Frauen vorbei, und ein Karren voller Fässer und ein anderer, der prall gefüllte Säcke geladen hatte, fuhren an der nächsten Straßenkreuzung fast ineinander, woraufhin die beiden Wagenlenker in ein wüstes Geschimpfe und Gefluche ausbrachen und Anstalten machten, aufeinander loszugehen.

Heinrich kommentierte dies mit einem abgeklärten Kopfschütteln und lenkte den Schlitten gemächlich um den Aufruhr herum und in eine weitere Gasse. Auf beiden Seiten lagen niedrige Fachwerkhäuser und verschneite Gärten. Die

Gasse – dies erkannte Jo jetzt – hatte den gleichen Verlauf wie die, der sie und Lutz an jenem Sonntag mit dem Passat gefolgt waren. Hinter den letzten Häusern gingen die Gärten in Weinberge über. Tief unter sich in der Ebene konnte Jo den Fluss sehen. Er wirkte schmaler, als sie ihn im Gedächtnis hatte. Viele Bäume wuchsen an seinen Ufern, und Seitenarme mäanderten durch die von Hecken durchzogenen Felder und Wiesen.

Jenseits einiger Äcker, auf der Bergkuppe, begann der Wald. Es dauerte nicht lange, bis sie die Stelle erreicht hatten, wo der Weg steil abfiel. Heinrich stieg vom Bock, zog die Bremsklötze und fasste dann den Braunen am Halfter, um ihn die glatte Straße hinunterzuführen. Wo der Abhang in die langgezogene Mulde überging, war der Unfall geschehen.

Unwillkürlich zitterte Jo, während sie glaubte, noch einmal die Wucht des Aufpralls zu spüren. Wenn sie sich in der Realität befände, würde sie dort unten umgerissene Büsche und abgeknickte junge Stämme sehen. An einem der großen Bäume würde die Rinde abgerissen sein, und in dem freigelegten Holz würden Metall- und Lacksplitter stecken wie in einer offenen Wunde. Doch die Bäume und Sträucher standen dicht und unversehrt zu beiden Seiten des Weges. Der Wind wehte Schnee wie feinen Staub von den Ästen, und ein Hase hoppelte friedlich durch das Unterholz.

Jo war erleichtert, als sich der Knecht am Fuß des Abhangs wieder auf den Bock schwang und den Braunen in einen leichten Trab verfallen ließ. Noch nicht einmal im Traum wollte sie den Unfall ein weiteres Mal durchleben müssen.

Wenig später erreichten sie schließlich die Abzweigung zu dem Kloster. Der schmale Weg verlief wie in einem Tunnel zwischen den Bäumen. Der Untergrund war uneben, und Jo wurde gehörig durchgeschüttelt. Gleich darauf endete der

Wald, und ein gerodetes, weitläufiges Tal erstreckte sich vor ihnen, an dessen Ende das Kloster lag. Es war kleiner, als Jo es kannte. Der gedrungene Turm mit der barocken Zwiebelhaube war verschwunden. Beidseits des Portals standen nun zwei schlanke romanische Türme mit Kupferdächern. Doch wie auch im 21. Jahrhundert schienen die Gebäude mit dem Tal und den bewaldeten Hügeln verwachsen zu sein. Nun sah Jo, dass sich vor dem Kloster – dort, wo sie und Lutz Jäger geparkt hatten – Fischteiche befanden. Ein Reiher landete auf dem Eis und tauchte seinen langen Schnabel in ein Luftloch.

Heinrich lenkte den Schlitten bis dicht an die Klostermauer heran. Nachdem er das Pferd mit einem sanften »Brrr« zum Stehen gebracht hatte, zerrte Jo die Decke von ihren Knien und sprang auf den Boden.

»Warten Sie bitte hier«, wandte sie sich dann an den Mann.

Der Knecht glotzte nur.

»Ist irgendwas?«

Er zuckte mit den Schultern. »Verzeiht, aber Ihr redet so seltsam ...«

Jo unterdrückte ein entnervtes Stöhnen und hoffte, dass sie nun gleich aus diesem Traum aufwachen würde. Mit einem flauen Gefühl im Magen ging sie auf das Tor zu – das Holz war unbehandelt und die Mauer mit einer Art Kalk verputzt. Ansonsten schien der Durchgang unverändert. Der Gedanke schoss ihr durch den Kopf, wie verrückt es war, dass sie – eine rationale Frau des 21. Jahrhunderts – nun nach einer Art Zeitpforte suchte. Aber schließlich war dies ja alles Teil einer Halluzination.

Auch der Kräutergarten auf der anderen Seite der Mauer glich zum Verwechseln jenem, den sie kürzlich durchquert hatte. Nur waren die Beete dichter verschneit, und der Brunnen war – wie Jo nun erkannte – nicht verwittert. Ein fein gearbeitetes Flechtmuster überzog die vier Säulen, die die

Schale trugen und die an ihren oberen Enden in vier Adler-
köpfe übergingen.

*Die mittelalterlich gekleideten Menschen habe ich gesehen, als ich
mich ganz in der Nähe des Brunnens befunden habe*, überlegte Jo.
Sie trat dicht an ihn heran. Nichts regte sich in dem Garten.
Sie legte ihre Hand auf die verschneite Schale und schloss die
Augen. *Bitte ...!*, dachte sie.

Nach einigen Momenten öffnete sie langsam die Lider. Da!
Bei der Hecke auf der anderen Gartenseite bewegte sich etwas. Eine alte Frau, die einen langen dunklen Mantel und einen Schleier trug und sich schwer auf einen Stock stützte,
schritt durch die Öffnung. Wenn ihre Halluzinationen irgendeine Logik besaßen, dann hätte eine Frau in einem neu-
zeitlichen Outfit den Gartenweg entlangkommen müssen.
Auch der Brunnen wirkte immer noch wie neu. Jo empfand
eine brennende Enttäuschung.

Die Frau war fast an ihr vorbeigegangen, blieb nun jedoch
stehen und musterte sie. Geistesabwesend registrierte Jo,
dass ihr Gesicht von Falten durchzogen war und die schmale
gebogene Nase ihr etwas Raubvogelhaftes verlieh. Noch immer beschäftigte Jo der Gedanke, was sie nur tun sollte, um
aus ihrem Albtraum aufzuwachen.

»Josepha Weber, meint Ihr nicht, dass Euer Benehmen sehr
zu wünschen übrig lässt?« Der Stimme der Frau klang spöttisch und ein wenig heiser. Ihr Mantel hatte sich über der
Brust ein wenig geöffnet. Zwischen den Falten schimmerte
ein goldenes Kreuz. *Eine Nonne ...*

»Wie bitte?«

»Ihr seid mir einen angemessenen Gruß schuldig geblieben.«

Wortlos wollte Jo weitergehen. Aber plötzlich erfasste sie
ein heftiger Krampf. Ein Keuchen drang über ihre Lippen,
während ihr Körper sich krümmte, nur um sich gleich darauf

wieder aufzubäumen. Ihre Arme wurden von einer geheimen Kraft in die Höhe geschleudert und ihre Beine, als hätte ein gewaltiger Tritt sie getroffen, in die Knie gezwungen.

Sie sackte vornüber. Was geschah nur mit ihr? Keiner ihrer Muskeln gehorchte ihr mehr. Hilflos wälzte sie sich im Schnee. Wie aus großer Ferne sah sie, dass die Nonne sich über sie beugte. Halb ohnmächtig registrierte Jo, dass ihre braunen Augen einen merkwürdig goldfarbenen Schimmer hatten und erstaunlich jung wirkten. Die Alte berührte sie an der Schulter.

»Josepha Weber, Ihr seid es also«, glaubte sie, die Nonne sagen zu hören. Dann durchzuckte ein erneuter Krampf Jo – stärker noch als die vorherigen –, und sie verlor endgültig die Besinnung.

Schnaps brannte in Jos Mund. Sie spürte einen Becher an ihren Lippen. *Flößen Sie niemals einem Bewusstlosen Alkohol ein!*, dachte sie benommen und hustete.

»So ist es gut. Gleich werdet Ihr wieder bei Euch sein«, hörte sie eine Frauenstimme sagen, die ein wenig heiser klang. Jo blinzelte mit tränenden Augen. Sie ruhte auf einem Bett, das mit einem Baldachin und Vorhängen aus dunkelrotem Samt ausgestattet war. Jemand hatte ihr ein Kissen in den Rücken gestopft. Ihr gegenüber befand sich eine Wand, die mit glänzend polierten, dunklen Paneelen verkleidet war. Geschnitzte, rot und golden bemalte Rosetten verzierten das Holz. Der Schein eines Feuers huschte darüber.

»Geht es, oder wollt Ihr noch einmal von dem Schnaps trinken?«

Jo wandte den Kopf. Die alte Nonne, die ihr in dem Klostergarten begegnet war, saß neben dem Bett.

»Wer sind Sie überhaupt? Und wie bin ich hierhergekommen?«, stammelte sie.

Die Ordensfrau musterte sie mit leicht schiefgelegtem Kopf. »Um Eure erste Frage zu beantworten: Ich bin Agneta, die Äbtissin dieses Klosters. ›Ehrwürdige Mutter‹ ist die angemessene Anrede. Falls sich Eure zweite Frage nur auf dieses Zimmer bezieht: Zwei meiner Nonnen haben Euch in meine Gemächer getragen. Aber falls Ihr eigentlich wissen wollt, wie Eure Seele aus einem fernen Jahrhundert hierhergelangt und in den Körper der Weberswitwe Josepha geschlüpft ist: Diese Frage kann ich Euch nicht mit Bestimmtheit beantworten. Allerdings glaube ich, dass Euch die Vorsehung in diese Zeit geschickt hat.«

»Was wollt Ihr denn damit sagen? Ich meine ... Woher wisst Ihr, dass ich aus einer anderen Zeit stamme?« Jo biss sich auf die Lippen. Was redete sie da? Dieser Traum wurde einfach immer aberwitziger. Nun fingen auch die anderen Traumgestalten an, zu halluzinieren.

Ein leichter Spott glomm in den Augen der Äbtissin auf, während sie Jos Hand tätschelte. Ihre Haut war trocken und ein wenig rau, wie altes Papier. Sie fühlte sich sehr real an. »Ich weiß genau, was Ihr denkt, Kindchen. Aber dies ist kein Traum. Nein, spart Euch Eure Widerworte. Lasst mich Euch berichten.«

»So? Da bin ich aber gespannt«, erwiderte Jo sarkastisch. Doch wieder breitete sich ein flaues Gefühl in ihrem Magen aus.

»Manieren lernt man in Eurer Zeit anscheinend nicht.« Die Äbtissin bedachte sie mit einem scharfen Blick. »Aber wie auch immer ... Die Vorsehung weiß bestimmt, was sie tut.«

Sie besann sich kurz, ehe sie weiterredete: »Gestern Morgen, während der Laudes, flehte ich Gott um Hilfe an. Plötzlich hatte ich eine Vision. Ich sah eine Frau, deren Glieder wie vom Veitstanz geschüttelt wurden, am Brunnen im Kräutergarten stehen. Eine Stimme sprach zu mir, dass jene Frau aus einer Zeit weit in der Zukunft stamme. Sie besäße die Fähigkeiten, jenes Verbrechen aufzuklären, das sich vor kurzem in diesem Kloster ereignet hat.«

»Hier ist ein Verbrechen geschehen?« Jos Mund wurde ganz trocken.

Die Äbtissin nickte. »Ja, ein junger Mann wurde ermordet. Vor zwei Tagen.«

Das Skelett, das an jenem Sonntagmorgen bei den Grabungsarbeiten gefunden worden war, war das eines jungen Mannes gewesen. Jo spürte, wie sich ihre Nackenhaare aufstellten. Aber wahrscheinlich hatte sich in diesem Kloster im Laufe der Jahrhunderte nicht nur ein Mord ereignet. Betont kühl fragte sie: »Wo wurde denn der Leichnam gefunden?«

Die alte Nonne bedachte sie wieder mit einem scharfen Blick. »In der Nähe der Apsis bei einigen Schuppen.«

Sie musste Gewissheit haben. »Zeigen Sie mir den Ort«, befahl Jo rau.

Die Räume der Äbtissin waren, wie Jo erkannte, als sie das Gebäude verließen, in dem heutigen Museum gelegen. Die Wolkendecke hatte sich gelichtet. Während sie den Hof vor der Kirche überquerten, schien dann und wann die Sonne hervor. Die alte Nonne geleitete sie zu einer Treppe. Obwohl die Steinstufen von einer dünnen Schneeschicht überzogen waren, bewegte sich die Äbtissin – gestützt auf ihren Stock – überraschend behände.

Die Treppe endete in der Nähe der Apsis. Jo folgte der alten Nonne über eine verschneite Wiese bis zu einer Ansammlung von Fachwerkgebäuden und Bretterschuppen. Vor einem der Schuppen blieb die Äbtissin schließlich stehen. Mit ihrem Stock deutete sie auf eine unebene Stelle im Schnee. »Hier, neben der Tür, fand eine meiner Nonnen – Schwester Constantia – den Toten. Jemand hatte ihm die Kehle aufgeschlitzt.«

Jo blickte sich um. Auf der anderen Seite der Wiese begrenzte eine Steinmauer das Klostergelände. Sicher, die Gebäude hatte es in ihrer Zeit nicht gegeben. Dennoch war es unverkennbar, dass dies genau der Ort war, wo der Bagger das Skelett aus dem Boden gegraben hatte. Für einen Moment meinte sie, die bräunlich verfärbten Knochen vor sich zu sehen. Ein Sonnenstrahl brach sich in den Glasfenstern der Apsis und blendete Jo so stark, dass sie die Augen schließen musste. Der Alkohol brannte in ihrem Magen, und ihr wurde übel.

»Kind, was habt Ihr denn? Ihr seid ja kalkweiß«, hörte sie die Äbtissin sagen. Sie ließ es zu, dass die alte Frau sie am Arm fasste und zu einer Bank aus grob behauenem Holz unter einem Schuppendach führte. »Atmet ein paar Mal tief durch«, kommandierte die Alte. »So ist es gut. Und jetzt sagt Ihr mir, was Euch so aus der Fassung gebracht hat.« Ihre merkwürdig hellen Augen ruhten forschend auf Jo. Es gelang ihr nicht, sich diesem Blick zu entziehen.

Gegen ihren Willen sagte sie stockend: »In meiner Zeit hat an genau dieser Stelle ein Bagger ... eine Art Riesen-Schaufel ... das Skelett eines jungen Mannes aus der Erde gegraben. Dieser Tote lag mehrere Hundert Jahre im Boden. Ich wurde zum Fundort der Leiche gerufen, da ich von Beruf Polizei-Hauptkommissarin bin. Also, es ist meine Arbeit, Verbrechen aufzuklären ...«

»Dann hat Euch also tatsächlich die Vorsehung hierhergeschickt, um diesen Mord zu sühnen.« Die Äbtissin nickte nachdenklich. »Ich weiß kaum mehr über den Ermordeten, als dass er Anselm hieß, arm und ein Fremder war. Was bedeutet, dass es weder den Bischof noch den Rat oder einen der Bürger kümmert, ob sein Tod gesühnt wird oder nicht.«

Vorsehung ... Zeitreise ... Den Mord sühnen, womit die Äbtissin wohl aufklären meinte ... Was für ein Blödsinn ... »Hören Sie«, erwiderte Jo betont beherrscht, »ich weiß nicht sehr viel über

Ihre Zeit. Aber doch genug, um mir darüber im Klaren zu sein, dass ich Ihnen nicht helfen kann. In meiner Zeit spielen etwa Indizien eine wichtige Rolle bei der Aufklärung eines Verbrechens.«

»Indizien?« Die Äbtissin blickte sie mit schiefgelegtem Kopf an, was sie wie ein neugieriger Vogel wirken ließ. »Ihr sprecht von Hinweisen?«

»Ja und nein, das heißt, ich meine vor allem wissenschaftliche Beweise.« Wie konnte sie sich der alten Frau am besten verständlich machen? Jo drehte die Handfläche ihrer rechten Hand nach oben und deutete mit der Linken auf die Fingerkuppen. »Die Haut jedes Menschen bildet ein einzigartiges Muster. Berührt ein Mensch mit seiner Hand etwas, zum Beispiel einen Krug oder eine Truhe, dann hinterlässt er darauf einen ganz speziellen Abdruck. Stellen Sie sich vor, jemand würde in der Klosterkirche einbrechen und dazu eine Tür aufhebeln. In so einem Fall würde in meiner Zeit ein Team der Spurensicherung anrücken und diese Tür mit einem Pulver bestäuben, um die Fingerabdrücke sichtbar zu machen. Nehmen wir weiter an, es gäbe bestimmte Personen, die für diesen Einbruch verdächtig sind. Dann würden die an der Tür genommenen Fingerabdrücke mit denen der Verdächtigen abgeglichen. Derjenige, dessen Abdrücke sich an der Tür fänden, wäre mit großer Wahrscheinlichkeit der Täter.«

»Ein Fingerabdruck ist also in gewisser Weise so etwas wie das persönliche Siegel eines Menschen.« Die Äbtissin nickte nachdenklich.

»So könnte man sagen ...« Jo redete sich in Fahrt. »Aber nicht nur unsere Fingerabdrücke sind einzigartig. Jeder Mensch besitzt eine ganz besondere Grundstruktur, eine Art Bauplan, die ihn von jedem anderen Menschen unterscheidet. Diese Grundstruktur findet sich in jedem unserer Haare, in jedem noch so kleinen Hautpartikel.«

»Faszinierend.« Die Äbtissin lächelte freundlich. »Nun, schon der heilige Bernhard sagte, dass das Kleinste das Große widerspiegelt und umgekehrt.«

Heiligensprüche, die hatten ihr gerade noch gefehlt ...

»Wenn Ihr also auf dem Toten ein Haar des Mörders finden würdet, dann könntet Ihr damit beweisen, dass dieser Mensch der Täter ist?«, fragte die Äbtissin.

»Ich wüsste zumindest, dass er auf irgendeine Weise Körperkontakt mit dem Opfer hatte.« Häufig, aber nicht immer wiesen DNA-Spuren auf einen Täter hin. Was sie im Fall des Serienvergewaltigers schmerzlich in die Irre geführt hatte. Wieder fühlte Jo die ganze Schwere ihres Versagens.

»Nun gut.« Die Äbtissin stieß ihren Stock in den Schnee und machte Anstalten aufzustehen. »Ich habe den Toten in die Scheune bringen lassen. Ich schlage vor, Ihr seht ihn Euch einmal an.«

»Versteht Ihr denn nicht?« Jo schüttelte gereizt den Kopf. »Ich brauche Mittel und Apparaturen, um diese Dinge sichtbar zu machen. Schon allein, um Fingerabdrücke nehmen zu können, benötige ich ein bestimmtes Pulver. Und dann muss ich die Abdrücke fotografieren ... Ich meine, in Bilder bannen. Ganz zu schweigen von den komplizierten Abläufen, die erforderlich sind, um eine DNA zu überprüfen. Nichts, aber auch gar nichts davon ist in Eurer Zeit möglich.«

Für einige Momente breitete sich Schweigen zwischen ihnen aus. Wieder schien die Sonne zwischen den Wolken hervor, während ein feiner Schneeschauer niederging. Vom Hof oberhalb der Treppe erklangen Frauenstimmen, die sich dann entfernten.

Jo hatte gehofft, dass die Äbtissin endlich einlenken und begreifen würde, dass sie das Verbrechen nicht aufklären konnte. Doch als die Alte sie nun ansah, funkelten deren Augen kämpferisch.

»Ich begreife Eure Argumente, was diese Indizien betrifft ... Aber ich nehme doch an, dass Ihr auch mit Menschen reden müsst, um einen Mord aufzuklären? Schließlich hat sich schon der weise König Salomo des Gesprächs bedient, um herauszufinden, welche von den beiden Frauen, die behaupteten, die Mutter eines Knaben zu sein, die Wahrheit sagte.«

»Aber ich gehöre nicht in Ihre Welt, und ich rede nicht Ihre Sprache! Begreifen Sie doch endlich.« Jo schrie fast. Sie wollte aufstehen. Doch die Äbtissin fasste nach ihrem Arm. Ihr Griff war überraschend kräftig.

»Wartet!«, sagte sie barsch. »Ich bin noch nicht fertig. Als ich mich zu dem Toten hinunterbeugte, um ihm die Augen zu schließen, hatte ich eine Vision. Ich sah die Sterne vom nächtlichen Firmament stürzen und verlöschen. Dieser Mord ist kein gewöhnliches Verbrechen. Etwas abgrundtief Böses ist damit verbunden. Wenn diese Tat nicht gesühnt wird, wird sich die Ordnung der Dinge verkehren und das Böse wird über die Welt herrschen.«

Jo schwirrte immer mehr der Kopf. Erschuf ihre Fantasie gerade eine besonders abgedrehte Folge von Star Wars? »Ich kann Ihnen nicht helfen«, wiederholte sie. »Ich bin kein weiblicher Luke Skywalker, der die Welt rettet.«

Das Funkeln in den Augen der Äbtissin verstärkte sich. »Ich weiß zwar nicht, wovon Ihr gerade redet. Aber ich weiß mit Sicherheit: Ihr werdet nur in Eure Zeit zurückkehren können, wenn Ihr dieses Verbrechen sühnt. Denn diese Aufgabe hat Euch die Vorsehung gestellt. Weigert Ihr Euch, werdet Ihr auf immer verloren sein.«

Jo fühlte ein Grauen in sich aufsteigen. »Verschonen Sie mich mit diesem metaphysischen Unsinn«, schrie sie die Äbtissin an. Dann riss sie sich los und rannte davon.

2. KAPITEL

»He, Lutz, noch ein Bier!« Ein rothaariger Mann, der ein rundes, sommersprossiges Gesicht hatte und dem der rechte Vorder- und ein Backenzahn fehlten, knallte seinen Holzbecher auf den Tresen. *Oder wie auch immer man das im Mittelalter genannt hatte ...*

»Klar, mach ich.« Lutz Jäger nahm den Becher, trat zu dem Fass, das in einer Ecke der *Grünen Traube* stand, und drehte an dem hölzernen Hahn. Eine dunkelbraune Flüssigkeit schoss heraus. Nachdem der Becher gefüllt war, schob er ihn dem Rotschopf über den Tresen zu. Sein Name, glaubte sich Lutz Jäger zu erinnern, war Conrad. Er schätzte ihn auf dreißig Jahre. Aber, das hatte er mittlerweile begriffen, die Leute, mit denen er es in dieser Zeit zu tun hatte, wirkten häufig älter, als sie waren.

»Dank dir!« Der Rotschopf warf Lutz ein Geldstück zu und verzog sich dann zu seinen Kumpels, die an einem Tisch nahe der Tür saßen und miteinander würfelten. Lutz sah ihm nach, wie er sich durch den niedrigen, gut gefüllten Raum seinen Weg bahnte. Die Ausdünstungen der etwa fünfzig Männer ähnelten denen in einer Fußballer-Umkleidekabine – nur dass es dort nicht auch noch nach dem Rauch von Fackeln und eines Holzfeuers roch.

Als Lutz von einer Frau namens Josepha Weber erfahren hatte, hatte er gehofft, sie sei seine Kollegin. Was auch im-

55

mer man gegen Jo Weber sagen mochte – und er hatte einiges gegen sie einzuwenden, beispielsweise, dass sie eine geradezu nervtötend gouvernantenhafte Art hatte –, tatkräftig und fähig war sie. Auch wenn sie vor einigen Monaten diesen wichtigen Fall verbockt hatte. Deshalb hätte er sich gern mit ihr verbündet, um wieder in die Gegenwart zurückzufinden. Aber wie die Dinge lagen, musste er nun eben allein zurechtkommen.

In Romanen und in Science-Fiction-Serien kamen häufig Zeitportale vor. Zumindest in der Sorte von Büchern, die er gerne las. *Ob sich an dem Unfallort oder in dem Kloster so eine Art Portal befindet?*, überlegte Lutz. Morgen würde er versuchen, das herauszufinden.

Lutz ging wieder zu dem Fass, zapfte sich selbst ein Bier und trank langsam davon. Der Geschmack war immer noch ein bisschen ungewohnt. Herber und malziger, als er ihn kannte, und das Bier bildete kaum Schaum. Er ließ die Flüssigkeit auf seiner Zunge kreisen. *Eigentlich schmeckte das Bier wirklich gut ...*

»Ihr werdet nur in Eure Zeit zurückkehren können, wenn Ihr dieses Verbrechen sühnt. Denn diese Aufgabe hat Euch die Vorsehung gestellt. Weigert Ihr Euch, werdet Ihr auf immer verloren sein.« Die Worte der Äbtissin hallten in Jos Kopf nach. *Was für ein Unsinn!*, dachte sie wütend. *Aber das Skelett, das du an jenem Sonntagmorgen auf dem Klostergelände in Augenschein genommen hast, war, laut Yun-Si Mittermaier, mehrere Hundert Jahre alt*, hielt eine andere Stimme dagegen.

Und da gab es auch noch diesen verstörenden Anfall, als sie ganz plötzlich die Gewalt über ihren Körper verloren hatte. Was mochte der zu bedeuten haben? Oder gehörte er ganz einfach zu diesen unlogischen Dingen, die in jedem Traum vorkamen?

Jo schreckte auf, als der Schlitten mit einem Ruck vor dem Haus ihres Mittelalter-Ichs zum Halten kam. Sie fühlte sich zu Tode erschöpft.

»Herrin, endlich seid Ihr zurückgekehrt.« Katrein eilte zu ihr. »Ich habe mir solche Sorgen um Euch gemacht.« Erschrocken musterte sie Jo. »Bei Gott, Ihr seid ja bleich wie der Tod. Ganz bestimmt habt Ihr Euch überanstrengt. Ihr müsst sofort ins Bett!«

Jo ließ sich von der Magd vom Schlitten helfen und zum Haus führen. Die Halle war von Kerzen erleuchtet. Ihr Schein spiegelte sich auf dem Schwert, das über der Truhe hing. Die Tür zum Kontor stand einen Spaltbreit offen. Auch darin brannte Licht.

»Was geht hier vor?«, murmelte Jo.

»Das muss Euch jetzt nicht kümmern«, wehrte Katrein ab.

Tatsächlich wünschte sich Jo, einfach nur noch schlafen und die quälenden Gedanken vergessen zu können. Sie hatten die Treppe erreicht, als die Tür des Kontors aufgestoßen wurde und ein mittelgroßer Mann in die Halle trat. Er war in einen braunen Wollmantel gehüllt und schätzungsweise vierzig Jahre alt. Sein breites Gesicht war nicht unattraktiv, wenn auch ein wenig aufgeschwemmt, als würde er häufig mal ein Glas zu viel trinken. Jo fiel auf, dass Katrein dem Mann ängstliche Blicke zuwarf.

»Wer ist das?«, fragte sie.

»Euer Schwager Kurt ...«

Kurt hielt eine Schatulle und ein dickes in Leder gebundenes Buch in den Händen. Jo blieb stehen.

»Herrin, kommt«, flüsterte Katrein. »Mit Euren Schwägern könnt Ihr Euch ein anderes Mal auseinandersetzen. Wenn es Euch wieder besser geht ...«

Nun bemerkte Kurt Jo. »Schwägerin, wie schön, dass Ihr wieder gesund seid.« Seine Stimme klang jovial. Aber sein

Lächeln war zu gönnerhaft – eigentlich war es voller Verachtung. Dieter Brauer, Jos erster Ausbilder bei der Polizei, hatte den jungen Frauen gegenüber die gleiche Attitüde an den Tag gelegt. Nahe der Pensionsgrenze, ein latenter Alkoholiker, war er fest davon überzeugt gewesen, dass es Frauen im Polizeidienst »einfach nicht richtig brachten«. Bei jeder sich bietenden Gelegenheit hatte er die weiblichen Auszubildenden versteckt, aber wirkungsvoll schikaniert.

Ihre Müdigkeit war wie weggeblasen. »Was haben Sie in meinem Büro zu suchen?«, fragte sie scharf.

Ihr *Schwager* blickte sie einen Moment lang verdutzt an, während Katrein versuchte, sie weiterzuziehen, und ihr zuraunte: »Herrin, bitte, Ihr dürft Euch nicht aufregen ...«

Jo schüttelte sie ab. Das Lächeln ihres angeblichen Verwandten wurde nun noch eine Spur breiter.

»Meine Teure, mein Bruder und ich haben beschlossen, Euch bei Euren Geschäften zu unterstützen. So wie es auch Euer Gatte, unser lieber Bruder Gerhardt, beabsichtigt hatte.«

»Mein Gatte hat sein Vermögen mir vererbt.«

»Gewiss doch.« Ihr *Schwager* neigte seinen Kopf in einer übertrieben zustimmenden Geste. »Aber Bischof Leonard hat meinem Bruder Albrecht und mir nun das Recht übertragen, dieses Vermögen zu verwalten. Schließlich seid Ihr nur eine Frau und verfügt deshalb weder über den Verstand noch die Kenntnisse, die für eine solche Aufgabe nötig sind.«

Katrein stieß einen unterdrückten, erschrockenen Schrei aus. Doch Jo war nicht entgangen, wie der Blick des Mannes einen Moment lang zur Seite geirrt war. Schon oft hatte sie Derartiges in Verhören erlebt.

»Sie lügen!«, konstatierte sie kühl.

»Nun, wenn Ihr mir nicht glauben wollt, könnt Ihr Euch ja morgen an die Kanzlei des Bischofs wenden.« Er zuckte gelangweilt mit den Schultern. Aber wieder war ihr sein Blick einen Moment lang ausgewichen.

Jo ging einen Schritt auf ihn zu. »Ach, und Sie mit der Geldkassette und dem Rechnungsbuch gehenlassen? Ich denke ja nicht daran.« Schritte auf den Steinfliesen hinter ihr ließen sie herumwirbeln. Ein weiterer Mann hatte die Halle betreten. Er war ihrem *Schwager* wie aus dem Gesicht geschnitten, nur wirkte er jünger, und sein Gesicht war weniger aufgedunsen. *Das musste Albrecht sein ...*

»Nun, ich glaube nicht, dass Ihr uns daran hindern werdet, unser Recht auszuüben«, sagte er von oben herab zu ihr, ehe er sich an Kurt wandte. »Ich werde die Dienstleute anweisen, Stoffe und Wein auf Karren zu laden und zu unserem Haus zu bringen.«

»Das werden Sie nicht tun!« Jo hob ihre Stimme.

»Meister Albrecht und Meister Kurt, Euer Bruder hätte das sicher nicht gewollt«, jammerte Katrein.

»Komm.« Albrecht beachtete die beiden Frauen nicht länger und bedeutete seinem Bruder, ihm nach draußen zu folgen.

»Die Geldkassette und das Rechnungsbuch.« Jo stellte sich ihren *Schwägern* in den Weg und ignorierte die Stimme, die sich in ihrem Kopf regte und sie fragte, was sie hier eigentlich tat. Schließlich war sie nicht verwitwet. Und sie besaß auch keine Weberei. Ganz zu schweigen davon, dass einige entfernte Cousins und Cousinen ihre einzigen Verwandten waren.

»Oh, Ihr denkt doch nicht ernsthaft, dass Ihr uns aufhalten könnt?« Albrecht brach in ein meckerndes Lachen aus, in das sein Bruder sofort einstimmte.

Sie lag wieder auf dem Boden einer Turnhalle, roch die süßliche Politur des Untergrunds, ihre Arme und ihre Beine zitterten, und sie glaubte, keinen einzigen weiteren Liegestütz mehr ausführen zu können. Während Dieter Brauer unbarmherzig neben ihr zählte: »Zweiundneunzig, Mädchen, dreiundneunzig ... Na, du wirst uns doch nicht etwa schon schlappmachen?«

Albrecht fasste nach ihrer Schulter, um sie zur Seite zu schieben. Aus den Augenwinkeln sah Jo Metall an der Wand blitzen. *Das Schwert* ... Mit einer geschmeidigen Bewegung streifte sie Albrechts Hand von ihrer Schulter und glitt zur Truhe. Ein rascher Griff – und sie hielt die Waffe vor sich. Nach einigen Momenten hatte Jo sie ausbalanciert, so wie sie es vor zwei Jahren in ihrem Kurs »Japanischer Schwertkampf« gelernt hatte, und ließ sie durch die Luft wirbeln.

Die beiden Männer wichen vor ihr zurück. »Ihr ... Ihr seid verrückt«, keuchte Kurt. Albrecht tastete unschlüssig nach dem Dolch in seinem Gürtel. Doch als Jo das Schwert auf ihn richtete, zog er die Hand rasch zurück.

»Die Geldkassette und das Rechnungsbuch!«, befahl sie und drückte die Schwertspitze auf Kurts Brust. *Unerlaubter Waffenbesitz und unerlaubte Gewaltanwendung,* ging es Jo durch den Kopf. *Ach, pfeif drauf* ... Es machte ihr einfach Spaß, die beiden Widerlinge einzuschüchtern.

»Ihr ...« Mit weit aufgerissenen Augen starrte Kurt Jo an.

»Nun gib dieser Wahnsinnigen schon, was sie verlangt«, presste Albrecht hervor. »Wir werden uns unser Recht schon noch verschaffen.«

Kurt ließ die Kassette und das Buch zu Boden fallen. Die Geldkiste öffnete sich. Münzen kullerten über die Steinfliesen, während die beiden Männer zur Haustür rannten.

Jos Zorn und ihr plötzliches Hochgefühl waren verraucht. Erschöpft blieb sie stehen.

Katrein fasste sie am Arm. »Herrin, ach Herrin«, sagte sie und seufzte, während gleichzeitig ein Lächeln ihr rotwangiges Gesicht erhellte. »Ich bin ja stolz auf Euch. Aber nun habt

Ihr Euch nicht nur den Inquisitor Lutger, sondern auch noch Eure Schwäger zu Feinden gemacht. Wie wird dies alles nur enden?«

Weg ... Ich will weg aus dieser verwünschten Zeit ... Nur weeeeeg ... Jo war versucht, in ohnmächtiger Wut auf die Wände der Halle einzuschlagen. Bloß das Bewusstsein, dass sie Katrein mit einem derartigen Ausbruch völlig verstören würde, hielt sie zurück.

Nachdem Jo einige Male tief durchgeatmet hatte, hängte sie das Schwert wieder an die Wand. Düster starrte sie die Waffe an. Sie musste eine Entscheidung treffen.

»Wir müssen dieses unverschämte Weib in seine Schranken weisen!« In einem großen Fachwerkhaus in der Nähe des Doms hieb Kurt Weber krachend seine Faust auf den Eichentisch. »Lass uns morgen zum Bischof gehen und sie melden.«

»Das werden wir nicht tun.« Sein Bruder Albrecht schüttelte den Kopf.

»Warum nicht? Sie ... Sie war eindeutig besessen, als sie mit dem Schwert auf uns losgegangen ist.«

»Das mag ja sein.« Albrecht Weber wurde es wieder mulmig zumute, als er daran dachte, wie seine Schwägerin die Schwertspitze auf ihn gerichtet hatte. »Trotzdem würde sich Bischof Leonard bestimmt köstlich amüsieren, wenn wir ihm erzählen, dass wir vor einer Frau Reißaus genommen haben.« *Und nicht nur er,* überlegte Albrecht düster. *Wenn diese Geschichte die Runde macht, werden wir zum Gespött der ganzen Stadt.*

Er trank einen großen Schluck Bier. »Was aber viel schwerer wiegt ... Dem Bischof dürfte es ganz und gar nicht gefallen, dass du Josepha gegenüber behauptet hast, er hätte uns die Aufsicht über ihr Vermögen übertragen.«

»Ich dachte, diese Lüge würde sie zum Nachgeben bringen.« Kurt Weber seufzte gereizt. »Bei Gott, Albrecht, wir können ihr nicht einfach das Vermögen unseres Bruders überlassen. Es steht uns, seinen Brüdern, zu. Und nicht diesem jungen Ding, das er sich in seiner Alterstorheit ins Haus und ins Bett geholt hat.«

»Ich habe ganz und gar nicht vor, Josepha irgendetwas zu überlassen.« Albrecht schüttelte den Kopf. »Aber nach dem Vorfall heute Abend müssen wir diese Sache behutsam und geschickt angehen. Wir müssen den Bischof für uns gewinnen. Dann wird er sicher, was Gerhardts Testament betrifft, ein Auge zudrücken ... Leider ist Leonard ja, anders als der Inquisitor Lutger, den Josepha schon gegen sich aufgebracht hat, nicht gerade glaubensstreng.«

»Du meinst, wir sollten den Bischof bestechen?«

Albrecht Weber lächelte dünn. »Ich würde eher sagen, wir sollten ihm die eine oder andere Spende zukommen lassen. Nach allem, was man so hört, ist er ja einem gewissen Luxus nicht abgeneigt.«

»Eine gute Idee.« Sein älterer Bruder nickte. »Lutgers Groll auf Josepha sollten wir uns aber auf jeden Fall auch zunutze machen.«

»Ja, außerdem wette ich mit dir, dass sie sich bald einen Liebhaber nimmt. Wenn sie nicht längst schon einen hat. Eine vom Glauben abgefallene Hure, die nicht einmal mehr der Bischof schützt, werden die Leute aus der Stadt jagen.«

»Wir sollten einen von ihren Bediensteten dafür bezahlen, dass er ein Auge auf sie hat.« Kurt Weber grinste.

»Ich weiß auch schon, wer sicher gern auf diesen Handel eingehen wird.« Albrecht Weber erwiderte das Grinsen seines Bruders und hob seinen Becher. »Lass uns darauf anstoßen, dass uns unsere geliebte Schwägerin bald ins Netz gehen wird.«

Während Jo die Gasse in der Nähe des Flusses entlangging, zog sie ihren Wollmantel eng um sich. Es war noch früh am Morgen. Eine blasse Sonne stand an dem milchigen Himmel, und es war bitterkalt. Sie sehnte sich nach ihrem gut gefütterten Anorak. Eine Gruppe von Kindern, die Schlitten hinter sich herzogen, lief fröhlich schwatzend an ihr vorbei. Ihre Gesichter waren von der Kälte gerötet, dennoch schienen ihnen die eisigen Temperaturen nichts auszumachen.

Nachdem Jo während der Nacht kaum ein Auge zugetan hatte, fühlte sie sich wie zerschlagen. Gereizt blieb sie stehen und blickte sich um. Die schmalen Häuser wirkten schäbig. Ihre Holz- und Fachwerkfassaden waren verwittert und schmutzig. *Kein Wunder, dass Lutz Jägers Mittelalter-Ich ausgerechnet in dieser Gegend eine Kneipe betreibt*, dachte sie bissig. Nicht weit entfernt entdeckte sie nun zwischen zwei Häusern einen kleinen Weg.

Wo befand sich nur die Kneipe? Sie hatte Katrein nicht danach fragen wollen, denn diese wäre bestimmt wieder in ein entsetztes Lamento ausgebrochen und hätte sie nicht allein gehen lassen wollen.

Der Weg mündete in eine weitere Gasse. Einige Jungen rannten lachend und schreiend auf dem flachgetretenen Schnee herum. Über ihnen, an einem zweistöckigen Fachwerkhaus, hing ein Wirtshausschild. Es zeigte eine in etwas verblasstem Grün gemalte Weinrebe. Während sie näherkam, sah Jo, dass die Jungen einen Kohlkopf zwischen sich hin- und herkickten.

Vor dem Fachwerkhaus blieb sie stehen. Überrascht stellte sie fest, dass die Gefache frisch gekalkt waren. Dann holte sie tief Luft und trat durch die niedrige Tür.

Jo benötigte einige Momente, bis sich ihre Augen an das Dämmerlicht gewöhnt hatten. Ein fast quadratischer Raum erstreckte sich vor ihr. Der Bretterboden war mit sauberem

Sand bestreut. Roh behauene Balken trugen die Decke. Auch die Tische und Bänke wirkten einfach. Es roch durchdringend nach Bier, Zwiebeln und Rauch. Lutz Jäger saß vor einer offenen Feuerstelle, die von einem blakenden Talglicht beschienen wurde, und rührte in einem großen Bronzetopf herum.

Sie räusperte sich. »Guten Morgen ...«

Er drehte den Kopf. »Oh, Sie ... Morgen ...« Er nickte ihr knapp zu, hörte jedoch nicht auf zu rühren.

Zögernd ging sie zu ihrem Kollegen. »Ähm ... Draußen kicken sich ein paar Jungs einen Kohlkopf zu. Fast so, als ob sie Fußball spielen würden.«

Lutz Jäger grinste flüchtig. »Tja, der eine – Werner heißt er – hat einen wunderbaren Schuss. Völlig präzise. Der würde es in unserer Zeit als Fußballer bestimmt weit bringen.«

»Ich wusste gar nicht, dass es Fußball im Mittelalter schon gab ...«

»Gab es auch nicht. Ich habe beschlossen, den Jungs das Spiel beizubringen.«

»Ach so ...«

Schweigen breitete sich zwischen ihnen aus. Lutz Jäger, begriff Jo, würde ihr also nicht entgegenkommen.

Wieder räusperte sich Jo: »Dürfte ich mich setzen?«

»Oh, bitte ...« Er winkte lässig.

Jo zog sich einen Schemel heran und erhaschte dabei einen Blick auf das Innere des Topfs. Eine sämige Flüssigkeit blubberte darin. »Ich ... Ich bin gekommen, weil ich mich entschuldigen möchte. Und weil ich Eure Hilfe brauche ... Ich meine, Ihre Hilfe ...« Nun war es heraus.

»Ach ja ...?« Lutz Jäger hob fragend die Augenbrauen. »Was hat Sie denn zu diesem Gesinnungsumschwung bewogen?«

Jo unterdrückte eine gereizte Bemerkung und redete hastig weiter: »Ich bin gestern zu dem Kloster hinausgefahren. Sie wissen schon, das Kloster, wo wir an jenem Sonntagmorgen waren ...«

»Ja, ich hätte auch nicht angenommen, dass Sie plötzlich, getrieben von einer religiösen Inbrunst, ein anderes aufgesucht haben.« Lutz Jäger nickte übertrieben ernsthaft.

»In dem Kloster bin ich einer alten Frau begegnet, einer Äbtissin ...« Sie berichtete ihm rasch, was sich dort zugetragen und wie sie von dem Leichenfund erfahren hatte. »Jedenfalls geht diese Äbtissin Agneta davon aus, dass das halbverweste Skelett, das in unserer Zeit gefunden wurde, das des ermordeten jungen Mannes ist. Und dass ich – das heißt, wahrscheinlich wir beide – in diese Mittelalterwelt geraten sind, um diesen Mord aufzuklären. Falls ich mich weigern sollte – so meinte sie –, würde ich nie mehr in die Gegenwart zurückkehren können.« Dass die Äbtissin außerdem gesagt hatte, Jo würde dann für immer verloren sein, verschwieg sie. Lutz Jäger musste sie, auch ohne diese Zusatzinformation, für völlig irre halten.

Jo hörte die Suppe blubbern und die Äste im Feuer knacken. Schließlich zuckte ihr Kollege mit den Schultern. »Na ja, das wäre ja immerhin eine Erklärung, warum es uns hierher verschlagen hat.«

»Sie glauben also, was mir diese Äbtissin erzählt hat?«

»Sie doch auch ... Sonst wären Sie wohl kaum zu mir gekommen.«

»Irgendwie schon ...« Jo seufzte resigniert.

Lutz Jäger streckte seinen Rücken. »Wobei ich allerdings nicht weiß, ob ich wirklich aus dem Mittelalter wieder weg will.«

»Was ...?« Jo starrte ihn fassungslos an.

»Tja, gestern habe ich ein wunderbares Linsengericht mit Rüben und Lauch gekocht. Das Gemüse schmeckt hier tatsächlich noch nach Gemüse. Einen exzellenten Hartkäse habe ich ebenfalls entdeckt. Und das Bier ...« Er spitzte seine Lippen.

»Sie ...« Jo verschlug es die Sprache. Dann erst bemerkte sie, dass Lutz Jäger sie angrinste.

»Ach, kommen Sie ... Nun regen Sie sich wieder ab. War nicht ernst gemeint. Auch wenn das Mittelalter durchaus ein Geschmackserlebnis ist ... Auf Dauer würden mir doch mein Farbfernseher und mein DVD-Player und vor allem die Fußball-Bundesliga fehlen.«

Jo wollte ihn ärgerlich anfahren, doch ihr Magen, der ein lautes, unüberhörbares Knurren von sich gab, ließ sie verstummen. Sie war nach dem Aufstehen zu müde gewesen, um etwas zu essen, und hatte, trotz Katreins Protest, nur einen Becher Kräutertee getrunken.

»Hungrig?« Lutz Jäger sah sie fragend an.

»Ja, schon ...«, gab sie zu.

»Wenn Sie möchten, können Sie einen Teller von der Suppe haben.«

»Was ist da drin?« Jo schnupperte misstrauisch.

»Brot, Lauch, Zwiebeln und Käse, verfeinert mit Majoran, Thymian und einer Prise Kümmel. Eine neue Kreation von mir. Inspiriert von den Vorräten in meiner Speisekammer. Ohne mich über Gebühr loben zu wollen, aber ich finde, die Suppe schmeckt ausgezeichnet.«

»Schon gut, ich habe verstanden. Ja, ich hätte gerne davon ...« Gegen ihren Willen musste Jo lächeln.

»Etwas begeisterter könnten Sie aber schon auf mein Angebot reagieren.« Lutz Jäger nahm eine Holzschale aus einem Regal und schöpfte einige Kellen von der Suppe hinein. »Bitte sehr ...« Mit einer übertriebenen Verbeugung reichte er ihr das dampfende Gericht.

Jo pustete, ehe sie vorsichtig an dem Löffel nippte. »Schmeckt wirklich gut«, sagte sie schließlich, nachdem sie gekostet hatte. Sie meinte es ehrlich und beschloss, die vielen Kalorien, die das Gericht ganz bestimmt hatte, zu ignorieren.

»Tja, wenn ich nicht zur Polizei gegangen wäre, wäre ich wohl Koch geworden.«

»Und warum haben Sie sich schließlich für die Polizei entschieden?«

»Wahrscheinlich, weil ich als Kind vom Räuber-und-Gendarm-Spielen so begeistert war.«

Jo warf Lutz Jäger einen raschen Blick zu, ehe sie sich wieder der Suppe widmete. *Überraschung ...* Hinter seinem aufs Erste so einfach gestrickten Charakter verbargen sich also doch noch komplexere Wesenszüge. Weshalb war sie zur Polizei gegangen? Um ihre Mutter zu ärgern, die sich von Jos Vater, einem stellvertretenden Polizeipräsidenten, getrennt hatte, als Jo ein Jahr alt gewesen war? Weil sie so gegen die Familientradition hatte rebellieren können, dergemäß man entweder Richter oder Arzt wurde? Oder weil sie, wie es in ihrem Diensteid geheißen hatte, der Gerechtigkeit dienen wollte?

Während Jo aß, wischte Lutz Jäger die Regale neben der Feuerstelle mit einem nassen Tuch ab. Sie leerte die Schale bis auf den letzten Rest und stellte sie vor sich auf den Boden. »Also, wie, schlagen Sie vor, sollen wir vorgehen?«

»Na, wie schon?« Er wrang den Lappen aus und hängte ihn über den Rand eines Holzeimers. »Sie haben doch gesagt, dass der Leichnam des jungen Mannes in einem der Klostergebäude liegt. Folglich sollten wir als Erstes einmal ihn in Augenschein nehmen.«

»Super Vorschlag ... Wir untersuchen die Leiche und sichern die DNA des möglichen Täters. Darf ich Sie daran erinnern, dass wir uns in einer Zeit weit vor den allerersten Anfängen der Spurensicherung befinden? Genau genommen

Jahrhunderte, bevor der Fingerabdruck als Beweismittel entdeckt und eingeführt wurde? Wahrscheinlich gab es im Mittelalter noch nicht einmal Lupen.«

Lutz Jäger schüttelte den Kopf. »Sie betrachten alles immer so pessimistisch. Wie mein alter Ausbilder bereits sagte: Augen und Ohren sind die wichtigsten Werkzeuge eines jeden Kriminalbeamten.«

»Wann haben Sie denn Ihre Ausbildung absolviert? In den Fünfzigerjahren?«

Er ließ sich nicht aus der Ruhe bringen. »Außerdem haben wir die Möglichkeit, Zeugen zu befragen.«

»Die Äbtissin meinte, der junge Mann stamme nicht aus der Stadt.«

»Na und? Irgendjemand wird bestimmt etwas über ihn wissen.«

»Darf ich Sie daran erinnern, dass die Menschen hier völlig anders denken als wir ...«

»Oh, meine Kneipengäste unterscheiden sich nicht besonders von meinen Kumpels.« Lutz Jäger grinste. »Lassen Sie uns heute Nachmittag zu dem Kloster fahren. Je eher wir mit unseren Ermittlungen anfangen, desto besser.«

Insgeheim musste ihm Jo recht geben. Warum nur sträubte sich immer noch alles in ihr gegen diesen Fall? »Gut«, gab sie schließlich nach. »Aber wir müssen uns getrennt auf den Weg machen. Ich bin eine Witwe und muss auf meinen Ruf achten.« Sie brach ab. *Was redete sie da ...?* »Fangen Sie jetzt bloß nicht an zu lachen«, sagte sie drohend.

»Nein, nein, niemals ...« Um Lutz Jägers Mundwinkel zuckte es. »Ich verstehe Ihre Situation natürlich vollkommen und würde Sie niemals kompromittieren.«

»Ich schlage vor, dass wir uns außerhalb der Stadt treffen. An dem Weg zu dem Kloster, unterhalb der Weinberge, wächst eine alte Linde. Um zwei Uhr ...« Ach verflixt, wie verabredete man sich im Mittelalter zu einer bestimmten Uhrzeit?

Lutz Jäger bemerkte ihr Zögern. »Liebe Kollegin, es gibt tatsächlich Kirchturmglocken. Um Schlag zwei Uhr werde ich an der Linde auf Euch warten und nicht von dort weichen, ehe Ihr erscheint ...« Er runzelte die Stirn. »Eine Frage noch: Sie haben von ›fahren‹ gesprochen. Ein Auto meinten Sie in diesem Zusammenhang ja aber wohl nicht?«

»Nein, einen Schlitten. Ich habe es als Kind gelernt, mit Gespannen zu fahren.«

»Oh ...« Lutz Jägers Erstaunen tat Jo gut.

»Denken Sie daran, es ist eine echte Chance, zu den Basics der Polizeiarbeit zurückzukehren«, rief er ihr nach, als sie die Türschwelle erreicht hatte.

Wahrscheinlich glaubt er das auch noch wirklich, dachte Jo entnervt, während sie die Tür hinter sich schloss.

»Die Herrin ist weggefahren? Allein?« Später am Nachmittag konnte der Obergeselle Georg nur mit Mühe seine Aufregung verbergen.

Hans, sein Vertreter, ein rundlicher Mann, betätigte die Tritte seines Webstuhls und drückte dann gemächlich mit dem Kamm den frisch eingeschossenen braunen Faden gegen das am Warenbaum befestigte Tuch. »Ja, sie hat sich von Heinrich den Schlitten anspannen lassen. Warum fragst du?«

»Ach, ich wollte wegen einer Wolllieferung mit ihr sprechen«, wiegelte Georg rasch ab. Während er zu seinem eigenen Webstuhl ging und auf den Sitz rutschte, dachte er, dass er künftig aufmerksamer sein musste. Die Brüder seines früheren Herrn hatten ihm eine ansehnliche Geldsumme versprochen, falls er ihnen kompromittierende Neuigkeiten über ihre Schwägerin lieferte. Außerdem hatten sie ihm in

Aussicht gestellt, dass er – wenn ihnen erst einmal die Weberei und das Handelsgeschäft gehörten – zum Meister und Teilhaber werden könne.

Die Luft schwirrte vom Klacken der Holztritte auf dem Steinboden. Mit einem dumpfen Geräusch schlugen die Kämme gegen die Warenbäume. Die acht Webstühle in dem langgestreckten Raum mit den weiß gekalkten Wänden waren alle in Betrieb, denn die Nachfrage nach den Stoffen war groß. Schließlich war das Tuch, das hier gefertigt wurde, bekannt für seine ausgezeichnete Qualität. Ebenso wie der Wein und das Getreide, die in den Wirtschaftsgebäuden und in den Kellern lagerten.

Nein, es war nicht gerecht, dass dies alles einer Frau gehörte. Georg schwor sich, dass er bald seinen Anteil daran bekommen würde.

Ungeduldig ging Jo vor den Gemächern der Äbtissin auf und ab. Eine junge Nonne hatte sie und Lutz Jäger vor einer geraumen Weile hierhergeführt. Sie hatte ihnen mit leiser Stimme eröffnet, die »ehrwürdige Mutter« sei in ihre Gebete vertieft und wolle nicht gestört werden. Dann war sie entschwunden. Seitdem warteten sie nun. Lutz Jäger schien dies nichts auszumachen. Er hatte es sich auf einer breiten Truhe bequem gemacht und betrachtete interessiert eine blattartige Verzierung in dem steinernen Fenstersturz. Es war seltsam gewesen, mit ihm zusammen im Schlitten zu dem Kloster zu fahren, und ebenso merkwürdig, nun mit ihm hier zu sein.

Einen Mordfall im Mittelalter aufklären, um wieder in die Gegenwart zurückkehren zu können ... Noch immer konnte Jo nicht wirklich glauben, was hier eigentlich vor sich ging.

»Die ehrwürdige Mutter ist nun bereit, Euch zu empfangen.« Die junge Nonne war wieder herbeigeschwebt und öffnete einen der wuchtigen Türflügel.

»Zu gütig …«, murmelte Jo.

»Danke Euch.« Lutz Jäger schenkte der Nonne ein Lächeln, das diese, wie Jo im Vorbeigehen sah, tatsächlich erröten ließ.

Die Äbtissin saß in einem Lehnstuhl hinter einem schweren, dunklen Holztisch. Sie musterte Jo auf ihre durchdringende Art, ehe sie knapp bemerkte: »Ihr seid also zurückgekommen. Gehe ich recht in der Annahme, dass Ihr Euch nun doch dafür entschieden habt, den Mord an dem jungen Mann zu sühnen?«

»Ich würde eher sagen, aufzuklären«, erwiderte Jo, während sie sich auf eine Handbewegung der Äbtissin hin auf einem Stuhl vor dem Tisch niederließ. »Und da Ihnen dieser Mordfall so sehr am Herzen liegt, hätte ich eigentlich gedacht, dass Sie sofort mit uns reden würden – statt uns warten zu lassen.«

»Gebete haben ihre eigene Wichtigkeit«, erklärte die Äbtissin trocken. Sie sah Lutz Jäger forschend an, ehe sie ihre Aufmerksamkeit wieder Jo zuwandte. »Ihr habt einen Mann mitgebracht …«

»Ja, er stammt aus meiner Zeit. Er ist mein Kollege … Das bedeutet, wir arbeiten zusammen …«

»Dieser Mann verdient seinen Lebensunterhalt also auch damit, Verbrechen aufzuklären?«

»Genau. Ich heiße übrigens Lutz Jäger.« Er beugte sich vor und lächelte die Äbtissin gewinnend an. »Ehrwürdige Mutter, was könnt Ihr uns über den Ermordeten sagen? Bitte versucht, Euch an jede Einzelheit zu erinnern. Auch wenn sie Euch unwichtig erscheinen mag.«

»Nun, leider nicht viel.« Sie seufzte. »Ich habe ihn nie lebend gesehen und weiß kaum mehr, als dass er Anselm hieß. Wahrscheinlich war er um die sechzehn oder achtzehn Jahre alt. Von meiner Warte aus war er also noch ein Junge … In den letzten Wochen kam er immer wieder einmal hierher und stand mit den Armen und Bettlern für eine Mahlzeit an. Außerdem versteckte er sich seit Anbruch der Kälte hin und wieder in der Scheune, wo er im Heu schlief.«

»Er versteckte sich? Das heißt, Sie hätten es ihm nicht erlaubt, im Kloster zu übernachten?« Jos Stimme klang schärfer, als sie beabsichtigt hatte.

»Natürlich hätte ich es ihm erlaubt.« Die Äbtissin ließ sich nicht aus der Ruhe bringen. »Aber er bat nicht darum. Menschen, denen das Leben übel mitgespielt hat – und das, vermute ich, war bei diesem Jungen der Fall –, verstummen nicht selten und wagen es nicht mehr, um etwas zu bitten. Ich schätze, in der Zeit, aus der Ihr kommt, verhält es sich damit nicht anders.«

»Ja, da habt Ihr recht«, erwiderte Lutz Jäger sanft.

»Und woher wissen Sie ... wisst Ihr ..., dass der Junge in der Scheune schlief?«, ergriff Jo wieder das Wort.

»Unsere Köchin, Schwester Constantia, hat ihn beobachtet. Sie mochte den Jungen und ließ ihn gewähren.«

»Ihr hat er auch nichts anvertraut?«

»Nur, dass er sich gelegentlich in der Stadt ein paar Münzen verdiente. Aber er sagte ihr nicht, mit welcher Arbeit.«

»Was ich nicht verstehe«, Jo schüttelte den Kopf, »von Ebersheim bis hierher ist man zu Fuß bestimmt eine Stunde unterwegs. Warum hat der Junge nicht in der Stadt um eine Mahlzeit gebettelt oder sich einen Schlafplatz gesucht? Warum hat er den weiten Weg auf sich genommen?«

»Wie ich Euch bereits sagte, die Köchin mochte den Jungen. Gelegentlich erlaubte sie ihm, in die Küche zu kommen, wo er dann meist still in einem Winkel am Feuer saß und schnitzte. Dabei hat er sich wohl in eine unserer jungen Nonnen – Schwester Irmhild – verliebt. Einige Tage, ehe er ermordet wurde, hat er ihr dies geschenkt.« Die Äbtissin drehte sich um. Sie nahm etwas aus einem mit ledergebundenen Büchern und Pergamentrollen bestückten Regal, das hinter ihr an der Wand stand, und legte es dann vor Jo und Lutz Jäger auf den Tisch.

Ein kleiner Holzhase. Jo nahm das geschnitzte Tier vorsichtig in die Hand. Die Proportionen stimmten nicht ganz, und doch wirkte es lebendig und anrührend. *Darf die junge Nonne denn noch nicht einmal dieses an sich wertlose Geschenk behalten?*, dachte sie ärgerlich. Als sie aufsah, trafen sich ihr Blick und der der Äbtissin. Die alte Frau hob belustigt die Augenbrauen. »Ich habe mir den Hasen nur ausgeliehen«, sagte sie, als hätte sie Jos Gedanken gelesen.

Lutz Jäger räusperte sich. »Dieser Schwester Irmhild hat der Junge also auch nichts von sich erzählt?«

Die Äbtissin lächelte ein wenig. »Nein, er war wohl einfach nur glücklich, sich in ihrer Nähe aufhalten zu können. Und da daraus für niemanden ein Leid entstand, sah ich auch keinen Anlass, ihr Zusammentreffen in der Küche zu unterbinden.«

»Ihr seid über das, was in Eurem Kloster vor sich geht, also stets gut informiert?«, warf Jo ein wenig spöttisch ein.

»Das halte ich für meine Pflicht.« Die Augen der alten Frau funkelten.

Lutz Jäger sah von Jo zu der Äbtissin, ehe er rasch sagte: »Ehrwürdige Mutter ... Könnt Ihr uns bitte schildern, wann und wie der Leichnam des Jungen gefunden wurde?«

Die Äbtissin lehnte sich in ihrem Stuhl zurück. »Nun, wie ich schon Josepha berichtet habe« – Jo zuckte ein wenig zusammen, außer ihrer Großmutter nannte niemand sie so –, »fand unsere Köchin den Toten. Nach der Morgenmahlzeit ging sie wie immer zu den Ställen, um die Essensreste und Abfälle vom Vortag an die Schweine zu verfüttern. Sie rief mich dann gleich ...«

»Auch wenn Euch meine Frage seltsam oder erschreckend erscheint«, sagte Lutz Jäger, »würdet Ihr uns nun bitte den Leichnam beschreiben ...«

»Junger Mann ...« Äbtissin Agneta bedachte ihn mit einem ihrer scharfen Blicke, während sie mit der flachen Hand auf den Tisch schlug, »... ich lebe schon lange auf dieser Welt und habe einige kriegerische Auseinandersetzungen erlebt. Schlimm zugerichtete Leichen sind für mich leider nichts Fremdes. Der Junge lag auf dem Rücken, in einer großen Lache gefrorenen Bluts. So tief wie der Schnitt in seiner Kehle war, bestand überhaupt kein Zweifel daran, dass er tot war. Ich habe ihm dann die Augen geschlossen.«

Stadium der Leichenstarre, dachte Jo. *Ungefährer Todeszeitpunkt ...* Natürlich würden sie dies nie erfahren.

»Jedenfalls muss der Junge nach neun Uhr am Abend ermordet worden sein«, bemerkte die alte Frau sachlich.

»Woher wisst Ihr das?«, fragte Jo überrascht.

»Nach der Komplet unternimmt unsere Cellerarin immer einen Rundgang über das Klostergelände und überzeugt sich, dass alle Türen geschlossen sind. Als sie in der Nacht ihren Rundgang durchführte, lag der Leichnam noch nicht bei den Stallungen.«

»Könnte der Leichnam bewegt worden sein?«, fragte Lutz Jäger.

Jo begriff, worauf er hinauswollte.

»Ihr meint, ob er an einem anderen Ort getötet wurde?« Die Äbtissin schüttelte den Kopf. »Nein, es gab keine Schleifspuren im Schnee. Allerdings führten Fußspuren von der Mauer zu der Leiche und wieder zurück.« Erneut war ihre Stimme ganz sachlich. »Von ihrer Größe her waren es die eines Mannes. Ganz abgesehen davon, dass eine Frau wohl auch eine andere Mordmethode als das Durchschneiden einer Kehle wählen würde.«

»Alle Achtung, Ihr seid eine gute Zeugin.« Lutz Jäger klang beeindruckt.

»Junger Mann, ich habe Augen im Kopf und weiß sie zu gebrauchen.«

»Was mehr ist, als man von vielen Menschen sagen kann ... Was ich aber nicht verstehe«, er beugte sich vor und sprach aus, was auch Jo beschäftigte, »warum hat sich der Täter die Mühe gemacht, seinem Opfer bis auf das Klostergelände zu folgen? Warum hat er Anselm nicht auf der anderen Seite der Mauer getötet? Oder sich dort – wir wissen ja nicht, was genau geschehen ist – mit ihm verabredet?«

»Ich nehme an, er benötigte Licht.«

»Wie meint Ihr das?«

»Nun, während der Vigil und der Matutin brennen in der Kirche die Kerzen. Der Schein fällt durch die Fenster der Apsis bis zu den Stallungen. Ich vermute, der Mörder hat den Toten durchsucht. Wir haben in den Taschen des Jungen jedenfalls nichts gefunden. Und auch sein Bündel war verschwunden.«

So etwas wie Taschenlampen gibt es hier ja nicht, schoss es Jo durch den Kopf. Wieder einmal wurde ihr bewusst, wie fremd ihr diese Welt war.

»Ein solches Vorgehen lässt auf einen sehr kaltblütigen Mörder schließen«, hörte sie ihren Kollegen sagen.

»Allerdings.« Die Äbtissin nickte. »Ich schlage vor, dass Ihr Euch den Toten nun einmal anseht.«

Wer, dachte Jo gereizt, während sie und Lutz aufstanden und der alten Frau nach draußen folgten, *leitet hier eigentlich die Ermittlungen?*

»So, hier haben wir den Jungen aufgebahrt.« Am Eingang der Scheune trat die Äbtissin beiseite, um Jo und Lutz den Vortritt zu lassen.

Na wunderbar, dachte Jo. Ihre schlimmsten Befürchtungen bewahrheiteten sich. Säcke, Körbe und Kisten waren entlang der Fachwerkwände des großen, zugigen Raums gestapelt. Einige Öllampen, die von einem Deckenbalken herabhingen, verbreiteten ein blakendes Licht. Der Leichnam lag auf einem aufgebockten Brett. Zu allem Überfluss war auch noch ein Leinentuch über ihn gebreitet.

»Die Kleider des Jungen findet Ihr hier.« Die Äbtissin deutete auf einen viereckigen, mit einem Deckel versehenen Korb, der neben dem Leichentisch stand. »Ich lasse Euch jetzt allein. Kommt bitte zu mir, wenn Ihr mit der Untersuchung der Leiche fertig seid, und berichtet mir, was Ihr herausgefunden habt.«

»Natürlich werden wir das tun.« Lutz Jäger verbeugte sich leicht. Einige Augenblicke sahen sie der Äbtissin nach, wie sie hinaus auf den schneebedeckten Hof ging, wobei sie sich wieder, auf ihre Krücke gestützt, erstaunlich behände bewegte.

»Eine bemerkenswerte Frau«, murmelte Lutz.

»Hmm ...« Jo brummte entnervt, während sie das Tuch wegzog. Die Haut des Leichnams hatte einen gelblichen Wachston. Seine Kinnlade war mit einem Stoffstreifen hochgebunden. Trotzdem konnte sie erkennen, dass Anselms Gesichtszüge sehr fein gewesen waren. Dunkelbraunes, lockiges Haar fiel auf seine Schultern. Der Junge musste wirklich hübsch gewesen sein. Es versetzte Jo einen leichten Schock, als ihr klarwurde, dass jenes halbverweste Skelett plötzlich ein Antlitz bekommen hatte.

Reiß dich zusammen!, befahl sie sich. *Wahrscheinlich arbeitet dein Gehirn in diesem Moment wie eine Art Computerprogramm und modelliert aus deiner Erinnerung an den knochigen Schädel ein menschliches Gesicht.*

Langsam ließ sie ihren Blick über den Toten wandern. In

seiner Kehle klaffte eine tiefe, lila-rot verfärbte Wunde. Doch nirgends konnte Jo einen Blutspritzer entdecken. Er war sorgfältig gewaschen worden.

»Toll ... Sämtliche DNA-Spuren den Ausguss hinuntergeschwemmt«, murrte sie.

»Ganz davon abgesehen, dass es hier wahrscheinlich keine Ausgüsse gibt – wir hätten sowieso keine DNA nehmen können. Warum also daran einen Gedanken verschwenden?« Lutz Jägers Stimme hörte sich aufreizend gleichmütig an.

»Jetzt lassen Sie uns schon den Leichnam untersuchen.«

»Ja, bei diesen erstklassigen Lichtverhältnissen werden wir auch ganz sicher etwas finden. Mein Gott, wir besitzen noch nicht einmal ein so einfaches Hilfsmittel wie eine Lupe ...«

»Sagte ich Ihnen nicht bereits, dass Sie alles immer viel zu pessimistisch sehen?« Lutz kramte in seiner Manteltasche herum und förderte daraus schließlich einen etwa drei Zentimeter großen, gläsernen Würfel zutage.

»Was soll das denn sein?«, fragte Jo verdutzt.

»Ein Lesestein. Hab ihn bei einem Händler am Marktplatz entdeckt. Ein speziell geschliffener Kristall. Er vergrößert die Dinge um das Doppelte.«

»Wirklich *sagenhaft*!«

»Sie sind aber auch nie zufrieden. Jetzt fassen Sie schon mit an!«

Gemeinsam wuchteten sie den steifgefrorenen Leichnam auf den Bauch. Sein Rücken, das Gesäß und die Schenkel wiesen die charakteristischen blau-lilafarbene Verfärbungen auf, wenn das Blut nach Eintritt des Todes in die tiefer gelegenen Körperregionen wandert.

»Mittelgroß, eher schmächtiger Körperbau«, sagte Jo.

»Ja, aber trotzdem auch muskulös.« Lutz Jäger ließ seine Hände über die Arme und Beine des Toten wandern.

»Wahrscheinlich war das in dieser Zeit bei den meisten

Leuten der Fall. Schließlich haben sie fast alle körperlich gearbeitet.« Während sie sprach, holte Jo eine Wachstafel und einen Griffel aus dem Bündel, das sie umhängen hatte.

Ihr Kollege starrte sie an, dann breitete sich ein Grinsen auf seinem Gesicht aus. »Originelles Schreibzeug, das Sie da haben. Hätte mich aber auch gewundert, wenn Sie keine Ausrüstung in Ihrem Handtäschchen dabeigehabt hätten.«

»Ach, halten Sie den Mund. Geben Sie mir lieber einmal diesen Lesestein.«

Durch ihn betrachtete Jo die Hände des Toten. Sie waren langfingrig, aber schwielig. Der Junge hatte eindeutig mit seinen Händen gearbeitet. Was aber wohl auch nicht ungewöhnlich für das Mittelalter war. Jo wollte sich frustriert aufrichten, als sie innehielt und noch einmal durch den Lesestein blickte.

»Haben Sie etwas gefunden?« Lutz Jäger beugte sich neben ihr über den Leichnam. Ja, sie hatte sich nicht getäuscht. Durch den Lesestein war die Rechte des Toten etwas verzerrt zu sehen. Und unter den Fingernägeln klebte eindeutig etwas.

»Haben Sie gerade ein Messer zur Hand?«, fragte sie.

»Aber ja ...«

Mit der Messerspitze säuberte Jo vorsichtig die Fingernägel und ließ die Klümpchen in eines der Tongefäße rieseln, die sie ebenfalls mitgebracht hatte. »Sieht aus wie Mörtel ...«

»Oder wie Ton ...« Lutz Jäger nickte. »Das heißt, der Junge könnte in der Stadt als Maurer oder Töpfer gearbeitet haben.«

»Ich darf überhaupt nicht darüber nachdenken, wie schnell sich das mit Hilfe eines Mikroskops herausfinden ließe.«

»Ja, Quincy ... Tun Sie das nicht. Notieren Sie stattdessen schon einmal unsere Erkenntnisse auf Ihrem ultracoolen Schreibgerät.«

Jo verzog das Gesicht. »Eines Tages werden Sie mir noch dankbar für meine Notizen sein.«

»Ganz bestimmt.« Lutz Jäger breitete das Leichentuch auf dem gestampften Lehmboden aus. Dann klappte er den Deckel des Weidenkorbs hoch und entnahm ihm einen Mantel, einen Kittel und eine Hose, die er auf das Tuch legte und mit dem Lesestein in der Hand absuchte. Währenddessen mühte sich Jo mit dem Griffel und der Wachstafel ab.

»Und?« Sie schob beides in ihr Bündel und kniete sich neben ihn.

»Zuallererst jede Menge getrocknetes Blut ...«

»Was bei einer durchgeschnittenen Kehle auch nicht anders zu erwarten war.«

»Aber hier habe ich etwas Merkwürdiges entdeckt.« Er hielt eine Pinzette hoch. »Sehen Sie sich das einmal durch den Lesestein an.«

Vorsichtig hielt Jo den geschliffenen Kristall vor die Pinzette. Zwischen den kleinen Backen hing etwas leuchtend Blaues. Eine im Licht schimmernde Fluse.

»Ich habe noch drei weitere davon gefunden.« Lutz wies auf die Tonschale, die vor ihm auf dem Boden stand. »Das Material müsste eine sehr fein gewebte Seide sein. Und war Blau im Mittelalter nicht ein teures Farbmittel?«

»So ein heller, strahlender Farbton bestimmt«, erwiderte Jo nachdenklich. »Und das passt überhaupt nicht zur fadenscheinigen, zerrissenen Kleidung des Jungen.«

»Notieren Sie auch das, Quincy!« Lutz Jäger sprang auf die Füße. »Jedenfalls haben wir der Äbtissin etwas mitzuteilen.«

Wieder zurück in den Räumen der Äbtissin, reichte Lutz Jäger der alten Frau das Schälchen mit den Flusen und den Lesestein. »Habt Ihr irgendeine Ahnung, wie diese winzigen Fädchen an die Kleidung des Jungen gelangt sein können?«

Die alte Frau betrachtete die Flusen einige Momente lang durch den geschliffenen Kristall. Dann schüttelte sie den Kopf. »Nein ... Aber das Material scheint Seide gewesen zu sein.«

»Das dachten wir uns auch schon«, bemerkte Jo trocken.

Lutz Jäger bedachte sie mit einem warnenden Blick, während er sich einen der nach Zimt und Kardamom duftenden Kekse nahm, die die Äbtissin, ebenso wie den warmen Würzwein, eben hatte bringen lassen. »Hmm, schmeckt toll ...« Er kaute genüsslich. »Meint Ihr, dass mir Eure Köchin das Rezept geben würde?«

»Wir haben Spuren von Mörtel oder Ton unter den Fingernägeln des Toten gefunden.« Jo hob die Stimme. »Könnte er als Maurer oder Töpfer gearbeitet haben?«

»Wenn er ein Maurergeselle gewesen wäre, hätte er einer Zunft angehört und über die eine Unterkunft in der Stadt gefunden. Auch für Essen hätte seine Zunft gesorgt.«

»Als Töpfer hätte er diese Möglichkeit nicht gehabt?«, fragte Jo überrascht.

»Nein, Töpfern gilt als unehrlicher Beruf. Deshalb sind Töpfer in keiner Zunft zusammengeschlossen.«

»Oh ...«

»Aber Anselm hätte, auch ohne einer Zunft anzugehören, als eine Art Hilfsarbeiter – ich meine, Aushilfe – auf dem Bau arbeiten können?«, mischte sich Lutz Jäger ein.

»So etwas ist ungewöhnlich, aber es kommt durchaus vor.« Äbtissin Agneta nickte. »Beispielsweise auf einer großen Baustelle wie etwa der des Doms. Allerdings ruht dort die Arbeit zurzeit wegen der Kälte.«

»Wie lange schon?«

»Etwa vier Wochen.«

»Dann hätte sich jetzt wohl kaum noch Mörtel unter seinen Nägeln befunden«, sprach Lutz Jos Gedanken aus.

»Könnte es sich bei dem Mörtel auch um Steinstaub handeln?«, fragte die Äbtissin.

»Ja, wahrscheinlich schon ...« *Seit wann gibt es die ersten Mikroskope?*, dachte Jo bitter. *Seit dem 18. Jahrhundert?*

»Vielleicht hat Anselm bei einem Steinmetz ausgeholfen«, sprach die Äbtissin weiter. »Steinmetze arbeiten auch bei diesem eisigen Wetter. Ihr solltet Eure Nachforschungen bei der Dombaustelle beginnen.«

»Ich würde gerne noch ein wenig bei Eurem Kloster bleiben«, ergriff wieder Jo das Wort. »Gibt es hier nicht auch ein Gästehaus?«

»Ja, natürlich.«

»Wisst Ihr, wer dort zum Zeitpunkt des Mordes anwesend war?«, fragte sie weiter.

»Einige Kaufleute und Handwerker. Vielleicht ein Dutzend Leute. Wegen der Kälte und der schlechten Wegverhältnisse reisen zurzeit nicht sehr viele Menschen.«

»Und Anselm schlief nicht im Gästehaus, da er zu arm dafür war?«, hakte Lutz Jäger nach.

»Er bettelte ja, wie ich Euch schon sagte, in der Küche um Mahlzeiten«, bestätigte die Äbtissin. »Außerdem war er ohnehin sehr scheu und wagte es noch nicht einmal, um einen Schlafplatz in der Scheue zu bitten, sondern schlich sich dort hinein.«

»Habt Ihr eine Ahnung, woher die Kaufleute und Handwerker stammen?«, ergriff Jo wieder das Wort. Was für ein Segen für eine polizeiliche Ermittlung doch die Meldescheine in den Hotels und Gasthäusern waren.

»Nein, aber vielleicht kann Euch unsere Pförtnerin bei dieser Frage weiterhelfen. Allerdings glaube ich nicht, dass einer der Gäste für den Mord verantwortlich ist. Schließlich hätte derjenige einfach das Klostergelände überqueren können und nicht über die Mauer steigen müssen.«

»Ich würde sagen, dieses Argument hat etwas für sich.«
Lutz Jäger nickte und sah Jo an. »In den Zeiten vor *Tatort*, *Quincy* und *CSI* sind die Leute wahrscheinlich noch nicht auf die Idee verfallen, absichtlich falsche Spuren zu legen.«

»Ich weiß zwar nicht ganz, wovon Ihr redet, junger Mann«, bemerkte die Äbtissin, »aber wie ich bereits Josepha zu erklären versuchte, der Junge war arm und außerdem ein Fremder. Deshalb war er nicht *wichtig*. Der Mörder musste nicht damit rechnen, dass jemand die Tat verfolgen würde. Warum hätte er also vorgeben sollen, über die Mauer zu steigen?«

»Gut, lassen wir also einmal die Gäste aus dem Spiel.« Jo beugte sich vor. »Aber wie steht es zum Beispiel mit Bediensteten? Knechten ...? Oder verrichtet Ihr und Eure Nonnen etwa alle schweren Arbeiten selbst?«

»Meine Liebe ... In Eurer Zeit mag das ja anders sein, aber hier, in meiner Zeit, sind es auch Frauen gewohnt, harte körperliche Arbeiten zu verrichten.« Die Äbtissin bedachte sie mit einem belustigten Blick. »Für einige Tätigkeiten wie zum Beispiel das Baumfällen beschäftigen wir allerdings auch Knechte. Sie wohnen mit ihren Familien etwa eine halbe Meile vom Kloster entfernt. Nach dem Mord habe ich mit ihnen gesprochen. Ich glaube nicht, dass sie etwas zu verbergen haben. Und glaubt mir, im Allgemeinen merke ich es, wenn Leute versuchen, mich anzulügen.«

Jo stand auf. »Ich würde gerne einmal mit Eurer Köchin, Schwester Constantia, und mit Schwester Irmhild sprechen.«

Äbtissin Agneta vollführte eine gelassene Handbewegung. »Gewiss, tut das.«

»Was halten Sie von der Einschätzung der Äbtissin, dass keiner der Knechte an dem Mord beteiligt ist?«, fragte Jo später, als sie durch das Klostertor fuhren. Die tiefhängenden dunklen Wolken verhießen einen neuen, baldigen Schneefall. Sie hoffte, dass sie noch vor Einbruch der Dunkelheit die Stadt erreichen würden.

Lutz Jäger, der neben ihr in dem Schlitten saß, zuckte mit den Schultern. »Ich denke schon, dass sie Menschen richtig beurteilen kann. Sie etwa nicht?«

»Doch, schon ...«, gab Jo widerstrebend zu, auch wenn sie die herrische alte Frau nicht unbedingt mochte. Das Gespräch mit Schwester Constantia und Schwester Irmhild hatte ihnen jedenfalls keine neuen Erkenntnisse gebracht. Irmhild, eine schüchterne junge Frau, hatte sich nur daran erinnert, dass Anselm von einem Bauernhof stammte – eine Information, die ihnen gar nicht weiterhalf.

Die Köchin, Schwester Constantia, eine große, kräftige Frau mit einem ausgeprägten Damenbart über der Oberlippe, hatte ihnen bloß wiederholen können, was sie ohnehin schon der Äbtissin gesagt hatte: nämlich, dass sie Anselm gemocht und ihm häufig erlaubt hatte, in der Küche zu sitzen und zu schnitzen. Jo hatte nicht den Eindruck gehabt, dass ihnen die beiden Frauen etwas verschwiegen. *Sofern sie ihren Eindrücken in dieser verwünschten Zeit trauen konnte ...* Und auch die Pförtnerin hatte ihnen nicht weiterhelfen können.

Wieder einmal stieg eine hilflose Gereiztheit in Jo auf. »Schön, dass Sie wenigstens das Keksrezept bekommen haben«, sagte sie bissig zu Lutz Jäger.

Dieser lächelte sie an. »Ja, ich freue mich schon darauf, es auszuprobieren. Auch wenn Zimt, Kardamom und Muskat im Mittelalter nicht gerade billig sein dürften ...«

Mittlerweile hatten sie die Felder und Wiesen hinter sich gelassen und den Waldrand erreicht. Der Wind fuhr in die Äste. Kleine Flocken rieselten auf sie herab. Der Braune geriet in eine Unebenheit im Boden und kurz aus dem Tritt. Jo zog am Zügel und brachte ihn wieder in die tiefe Spur im Schnee zurück. »Mir wäre es lieber, wenn wir über unsere weiteren Ermittlungen reden könnten – statt über Küchenprobleme.«

»Na ja, Sie haben damit angefangen ...«, erwiderte Lutz friedlich. »Ich schlage vor, wir beginnen mit den Steinmetzen auf der Dombaustelle. Wenn wir dort nichts über Anselm herausfinden, nehmen wir uns die anderen Steinmetze und die diversen Töpfer in der Stadt vor.«

Jo richtete ihre Aufmerksamkeit auf den Rücken des Braunen und den dampfenden Atem, der von seinen Nüstern aufstieg. Schließlich sagte sie widerstrebend: »Mir wäre es lieb, wenn wir diese Befragungen zusammen durchführen könnten.«

»Ja, selbstverständlich«, erwiderte Lutz Jäger überrascht. »Was spräche dagegen? Ach so ...« Ein amüsierter Unterton stahl sich in seine Stimme. »Sie fürchten wieder einmal um Ihren guten Ruf.«

»Das ist überhaupt nicht zum Lachen«, gab Jo hitzig zurück. »Sie, als Mann, haben dieses Problem natürlich nicht.«

»Klar, wir haben es ja immer viel leichter. Ich kann dazu nur sagen: Sie sind nicht mit drei älteren Schwestern aufgewachsen ... Das war die wahre Unterdrückung.« Er grinste wieder. »Also, um Ihr Problem zu lösen, schlage ich vor, dass Sie erst einmal allein zu der Baustelle gehen und unter einem Vorwand nach dem Jungen fragen. Irgendein plausibler Grund wird Ihnen ja einfallen. Ich komme dann ganz zufällig dazu und mische mich in Ihr Gespräch ein ...«

»Super Plan.«

»Fällt Ihnen was Besseres ein?«

»Nein.«

»Also gut.« Lutz Jäger rekelte sich in dem Schlittensitz und zog die pelzgefütterte Decke höher über seine Knie. Nach einer kurzen Pause sagte er: »Sie machen das übrigens richtig gut ... Den Schlitten fahren, meine ich. Wo haben Sie denn das gelernt? Mir sind Pferde immer ein bisschen unheimlich. Als ich ein kleines Kind war, hat mich einmal das Pferd meiner älteren Schwester gegen die Brust getreten und mir zwei Rippen gebrochen. He, jetzt stellen Sie doch nicht schon wieder alle Stacheln auf.«

»Das tue ich überhaupt nicht«, erklärte Jo entrüstet.

»Doch, eben war Ihr Gesicht noch ganz entspannt. Und jetzt sehen Sie richtig finster aus. Als hätte ich es gewagt, Ihre Trefferquote auf dem Schießstand in Zweifel zu ziehen. Jetzt rücken Sie schon mit der Sprache heraus.« Er senkte die Stimme zu einem zweideutigen Flüstern. »Ich will ja keine intimen, schmutzigen Geheimnisse aus Ihrer Beziehung mit Friedhelm Seidel wissen.«

»Ach, zum Teufel mit Ihnen ...«, begann Jo gereizt. Doch dann musste sie gegen ihren Willen lachen. »Meine Großmutter besitzt einen Bauernhof. Also, der Hof ist verpachtet. Aber das ehemalige Austragshaus ist zu einem Ferienhaus umgebaut worden. Dort haben meine Großmutter, meine Mutter und ich immer die Sommerferien verbracht. Bis ich so vierzehn, fünfzehn Jahre alt war. Und da habe ich reiten und mit Pferd und Wagen zu fahren gelernt. Aber auch während des übrigen Jahres bin ich viel geritten.«

Jo erinnerte sich: *Das Glücksgefühl, mit den Bewegungen eines Pferdekörpers zu verschmelzen. Der Geruch von warmem Fell und von Heu. Ein Pferdekopf, der sich an ihrer Schulter rieb und dabei leise schnaubte.*

»Sie waren ein Einzelkind, oder?«

»Ja, außerdem stamme ich aus einer reichen Familie und war sehr ehrgeizig in der Schule. Viele Freundinnen hatte ich, wie Sie sich wahrscheinlich denken können, also nicht«, fügte sie spröde hinzu.

»Sie waren aber bestimmt auch nicht der Typ, der sich mobben ließ ...«

»Nein, ich konnte mich schon wehren.« Aber das Allein-sein hatte ihr trotzdem zu schaffen gemacht. »Und Sie? Ich hätte eigentlich immer gedacht, dass drei große Schwestern in ihren kleinen Bruder vernarrt wären ...«

»Oh, die älteste schon. Was aber dazu führte, dass sie mich wie eine Babypuppe behandelte.« Er lachte. »Meine jüngste Schwester und ich sind nur anderthalb Jahre auseinander. Wir haben uns mit Zähnen und Klauen bekämpft. Eigentlich verstehen wir uns erst richtig gut, seit wir die Pubertät hinter uns haben.«

Unter ihnen breiteten sich nun die tiefverschneiten Wein-berge aus. Im Westen waren die Wolken aufgerissen und gaben einen tiefroten Streifen Himmel frei. In einiger Ent-fernung konnte Jo die kahle Linde, die am Nachmittag ihr Treffpunkt gewesen war, am Feldrand sehen. Der in Serpen-tinen angelegte Weg hinunter zur Stadt war menschenleer.

Jo zog an den Zügeln, damit das Pferd bergab langsamer ging. »Wenn ich es mir recht überlege, könnte ich Sie eigent-lich auch in der Nähe des Stadttors aussteigen lassen statt bei der Linde«, sagte sie.

»Dann schaffe ich es vielleicht ja doch noch, meine Kneipe rechtzeitig aufzuschließen. Dafür gebe ich Ihnen bei Gele-genheit ein Freibier aus.«

»Nein danke.« Jo schüttelte den Kopf. »Wenn schon, dann hätte ich gerne einen Rotwein.«

Kaum dass Jo die Halle ihres Hauses betreten hatte, eilte Kat-rein auf sie zu. »Herrin, der Obergeselle Georg und ein Händ-ler erwarten Euch in der Weberei. Es geht um eine Wollbe-stellung«, sagte sie aufgeregt.

O Gott ... Warum kann ich nicht einfach wie in meinem richtigen Leben nur für eine Mordermittlung zuständig sein?, dachte Jo. Wa-rum muss ich mich auch noch um einen Handwerksbetrieb und um ein

86

Handelsgeschäft kümmern? Von denen ich außerdem nicht das Geringste verstehe?

Missmutig machte sie sich auf den Weg zur Weberei. Sie entdeckte den Obergesellen und den Händler, einen korpulenten Mann mit schwarzem, kurz geschnittenem Bart, im hinteren Teil des Raums. Während Jo zu ihnen ging, hörten die Gesellen an den Webstühlen nicht auf zu arbeiten, aber sie war sich nur zu bewusst, dass ihr sämtliche Blicke folgten.

Auf dem Tisch vor den beiden Männern waren Wollstränge ausgebreitet. Manche bestanden aus dickerem, andere aus dünnerem Garn. Natur- und Grautöne waren vertreten, ein dunkles Grün, verschiedene Braunschattierungen bis hin zu Rost sowie auch blaue Farben. Aber keine davon besaß auch nur die geringste Ähnlichkeit mit der Farbe der Flusen, die sie an der Kleidung des Jungen gefunden hatten.

»Josepha, wie schön, Euch bei guter Gesundheit wiederzusehen. Ich habe gehört, Ihr sollt krank gewesen sein ... Nun, was darf ich Euch an Garnen liefern?«, sprudelte der Händler hervor.

»Ähm ...« Ratlos ließ Jo ihren Blick über die Wollstränge wandern.

»Diese Wolle hat eine besonders gute Qualität.« Der Händler hielt ihr einen fein gesponnenen naturfarbenen Garnstrang hin.

»Ja, na ja ...« Sie wäre noch nicht einmal in der Lage gewesen, die erforderliche Wollmenge für einen simplen Strickpullover zu berechnen. Geschweige denn für all die Stoffe, die auf den Webstühlen gefertigt wurden. Plötzlich hatte Jo eine Eingebung. »Wir sind doch mit der Wolle, die ich das letzte Mal bestellt habe, gut hingekommen, oder?«, wandte sie sich an den Obergesellen.

»Ja, schon ...«, erwiderte dieser verblüfft.

»Dann bestellen wir doch einfach wieder die gleiche Menge.«

»Ganz, wie Ihr wünscht.« Der Händler schenkte ihr ein strahlendes Lächeln.

Die letzte Bestellung war also nicht unbeträchtlich gewesen, konstatierte Jo.

»Macht also alles Weitere mit Georg ab.« Sie wandte sich zum Gehen.

»Da wäre noch eine Sache ...« Der Händler blickte sie mit schiefgelegtem Kopf an.

»Was denn?«, fragte Jo ungeduldig.

»Wollt Ihr nicht doch auch einmal Seidenstoffe weben lassen? Ich könnte Euch vorzügliches Material anbieten – zu einem guten Preis.« Er bückte sich, holte aus einer Kiste einen roten Garnstrang und reichte ihn Jo. Im Schein der Lampen leuchteten die Fäden wie eine Feuergarbe. Dennoch schmiegten sie sich weich und kühl in Jos Hand. Es war, als ob die Fäden sie streicheln würden.

»Der Herr war immer dagegen, dass wir mit Seide weben«, mischte sich der Obergeselle ein. »Er meinte, solche Stoffe seien zu kostbar für eine Weberei wie die unsere. Und überhaupt sei Seide nur unnützer Tand.«

Behutsam ließ Jo die Fäden durch ihre Finger gleiten. Das Leben war so zerbrechlich. Warum also nicht einmal Geld für etwas Kostbares und Schönes verschwenden?

»In dieser Sache bin ich anderer Meinung als Gerhardt, mein verstorbener Gatte.« Sie blickte von dem Händler zu Georg. »Wir werden nun mit Seide arbeiten.«

»Aber ...«, fuhr der Obergeselle auf.

»Ich habe mich entschieden«, sagte sie scharf. »Das heißt, wenn der Preis stimmt.«

»Sechs Gulden für den Strang.« Der Händler verbeugte sich.

Jo sah Georgs Miene an, dass gegen diesen Preis nichts einzuwenden war.

»Gut.« Sie nickte.

»Und wie viele Stränge darf ich Euch liefern?«

Keine Ahnung ... Jos hilfloser Blick fiel auf einen Webstuhl, der ganz in der Nähe stand und mit keinen Fäden bespannt war. »Ähm, so viel, dass auf diesem Webstuhl ein, ein ...« – *wie viel waren fünf Meter in Ellen?* – »... ein zwanzig Ellen langer Stoff gewebt werden kann.«

Der Obergeselle sog hörbar die Luft ein, protestierte jedoch nicht.

»Wie gesagt, alles Weitere besprecht bitte mit Georg.« Jo nickte dem Händler noch bemüht würdevoll zu, ehe sie aus der Weberei hastete.

In was bin ich hier nur hineingeraten?, dachte sie, während sie sich kurz darauf in ihrem Zimmer in den Lehnstuhl vor dem Feuer fallen ließ. Sie kramte das Wachstäfelchen aus ihrem Bündel und starrte auf die spärlichen Notizen, die sich krakelig von dem braunen Untergrund abhoben. Ein Opfer, über das so gut wie nichts bekannt war, außer dass es möglicherweise mit Ton oder Stein gearbeitet hatte. Die blauen Flusen, die an seiner Kleidung gefunden worden waren, halfen ihnen auch nicht wirklich weiter.

Plötzlich roch Jo Tannenduft. Irritiert schaute sie sich um. Die Fensterstürze waren mit frischen Zweigen und roten Bändern geschmückt. Nach einigen Momenten begriff Jo: Auch im Mittelalter hatte – wie im 21. Jahrhundert – die Vorweihnachtszeit begonnen.

Am nächsten Morgen wünschte die Köchin Jo wegen einiger Gewürze zu sprechen, die zur Neige gingen und nachgekauft werden mussten. Jo dachte mit schlechtem Gewissen an das Tütchen mit schwarzem Pfeffer, das seit gut zwei Jahren in ihrem Küchenschrank vor sich hin rottete, da sie so gut wie nie kochte, und etwa zwei Euro gekostet hatte. Im Mittelalter entsprach diesem Tütchen ungefähr der zehnfache Wert. Danach gab ihr Katrein zu verstehen, dass »ihre Herrin« nach der Morgenmahlzeit immer einen Rundgang durch die Werkstatt und die Wirtschaftsgebäude zu unternehmen pflegte – was Jo im Schnelldurchgang absolvierte –, und anschließend musste sie noch einen Streit zwischen zwei Mägden schlichten, die jeweils fanden, die andere drücke sich vor der Arbeit.

Deshalb war es bereits später Vormittag, als sie in die Gasse einbog, an der die Dombaustelle lag. Schon von weitem konnte sie das Hämmern der Steinmetze in der klaren, kalten Luft hören. *Ob Lutz Jäger die Baustelle bereits aufgesucht hat, oder ob er ebenfalls in seiner Kneipe aufgehalten worden ist? Wie sollen wir es nur schaffen, miteinander in Verbindung zu bleiben und kurzfristige Absprachen zu treffen?, dachte Jo düster. Ich wäre ja schon dankbar für so etwas eigentlich Steinzeitliches wie ein Telefon mit Schnur. Von einem Handy gar nicht zu reden ...*

Sie folgte dem Hämmern um den Rohbau des Kirchenschiffs und der Apsis herum. An manchen Stellen, wo der Wind den Schnee herabgeweht hatte, sah sie von Säcken bedeckten Mist auf den bis zu acht Meter hohen Mauern liegen. Dies sollte die Wände wohl vor dem Frost schützen.

Die Steinmetzwerkstatt befand sich in einer Art Schuppen, der an der Vorderseite offen war. Während Jo sich noch umsah, bemerkte sie einer der Männer, der einen großen Block aus hellem Stein bearbeitete. Er ließ sein Werkzeug sinken und stieß einen durchdringenden Pfiff aus. Sein Nebenmann tat es ihm gleich. Eine Welle von Pfiffen und anerkennendem Gejohle brandete durch die Werkstatt.

»He du, wo finde ich den Meister?« Jo packte einen schlaksigen, vielleicht zwölf Jahre alten Jungen, der Steinsplitter zusammenkehrte, unsanft am Arm. Das Grinsen wich aus seinem schmalen Gesicht.

»Dort«, sagte der Junge fast schüchtern und deutete auf die entgegengesetzte Ecke des strohgedeckten Baus.

Jo ignorierte die Pfiffe und stapfte an den Gesellen und Lehrlingen vorbei. Vor den Bretterwänden lagerten alle möglichen Steine. Manche waren noch völlig unbehauen, an anderen waren schon die Umrisse von Verzierungen oder fertig ausgearbeitete Blätter und Ranken zu erkennen. Der Meister, ein stattlicher Mann in den Dreißigern, stand an einem Tisch und zeichnete mit Hilfe eines Winkelmaßes und einer Feder Linien auf ein Pergament.

»Was kann ich für Euch tun?« Er lächelte Jo an, doch das Benehmen seiner Untergebenen schien ihn nicht zu stören. Immerhin erstarb jetzt das Gepfeife. Allerdings auch das Hämmern, wie sie gleich darauf begriff. Die Steinmetze schienen an ihrer Unterhaltung mit dem Meister sehr interessiert zu sein.

Blöde Machos ... Mühsam schluckte sie ihren Ärger hinunter. »Vor einer Woche kam ein junger Mann in meine Weberei«, erklärte Jo kühl. »Er leistete eine Anzahlung auf einen Wollumhang. Einen Gulden statt der vier, die der Umhang eigentlich gekostet hätte. Der junge Mann schwor dem Gesellen, der ihn bediente, er werde das restliche Geld innerhalb von drei Tagen zahlen, und der Geselle glaubte ihm. Nun, bis heute ist der Fremde nicht wieder in meiner Weberei aufgetaucht ...«

»Und was habe ich mit dieser Geschichte zu tun?« Der Meister hob die Augenbrauen.

»Der junge Mann versicherte meinem Gesellen, dass er hier arbeiten würde. Er ist zwischen sechzehn und achtzehn Jahre alt, mager, hat schulterlange braune Haare ...«

»Tut mir leid. So einen habe ich hier nie gesehen.« Der

Meister schüttelte den Kopf. »Jedenfalls war es ziemlich dumm von Eurem Gesellen, den Umhang so einfach herzugeben. Ihr scheint Eure Leute nicht gut im Griff zu haben.«

»Oh, vielleicht könnten wir dem Weib ja helfen«, dröhnte eine Männerstimme hinter Jo, »und ihr für das entgangene Geld zu Diensten sein.«

»Ja, das wäre sicher eine gute Entschädigung.«

»Hoffentlich hätte sie uns im Griff.« Anzügliches Gelächter erscholl. Jo wirbelte herum, nahe daran, dem nächstbesten Kerl eine schallende Ohrfeige zu verpassen.

Aber Lutz Jäger hatte zweien der Männer den Arm um die Schultern gelegt und schüttelte sie leicht. »Tss, tss, ist das etwa ein Benehmen einer Dame gegenüber?«, sagte er tadelnd.

»Ach Lutz, jetzt hab dich nicht so. Als ob du dich immer höflich gegenüber den Frauen verhalten würdest«, maulte einer der beiden. Lutz Jäger knuffte ihn in den Rücken und schlenderte dann zu Jo. »Tja, ich habe das gleiche Problem wie Josepha Weber«, wandte er sich an den Meister. »Bei mir hat ein Junge die Zeche geprellt. Das heißt, er hat ein paar Tage lang anschreiben lassen und ist dann nie wieder in der *Grünen Traube* aufgetaucht. Auch er hat behauptet, er würde als Aushilfe hier arbeiten, und Josephas Beschreibung passt auf ihn. Wahrscheinlich handelt es sich um denselben Kerl.«

»Gut möglich.« Der Meister nickte, wobei seine Miene nun um einiges weniger herablassend war. »Aber, Lutz, ich kann dir wirklich nicht weiterhelfen. Ich beschäftige zurzeit nur meine Gesellen und einen Lehrbuben. Keine Aushilfen.«

»Ich bin im Moment nicht so ganz auf dem Laufenden, wo überall Steinmetze in der Stadt arbeiten ...« Lutz rieb sich das Kinn.

»Wahrscheinlich hat der Kerl dich ja auch darüber angelogen und er hat überhaupt nichts mit Steinmetzwerkstätten zu tun«, wehrte der Meister ab.

»Das kann schon sein. Aber ich würde es trotzdem noch gern einmal in anderen Werkstätten versuchen.«

»Da gibt es zurzeit nur noch Meister Mattis in der Korngasse und Meister Wilhelm, der seine Werkstatt hinter der Andreaskirche, am Steinernen Tor, unterhält. Hast du momentan einen guten Wein im Ausschank?«

»Ja, einen vorzüglichen Roten. Komm doch die Tage einmal in der *Grünen Traube* vorbei.« Lutz Jäger nickte dem Meister zu. »Du kriegst ihn zu einem Sonderpreis.«

Jo wandte sich zum Gehen. Als sie die Werkstatt verlassen hatte und an dem Kirchenbau vorbei in Richtung der Straße lief, fiel ihr ein Junge auf, der vor ihr durch den Schnee rannte. Er war blond, vielleicht acht Jahre alt und in Lumpen gekleidet. Seine Arme und Beine waren blaugefroren vor Kälte. Wahrscheinlich hatte er auf dem Gelände herumgelungert, um zu betteln oder um etwas zu stehlen. *In dieser Zeit zu den Armen zu gehören, muss sehr hart sein*, durchfuhr es Jo. *Erst recht für ein Kind.*

»He warte, ich möchte dir eine Münze schenken«, rief sie dem Jungen nach. Doch er hörte sie nicht und verschwand um die Ecke des Kirchenschiffs.

Als Jo die Gasse vor der Dombaustelle erreicht hatte, war der Kleine nirgends mehr zu sehen. Um sich vor dem kalten Wind zu schützen, stellte sie sich in eine Toreinfahrt. Es war seltsam, die Kirche nun als Rohbau zu erblicken. Ab und zu hatte sie hier ein klassisches Konzert besucht. Die schmalen, hohen Fenster waren in dem Mauerwerk ausgespart, und in der Vorderfront befand sich bereits das spitzbogige Portal. Aber sonst erinnerte noch nichts an den prächtigen gotischen Bau, den sie aus der Gegenwart kannte.

Ungeduldig trat Jo von einem Fuß auf den anderen, um sich

zu wärmen. »Herzlichen Glückwunsch zu Ihren Gästen«, bemerkte sie gereizt zu Lutz Jäger, als dieser endlich herbeigeschlendert kam.

»Na ja, man kann sich seine Kunden nun einmal nicht aussuchen«, entgegnete er nonchalant. »Ich schlage vor, dass wir als Nächstes zu diesem Meister Mattis gehen. Zur Korngasse sind es nur etwa fünf Minuten.«

Lutz Jäger hatte recht gehabt. Zum Haus von Meister Mattis war es wirklich nicht weit gewesen. Suchend blickte sich Jo in einem mit rötlichen Steinfliesen ausgelegten Flur um. An seinem anderen Ende befand sich ein offener bogenförmiger Durchgang. Dahinter lag ein verschneiter Hof. Sie und Lutz Jäger hatten vereinbart, dass Jo sich wieder als Erste in der Steinmetzwerkstatt umhören sollte. Sie überlegte noch, ob sie in den Garten gehen oder an eine der Holztüren klopfen sollte, die vom Flur in das Haus führten, als vom Garten her ein ältlicher Mann auf sie zukam. Seinem einfachen Kittel nach zu schließen, war er ein Knecht.

»Wo kann ich Meister Mattis finden?«, fragte Jo.

»Geht schon einmal hier hinein.« Der Knecht wies auf eine Tür rechts von ihr. »Der Meister wird gleich in die Werkstatt kommen.«

Ob Meister Mattis wohl auch so ein Macho ist wie die Typen auf der Dombaustelle?, dachte Jo, während sie die Tür aufzog. Das Leben als Frau musste in der Vergangenheit wirklich ziemlich anstrengend gewesen sein. Nicht, dass es im 21. Jahrhundert immer einfach war …

Die Werkstatt entpuppte sich als ein großer, erstaunlich heller Raum, was wohl daran lag, dass er die gesamte Breite des Hauses einnahm und in alle drei Außenmauern Fenster eingelassen waren.

Auch hier lagerten Steinblöcke unterschiedlicher Größe

und Beschaffenheit entlang der Wände, und ein Pergament war, mit einem Winkelmaß beschwert, auf einem Arbeitstisch ausgebreitet. Tonmodelle und kleine Steinproben standen zwischen diversen Werkzeugen auf einem grob gezimmerten Regal.

Ein etwa vierzig Zentimeter hoher, roh behauener Stein auf einer Art Arbeitsblock in der Mitte der Werkstatt erregte Jos Aufmerksamkeit. Ein Tuch war darüber gebreitet gewesen, doch durch den Luftzug, als sie die Tür geöffnet hatte, war es ein Stück verrutscht. Neugierig ging sie näher. Nun erkannte sie, dass die Umrisse eines Engels aus dem rötlichen Sandstein herausgearbeitet waren. Obwohl die Gestalt noch unfertig war, strahlte sie doch eine ganz eigene Anmut aus. Sehr behutsam berührte sie einen der unfertigen Flügel.

»Kann ich Euch helfen?« Eine Männerstimme ließ sie herumfahren.

»Entschuldigt, ich fand die Statue einfach schön«, sagte sie hastig.

Ein mittelgroßer Mann Ende zwanzig stand vor ihr. Sein schmales Gesicht mit den dunklen Augen drückte Sensibilität aus, ohne dabei weich zu wirken. *Ein unbestreitbar attraktiver Typ ...*

»Josepha, Ihr seid es ...« Er sah sie überrascht, aber auch erfreut an.

Um Himmels willen ... Anscheinend kannten er und ihr Mittelalter-Ich sich. Am besten, sie ignorierte das. »Meister Mattis«, Jo gab ihrer Stimme einen förmlichen Ton, »ich bin auf der Suche nach einem Mann, der mir Geld schuldet.« Während sie ihm ihre Geschichte erzählte, blickte der Steinmetz sie unverwandt an.

»Aber Josepha«, sagte er schließlich, als sie geendet hatte. »Ihr wisst doch, dass meine Werkstatt klein ist und ich zurzeit nur einen Lehrjungen und einen Gesellen beschäftige.«

Nein, das hatte sie nicht gewusst. »Ich war einige Wochen lang sehr krank«, erwiderte sie hastig, »darunter hat mein Gedächtnis gelitten. Noch immer entfallen mir manchmal Dinge ...«

»Ja, ich habe gehört, dass Ihr krank wart, und ich bin sehr froh, dass es Euch nun wieder bessergeht.« Der Meister nickte. »Könnt Ihr Euch denn auch nicht mehr daran erinnern, dass ich Ende September einen Mantel bei Euch gekauft habe? Jedenfalls habe ich ihn bezahlt.« Er lächelte sie an und trat einen Schritt auf sie zu, als ob er sie berühren wollte.

»Ähm ...« Eine bekannte Stimme ertönte in Jos Rücken.

»Oh, Wirt Lutz von der *Grünen Traube*«, sagte sie erleichtert. »Wir sind uns vorhin schon einmal auf der Dombaustelle begegnet. Lutz, falls Ihr hier auch nach Eurem Zechpreller sucht, seid Ihr an der falschen Adresse. Und nun, Meister Mattis, will ich Euch nicht länger stören.«

»Josepha, Ihr wisst doch, dass Ihr mir jederzeit willkommen seid.«

»Oh, wie freundlich von Euch ...« Jo floh aus der Werkstatt.

Draußen auf der Gasse holte Lutz Jäger sie ein. »Ich würde sagen, Meister Mattis steht auf Sie respektive Ihr Mittelalter-Ich.« Er wirkte geradezu unverschämt heiter.

»Unsinn!«, gab sie gereizt zurück. »Nun beeilen Sie sich schon, damit wir endlich zu diesem Meister Wilhelm kommen. Außerdem muss ich noch Gewürze kaufen.«

Während Jo einen weiteren Löffel von der Erbsensuppe aß und die dicken Speckbrocken an den Tellerrand schob, lauschte sie mit halber Aufmerksamkeit auf das Schwatzen und Lachen ihrer *Bediensteten*. Es erschien ihr immer noch höchst merkwürdig, in einer rauchgeschwärzten Küche am

Kopfende einer fünfzehn Meter langen Tafel zu sitzen und ihre Mahlzeiten zusammen mit vierzig Leuten einzunehmen.

Vor dem Essen hatte ihr die Köchin die Speiseliste für die nächsten Tage vorgetragen. Jo hatte mit den ganzen Maßangaben wie Pfund und Scheffel nicht viel anfangen können. Trotzdem hatte sie begriffen, dass die Köchin Nahrungsmittel in einer Menge verarbeitete, wie sie täglich in Betriebskantinen verspeist wurden.

Ihre Gedanken wanderten zu dem Mordfall. Auch Meister Wilhelm hatte erklärt, keine Aushilfe beschäftigt zu haben. Und er hatte glaubwürdig gewirkt.

»Herrin ...« Katrein, die schräg neben ihr saß, berührte sie am Arm.

Jo schreckte auf. Die Gespräche waren verstummt. Die Augen aller Knechte und Mägde waren erwartungsvoll auf sie gerichtet. Sie hatten ihre Mahlzeit beendet. Jo begriff und stand hastig auf. »Nun, dann gehen bitte alle zurück an die Arbeit ...«

Während die Bediensteten wieder anfingen, miteinander zu schwatzen, Holzschuhe über den strohbedeckten Boden scharrten und Bänke und Schemel zurückgeschoben wurden, wandte Jo sich an ihre Dienerin: »Ich bin der Ansicht, dass die Köchin dringend ein paar neue Tonschüsseln braucht. Deshalb werde ich heute Nachmittag die Töpfer vor der Stadtmauer aufsuchen.«

»Hier hinein!« Obergeselle Georg packte den blonden Betteljungen am Arm und zog ihn in den Schuppen. »Was hast du herausgefunden?«, fragte er dann rasch, nachdem er die Tür geschlossen und den Jungen hinter einen Karren geschubst hatte.

»Eure Herrin ist zur Dombaustelle gegangen.« Der Junge

presste seine von Frostbeulen übersäten Arme eng an seinen Körper. Sein ausgezehrtes Gesicht ließ ihn älter wirken, als er war. »Dort hat sie mit dem Steinmetzmeister gesprochen. Sie fragte ihn nach einer Aushilfe. Jemand hat in Eurer Weberei einen Mantel erstanden, aber nicht bezahlt. Kurz darauf kam ein Mann zur Baustelle, der sich nach einem Zechpreller erkundigte.«

»Was war das für ein Mann?«

»Lutz Jäger, der Wirt der Grünen Traube.«

»Lutz Jäger?«, fuhr der Obergeselle überrascht auf.

»Ich bin mir sicher, dass er es war.« Der Junge nickte eifrig. »Ich kenne ihn vom Sehen. Er spielt mit den Kindern und Männern in seiner Gasse so ein merkwürdiges Ballspiel.«

Georg fiel ein, dass Lutz Jäger vor ein paar Tagen zur Weberei gekommen war und verlangt hatte, mit der Herrin zu sprechen. Was mochte Josepha mit diesem übelbeleumdeten Kerl zu schaffen haben? Er hasste Lutz Jäger, seit dieser ihn einmal – unter dem Hohnlachen aller Gäste – aus seiner Kneipe geworfen hatte. Dieser Mistkerl hatte behauptet, er, Georg, habe einen Streit angezettelt. Dabei hatten ihn Lutz' Freunde provoziert. Gespannt fragte Georg: »Was geschah weiter?«

»Eure Herrin verließ die Baustelle. Auf der Gasse wartete sie aber auf Lutz Jäger. Die beiden gingen zusammen bis kurz vor das Anwesen von Meister Mattis. Dort trennten sie sich. Eure Herrin betrat das Haus zuerst. Nach einer kurzen Weile folgte ihr der Wirt. Danach suchten sie noch einen dritten Steinmetz auf: Meister Wilhelm.«

»Betraten sie dieses Mal zusammen das Haus?«

»Nein, wieder zuerst Eure Herrin, dann der Wirt.«

»Weißt du, was die beiden mit Meister Mattis und Meister Wilhelm besprochen haben?«

»Ja, ich konnte sie belauschen. Sie fragten wieder nach dem

Mann, der den Mantel nicht bezahlt und die Zeche geprellt hat.«

»Das hast du gut gemacht.« Georg kramte in dem Lederbeutel an seinem Gürtel nach einem Geldstück. Er hatte zwar nicht die geringste Ahnung, was dies bedeuten mochte – ein Stelldichein schien seine Herrin und Lutz Jäger ja nicht gerade gehabt zu haben –, aber zufällig war ihr Zusammentreffen bestimmt auch nicht gewesen.

»Hier.« Er reichte dem Jungen die Münze. »Wenn du meine Herrin weiterhin so gut beobachtest, kannst du dir noch viel mehr verdienen. Und nun troll dich!«

Die Häuser der Töpfer duckten sich an die Außenseite der Stadtmauer. Es waren ärmliche, aus Fachwerk errichtete Behausungen. Einige Töpfe und Schüsseln staken auf Pfählen, die in den schmutzigen Schnee gerammt waren, und bezeichneten so das Handwerk der Bewohner. Die Kinder, die auf der nahen Wiese spielten, ließen sich jedoch von der tristen Umgebung nicht stören. Sie tollten herum und lieferten sich eine lärmende Schneeballschlacht.

Jo hatte es vorgezogen, wieder den Schlitten zu benutzen. Sie lenkte den Braunen in einen von Bäumen und Büschen bewachsenen Winkel neben den Häusern und warf die Zügel über einen Ast. Nachdem sie vom Schlitten gestiegen war, pfiff eine Schneekugel dicht an ihr vorbei. Lächelnd bückte sie sich, formte selbst einen Ball und warf ihn in Richtung der Kinder.

Von Lutz Jäger war weit und breit noch nichts zu sehen. Jo hatte keine Lust, in der Kälte auf ihn zu warten, und beschloss, schon einmal mit der Befragung zu beginnen. Der erste Töpfer, den sie aufsuchte, entpuppte sich als ein mürrischer, dürrer Mann, der ein schmutziges Tuch um seinen kahlen Schädel gewickelt hatte. Seine Frau war ebenso schlecht gelaunt wie er. Wie Jo darauf komme, dass sie sich eine Aushilfe leisten könnten?, fragten sie empört. Sie verdienten kaum genug, um über die Runden zu kommen. *Was angesichts ihrer plumpen, dickwandigen Keramik auch kein Wunder ist,* dachte Jo.

Der Töpfer im Nachbarhaus war entgegenkommender, aber auch er konnte ihr nicht weiterhelfen. Entmutigt versuchte sie ihr Glück in einer weiteren Behausung. Wieder benötigte Jo einige Momente, bis sich ihre Augen an das dämmrige Licht gewöhnt hatten, denn die Läden der unverglasten Fenster waren wegen der Kälte geschlossen. Im vorderen Teil des großen Raums stapelten sich tönerne Schüsseln, Schalen und Töpfe auf Regalen. Weiter hinten saß eine füllige Frau im Schein eines Talglichts an einer sich drehenden Scheibe. Unter ihren Händen formte sich ein Tonklumpen zu einer Schale. Vor einem breiten Bett lagen ein hölzerner Ball und eine Strohpuppe – wahrscheinlich gehörten sie Kindern, die sich draußen an der Schneeballschlacht beteiligten.

»Kann ich Euch helfen?«, rief die Frau Jo zu, ohne ihre Tätigkeit zu unterbrechen. Sie hatte ein rundes Gesicht mit einem kräftigen Kinn.

»Ich brauche Schüsseln. Ich sehe mir einmal die Waren in den Regalen an.« Jo betrachtete die Keramik. Das Geschirr war überwiegend grün und braun glasiert und wirkte sorgfältig gearbeitet. Hübsche Muster aus Punkten und Linien verzierten es. Hier würde sie guten Gewissens einige Dinge kaufen können. »Und dann hätte ich auch noch eine Frage ...«

Jos Blick blieb an einigen Schalen hängen, die blau glasiert und dünnwandiger als die anderen waren. Vorsichtig hob sie eine von dem Brett.

Die Töpferin strich die tonverschmierten Hände an ihrer Lederschürze ab und trat zu ihr. »Schön, nicht wahr? Und gute Qualität. Die hat ein junger Mann gefertigt, der hin und wieder als Aushilfe bei mir arbeitete ...«

»Ihr habt eine Aushilfe beschäftigt?« Jo wagte kaum zu glauben, dass ihre Suche endlich erfolgreich sein könnte.

»Ja, mein Gatte ist im letzten Winter gestorben. Seither komme ich allein mit der Arbeit kaum nach. Und der junge Kerl, Anselm – eigentlich wirkt er auf mich immer mehr wie ein Junge als ein Mann, auch wenn er sein Handwerk beherrscht –, verlangt nicht viel Lohn.«

»Genau so einen Burschen suche ich.« Lutz Jäger bückte sich unter der Tür hindurch. Sein Mantel war auf der Brust von Schnee gesprenkelt, anscheinend hatte er Bekanntschaft mit einem Schneeball gemacht. »Der Kerl ist mir noch eine Zeche schuldig.«

Das eben noch freundliche Gesicht der Frau verfinsterte sich. Sie stemmte die Hände in die Hüften und funkelte ihn an. »So, Lutz Jäger, Wirt der berühmten *Grünen Traube*! Wie könnt Ihr hierherkommen und mir etwas von einer unbezahlten Zeche erzählen? Seit über einem Monat seid Ihr mir noch das Geld für ein Dutzend Tonbecher schuldig! Meint Ihr etwa, ich hätte das vergessen?«

»Oh ...« Lutz Jäger wirkte so verlegen, dass Jo sich nur mit Mühe das Lachen verkneifen konnte. Er fing sich jedoch gleich wieder. »Ihr könnt mir wirklich glauben – ich bin auch zu Euch gekommen, um meine Außenstände zu bezahlen«, erklärte er würdevoll.

»Ach, tatsächlich?«, erwiderte die Töpferin spöttisch. »Nun, dann solltet Ihr Euren Worten Taten folgen lassen. Einen Gulden seid Ihr mir noch schuldig.«

»Ja, ich finde auch, Ihr wirkt ein wenig überrumpelt«, konnte Jo sich nicht verkneifen zu sagen.

Lutz Jäger warf ihr einen bösen Blick zu, während er hastig in seinem Geldbeutel zu kramen begann. »So, ich hoffe, Ihr seid nun zufrieden«, bemerkte er, nachdem er eine Münze nach der anderen auf die ausgestreckte Hand der Töpferin gezählt hatte. »Wärt Ihr nun vielleicht so gütig, mir etwas über Eure Aushilfe zu erzählen?«

Die Miene der Töpferin wurde merklich milder.

Im Grunde genommen, dachte Jo, mag sie meinen Kollegen. Wie fast alle Frauen.

»Sehr viel kann ich Euch nicht über Anselm sagen.« Die Töpferin zuckte mit den Schultern. »Er ist sehr scheu. Anfang Oktober kam er in meine Werkstatt und fragte, ob ich ihm Arbeit geben könnte. Ich ließ ihn einige Schalen und Becher zur Probe drehen. Mit dem Ergebnis war ich mehr als zufrieden.« Mit einem Lächeln deutete sie auf die blaue Schale, die Jo immer noch in den Händen hielt. »Von da an kam er fast jeden Tag. Manchmal blieb er aber auch eine ganze Woche lang weg.«

»Und das hat Euch nicht gestört?«, unterbrach Lutz Jäger sie behutsam.

Die Töpferin seufzte. »Ich habe sehr schnell begriffen, dass Anselm kein Mensch ist, den man halten kann. Er hat etwas Ruheloses, Getriebenes an sich ... Wahrscheinlich hat er schlimme Dinge erlebt ...«

So ähnlich hat die Äbtissin das auch gesehen, ging es Jo durch den Kopf.

»Vor gut zwei Wochen war er das letzte Mal hier. Erst dachte ich mir nichts dabei, als er nicht mehr kam«, erklärte die Töpferin weiter. »Aber inzwischen glaube ich, dass er weitergezogen ist. Jedenfalls hoffe ich, dass ihm nichts zugestoßen ist ...«

Dieser Fall war allerdings tatsächlich eingetreten ... Jo überlegte kurz, ob sie der Frau mitteilen sollten, dass Anselm ermordet worden war, entschied sich jedoch dagegen. Das würde nur zu vielen Fragen führen. Es war besser, wenn es sich nicht in der Stadt verbreitete, dass sie und Lutz Jäger Nachforschungen über einen Toten anstellten.

Immerhin schien ihr Kollege das genauso zu sehen, denn er fragte: »Könnt Ihr mir denn jemanden nennen, der mir Auskunft über den Jungen geben könnte? Ich meine, was er, außer bei Euch an der Töpferscheibe zu sitzen, sonst noch in der Stadt getrieben hat ...«

Das runde Gesicht der Töpferin wirkte nun verschlossen. »Nein, das kann ich nicht. Wie ich Euch schon sagte, ich weiß so gut wie nichts über den Jungen.«

Und wenn du etwas über ihn wüsstest, dann würdest du es uns nicht sagen, dachte Jo. *Denn du mochtest ihn und willst ihm keinen Ärger bereiten.* Sie überlegte, wie sie der Frau vielleicht doch noch eine Auskunft entlocken könnten, als die Tür auflog und zwei Kinder – ein Junge und ein Mädchen im Alter von etwa sechs und acht Jahren – in den Raum gestürmt kamen.

»Mutter ... Mutter, wir haben mit Schneebällen geworfen und sind auf dem vereisten Bach geschlittert ...«, sprudelte es aus ihnen heraus.

»Jetzt zieht erst einmal eure Sachen aus«, unterbrach die Töpferin sie energisch, aber liebevoll. »Der Schnee auf euren Jacken schmilzt ja schon. Ihr macht mir noch den ganzen Boden nass.«

»Na, mich habt ihr auch mit einem eurer Bälle getroffen«, bemerkte Lutz Jäger und grinste die beiden freundlich an.

»Ja, das haben wir.« Das blonde Mädchen nickte eifrig. Während sie und ihr Bruder weiter von der aufregenden Schlacht schwatzten, warfen sie ihre dicken Jacken aus grober brauner Wolle, die Handschuhe und Mützen über einen Schemel, der neben der Feuerstelle stand. Aus einer der Jackentaschen kullerte etwas heraus. Es wirkte wie ein hölzernes Spielzeug. Rasch hob Jo es auf. Tatsächlich, es war ein kleines geschnitztes Pferd, und seine Proportionen waren ebenso rührend unbeholfen wie die des Hasen, den ihnen die Äbtissin gezeigt hatte.

»Hat euch Anselm das Pferdchen geschnitzt?«, fragte Jo.

»Das ist meins.« Der Junge nahm ihr das Spielzeug hastig aus der Hand und ließ es über den strohbedeckten Boden reiten.

»Ich habe auch eins von ihm bekommen.« Das Mädchen holte ein zweites Pferdchen aus der Tasche ihres Kittels.

»Er war sicher euer Freund?« Jo tauschte einen schnellen Blick mit ihrem Kollegen.

»Ja, das war er.« Das Mädchen nickte ernst.

»Dann hat er euch bestimmt erzählt, wohin er ging, wenn er nicht für eure Mutter arbeitete«, warf Lutz beiläufig ein.

»Er ging zum Kloster Waldungen«, sagte das Mädchen.

Die Töpferin begriff, worauf Lutz Jäger hinauswollte. »Jetzt seid still, ihr beiden!«, versuchte sie hastig, ihre Kinder vom Reden abzuhalten. Doch der Junge krähte schon: »Und Anselm ging auch zu den Zigeunern.«

»Still, habe ich gesagt!« Die Töpferin fasste die beiden Kinder an den Schultern und schob sie zu dem groben Holztisch. »Setzt euch, dann werde ich euch etwas zu essen bringen. Und Ihr ...«, zornig wandte sie sich Lutz zu, »... geht jetzt gefälligst und behelligt mich und meine Kinder nicht länger. Wobei ich ohnehin nicht glaube, dass Anselm Euch Geld schuldet. Er ist keiner, der sich in den Kneipen herumtreibt und seine Zeche nicht bezahlt ...«

»Auch wenn ich Eure Grobheit nicht verdiene, meine Teure, wünsche ich Euch und Euren Kindern trotzdem noch einen schönen Tag.« Gespielt gekränkt verbeugte sich Lutz Jäger vor der aufgebrachten Frau.

»Dieser Nichtsnutz ...« Brummelnd sah die Töpferin ihm hinterher.

Wieder musste Jo sich das Lachen verbeißen. »Dann hattet Ihr mit dem Wirt schon öfter zu tun?«, fragte sie.

»Ja natürlich, das meiste Geschirr in seinem Wirtshaus stammt von mir. Und fast immer muss ich meinem Geld hinterherlaufen. Dabei kann ich ihm trotzdem nie lange böse sein.«

»Beim nächsten Mal solltet Ihr auf einer Vorauszahlung bestehen«, meinte Jo trocken. »Ich hätte jedenfalls gerne zwei von den blauen und eine größere von den braun-grün glasierten Schalen.« Sie fragte nach dem Namen der Töpferin – sie hieß Gwendolin – und sagte ihr, dass sie am nächsten Tag einen Knecht vorbeischicken würde, der das Geschirr bezahlen und abholen würde. Dann verabschiedete sie sich eilig.

Lutz Jäger wartete in einigen Metern Sicherheitsabstand von dem Schlitten und beäugte das Pferd, das mit den Hufen im Schnee scharrte, misstrauisch. Als er Jo sah, verneigte er sich und sagte: »Geschätzte Weberswitwe, wärt Ihr wohl so freundlich, einem müden Wirt einen Christendienst zu erweisen und ihn mit in die Stadt zu nehmen? Schließlich haben wir ja mehr oder weniger denselben Weg.«

Jo blickte sich rasch um. Vor einer der ärmlichen Behausungen schaufelte ein älterer Mann einen Weg durch den Schnee – er war völlig in seine Tätigkeit versunken. Und auf dem zugefrorenen Bach schlitterte ein magerer blonder Junge selbstvergessen vor sich hin. Etwas an dem Kind kam ihr bekannt vor, doch sie vergaß dies gleich wieder.

»Meinetwegen könnt Ihr mit mir fahren.«

»Gott wird Euch für Eure Güte belohnen«, erklärte Lutz Jäger salbungsvoll, während er neben sie auf den Sitz kletterte.

»Jetzt hören Sie schon auf, so einen Unsinn zu reden«, zischte Jo ihm zu.

»Tja, es war wirklich nicht nett von Ihnen, mir bei der Töpferin derart in den Rücken zu fallen«, raunte Lutz Jäger, während sie den Braunen losschreiten und vorsichtig wenden ließ.

»Ich habe mich nur auf die Seite einer hart arbeitenden, alleinerziehenden Mutter gestellt. Ihr Name ist übrigens Gwendolin. Nur für den Fall, dass Sie wieder einmal etwas bei ihr bestellen.«

»Darf ich Sie daran erinnern, dass nicht ich ihr das Geld schuldete, sondern mein Mittelalter-Ich?«

»Dessen Identität Sie aber nun einmal angenommen haben ...«

»Oh, zwischen uns bestehen schon noch gewisse Unterschiede. Genauso wie zwischen Ihnen und der mittelalterlichen Josepha Weber. Ich bin mir zum Beispiel ziemlich sicher, dass diese Frau viel netter und friedliebender war, als Sie es sind.«

Jo wollte ärgerlich auffahren, doch dann bemerkte sie, dass sich Lutz Jäger wieder einmal über sie amüsierte. »Könnten wir uns bitte wieder auf unseren Fall konzentrieren?«, entgegnete sie knapp.

»Aber natürlich. Wir sollten uns einmal bei diesen Zigeunern umhören.«

Jo warf ihm einen Blick von der Seite zu, während sie gleichzeitig die Zügel lockerließ. Es war am besten, wenn sich der Braune auf dem glatten, zerfurchten Untergrund selbst seinen Weg suchte. »Ihnen ist schon klar, dass Sie einen diskriminierenden Begriff benutzen? Außerdem müssen wir erst einmal herausfinden, wo sich diese Leute aufhalten.«

»Erstens: Sinti und Roma dürfte im Mittelalter kein Mensch verstehen. Deshalb bedaure ich zwar die Diskriminierung, fühle mich aber trotzdem nicht der politischen Korrektheit verpflichtet. Und zweitens: Die Zigeuner oder das fahrende Volk, wenn Ihnen das lieber ist, lagern bei einem Wäldchen auf der anderen Seite der Stadt.«

»Woher wissen Sie das denn?«

Lutz Jäger zuckte aufreizend gleichmütig mit den Schultern. »Als Wirt erfährt man nun einmal so einiges.«

Das fahrende Volk hatte sein Lager eine halbe Meile nördlich der Stadtmauern aufgeschlagen, dort, wo der Fluss eine Schleife bildete. Zwei Dutzend Planwagen und windschiefe Zelte standen auf einer Wiese bei einem Erlenwäldchen. Im *Sommer*, vermutete Jo, während sie den Braunen im Schutz eines hohen Baums zum Stehen brachte, *ist die Wiese bestimmt feucht und von Mücken umschwirrt*. Manches blieb im Laufe der Jahrhunderte anscheinend immer gleich. So etwa auch, dass Gruppen, die mit ihrer Lebensweise nicht der Norm entsprachen, von der Gesellschaft ausgegrenzt wurden.

»Kein angenehmes Leben, sich bei diesem Wetter ständig im Freien aufhalten zu müssen.« Lutz Jäger nickte in Richtung der Wiese. Um die drei Feuerstellen hockten einige der *Zigeuner*. Alle hatten sie sich tief in ihren abgewetzten dunklen Mänteln vergraben.

»Nein, sicher nicht.« Jo seufzte. Auch ihr war häufig kalt. Aber sie besaß in dieser unwirtlichen Zeit immerhin ein Haus, in das sie sich zurückziehen konnte. »Wer fängt mit der Befragung an? Sie oder ich?«

»Oh, von mir aus gerne Sie.«

Sie gingen auf die erste der drei Feuerstellen zu. Die vier jungen Männer, die um die glimmenden Äste saßen, bedachten sie mit misstrauischen Blicken und verstummten. Jo spürte mehr, als dass sie es tatsächlich hörte, wie auch die anderen Gespräche ringsum leiser wurden.

»Wir suchen nach einem jungen Mann namens Anselm«,

sagte sie. »Er soll sich öfter bei Euch aufgehalten haben. Wir haben eine Nachricht für ihn.« Lutz Jäger und sie hatten beschlossen, dass es besser sei, hier im Zusammenhang mit dem Töpfer nicht von Geldschulden zu reden. Denn in diesem Fall würde das fahrende Volk Anselm sicher schützen wollen und ihnen nicht weiterhelfen.

Keine Reaktion. Schließlich spuckte einer der jungen Männer, der struppiges braunes Haar und grüne Augen hatte, ins Feuer. »Wie soll dieser Anselm denn ausgesehen haben?«, fragte er mürrisch. Jo beschrieb den Töpfer, obwohl sie davon überzeugt war, dass der Braunhaarige – wie auch die anderen – nur auf Zeit spielen wollte.

»Vielleicht war dieser Anselm einmal hier, vielleicht auch nicht.« Er zuckte mit den Schultern.

»Ja, vielleicht ...« Seine Freunde murmelten zustimmend.

»Ihr wisst doch genau, dass er hier war«, sagte Jo scharf. »Also – wann und wie oft hat er Euer Lager besucht?«

Ein dünner Rothaariger verzog sarkastisch seinen Mund. »Seit wann interessieren sich feine Leute wie Ihr für einen, der sich bei uns aufhält?«

»Na ja«, mischte sich Lutz Jäger ein. »Diese Dame mag ja fein sein, aber ich als Wirt bin es bestimmt nicht. Deshalb noch einmal für Eure tauben Ohren: Wann und wie oft war der Junge hier? Nun, wird's bald?«

»Ihr könnt mich mal!« Der Braunhaarige sprang auf. »Verschwindet, sonst mache ich Euch Beine, Ihr Pack aus der Stadt. Ihr meint wohl, Ihr könnt mit uns umspringen, wie es Euch passt?« Er zitterte vor Wut.

»Kommen Sie!« Jo fasste ihren Kollegen am Arm und wollte ihn mit sich wegziehen. Doch der Braunhaarige verstellte ihnen den Weg. Ehe Jo reagieren konnte, betatschte er ihre Brüste. »Schöne Titten hat sie ja, deine Metze!« Die anderen drei lachten.

»He Freundchen, lass das!« Lutz Jäger packte den jungen Mann am Kragen seines Mantels und schleuderte ihn in den Schnee.

»Ich kann selbst auf mich aufpassen. Jetzt kommen Sie endlich!«, schrie Jo. »Sonst eskaliert die Situation noch völlig.«

»Zu spät!« Lutz Jäger schüttelte den Kopf und zog schnell sein Messer aus dem Gürtel. »Mit Deeskalation kommen Sie hier nicht mehr weiter.« Die drei Freunde des Braunhaarigen hatten sich drohend vor ihnen aufgebaut. Von der Wiese her rückten die anderen *Zigeuner* heran. Allen voran eine magere, alte Frau.

Verdammt, dachte Jo. *Kein Handy ... Keine Kollegen, die wir um Hilfe rufen können ... Noch nicht einmal eine Pistole, um daraus einen Warnschuss abzugeben.*

»Das werdet Ihr mir büßen!« Der Braunhaarige hatte sich wieder aufgerappelt. Blut troff aus einer Wunde an seinem Kinn, wo er gegen einen Stein im Schnee gefallen war. Auch er zog jetzt ein Messer hervor.

»Das glaube ich nicht«, erklärte Lutz Jäger gelassen, ohne sein Messer zu senken. Jo begriff: Diese Situation machte ihm auch noch Spaß!

»Sie müssen hier nicht den John Wayne geben ...«, zischte sie ihm zu, nur um abrupt zu verstummen. Das fahrende Volk hatte mittlerweile einen weiten Halbkreis um sie gebildet: zehn Männer, noch einmal etwa ebenso viele Frauen und ein Schwarm Kinder. Die verhutzelte Alte, die Jo eben schon aufgefallen war, betrachtete sie und Lutz Jäger interessiert aus bernsteinfarbenen Augen. Ihr Blick war ungefähr genauso mitleidsvoll wie der eines Fleischers, der sich gleich daranmachen würde, ein Tier abzuschlachten.

Der Braunhaarige bewegte sich geschmeidig auf Lutz Jäger zu, wobei er das Messer provozierend von einer Hand in die andere warf. Wie sollten sie nur aus dieser Lage mit einigermaßen heiler Haut herauskommen? Jo machte sich bereit, den Angreifer mit einem Aikido-Tritt außer Gefecht zu setzen, auch wenn ihnen dies nur einen minimalen Aufschub verschaffen würde, als jemand mit krächzender Stimme rief: »Luis, lass den Unsinn! Geh wieder zurück ans Feuer.«

Zu Jos Erstaunen zuckte der Braunhaarige zusammen wie ein gescholtener Schuljunge. Er schob hastig das Messer in seinen Gürtel und trollte sich. Nun stand die Alte dicht vor Jo, die begriff, dass die krächzende Stimme der Alten gehörte und sie den Befehl ausgestoßen hatte. Aus ihrem zahnlosen Mund roch es nach Zwiebeln und Knoblauch. Ihre bernsteinfarbenen Augen – das sah Jo jetzt – wirkten erstaunlich jung. Wie die der Äbtissin. Die Alte fasste blitzschnell nach Jos Kopf und zog ihn zu sich herab. Während sie sie prüfend musterte, fühlte Jo sich seltsam träge. Es wäre ihr schwergefallen, sich zur Wehr zu setzen, selbst wenn sie es gewollt hätte.

Nun ließ die Alte sie wieder los und wandte sich zu ihrer Sippe um. »Ihr verschwindet auch. Und Ihr«, sie sah Jo und Lutz Jäger an, »kommt mit mir.«

Die Alte geleitete sie zu einem der Planwagen. Als Jo sich durch die Öffnung in der Stoffbespannung duckte, schlug ihr ein intensiver Kräuterduft entgegen. In einem rußgeschwärzten Metallbecken glommen Holzstücke und etwas Faseriges, das sie als Torf zu identifizieren glaubte. In der Glut stand ein Dreifuß mit einem Tonkrug darauf, in dem irgendeine Flüssigkeit vor sich hinköchelte. In einem Winkel des Wagens hingen getrocknete Kräuterbüschel von einer der gebogenen Weidenruten herab, die die Plane trugen. Ein niedriges, aus rohen Brettern und Steinen gebautes Regal beherbergte angeschlagene Tonschalen und zerbeulte Töpfe.

»Setzt Euch.« Die Alte wies auf einige Strohsäcke, über die fadenscheinige Decken gebreitet waren.

Zögernd kam Jo der Aufforderung nach. Ihr grauste bei der Vorstellung, dass sie sich möglicherweise auch noch Wanzen und Flöhe einhandeln könnte.

Die Alte beobachtete sie. »Ihr kommt also aus einer anderen Zeit«, bemerkte sie gelassen.

»Woher wisst Ihr das?«, fragte Jo verdutzt, während sie versuchte, nicht überall an ihrem Körper plötzlich ein Piksen und Jucken zu spüren.

»Zuerst habe ich es einfach nur gespürt. Und dann habe ich in Euren Augen den Spiegel einer fernen Zukunft gesehen«, erwiderte die alte Frau.

»Besonders zu wundern scheint Ihr Euch darüber ja nicht.« Lutz Jäger streckte seine langen Beine aus.

»Es kommt hin und wieder vor, dass Menschen durch die Jahrhunderte reisen. Vieren bin ich vor Euch schon begegnet.«

»Die Äbtissin des Klosters Waldungen wusste auch, dass wir nicht hierher gehören«, mischte sich Jo ein. »Sie hatte angeblich eine Vision.«

»Ja, ich habe gehört, dass diese Äbtissin über bemerkenswerte Fähigkeiten verfügen soll.« Die alte Zigeunerin legte den Kopf leicht schief.

»Könnt Ihr uns vielleicht erklären, warum wir durch die Zeit reisen?«, fragte Jo heftig. »Das würde mich nämlich wirklich brennend interessieren.«

»Ich schätze, Ihr besitzt ganz einfach diese Gabe …«

»Eine Gabe?«

»Ja, so wie ich die besondere Gabe besitze, Menschen heilen zu können.«

So beiläufig, wie die *Zigeunerin* redete, hörte es sich an, als habe sie eben bei ihr und Lutz ein Talent zum Malen oder

Tanzen entdeckt. Jo benötigte einige Augenblicke, um diese Information zu verdauen. Falls die alte Frau nicht völligen Unsinn sprach, handelte es sich bei der Fähigkeit, durch die Zeit zu reisen, auf keinen Fall um eine Gabe, sondern höchstens um einen Fluch. »Aber warum sind wir dann ausgerechnet hier gelandet?«, hakte sie nach. »Warum nicht meinetwegen im 19. Jahrhundert?« *Was viel angenehmer gewesen wäre …*

»Aus welchem Grund interessiert Ihr Euch für den Töpfer Anselm?«, antwortete die Alte mit einer Gegenfrage. »Er ist schließlich nicht in der Zeit gereist.«

»Er wurde umgebracht«, erklärte Lutz Jäger. »Äbtissin Agneta bat uns, seinen Mörder zu finden.«

»Oh …« Ein Anflug von Trauer und Bestürzung huschte über das runzelige Gesicht. Nach einer kurzen Pause sagte sie: »Ein Mord ist etwas Widernatürliches und bringt die Ordnung der Dinge durcheinander. Wahrscheinlich seid Ihr hier, um diese verletzte Ordnung wiederherzustellen.«

»Aber Morde geschehen leider doch ständig!«, fuhr Jo auf.

»Habt Ihr mit Anselm auf irgendeine Weise in Eurem Jahrhundert Kontakt gehabt?«

Lutz Jäger kam Jo mit seiner Antwort zuvor: »Ja, wir wurden verständigt, als sein Skelett auf dem Gelände des Klosters Waldungen gefunden wurde.«

»Dann hat er Euch hierhergebracht.« Die Alte nickte nachdenklich. »Eine ruhelose Seele kann eine große Energie entwickeln.«

»Die Äbtissin meinte, die Vorsehung wäre es gewesen«, bemerkte Jo sarkastisch.

»Nun, sie ist eine fromme Frau. Aus ihrer Warte stellt sich das Geschehen eben so dar.« Die *Zigeunerin* zuckte mit den Schultern. »Die Vorsehung, Gott, die Kräfte der Welt … Nennt es, wie Ihr wollt!«

»Ich schlage vor, statt uns in metaphysischen Spekulationen zu verlieren, sollten wir uns lieber wieder dem Mordfall zuwenden.« Lutz Jäger sah erst Jo, dann die alte Frau an. »Ihr habt Anselm also gekannt. Warum ist er denn zu Eurem Lager gekommen?«

»Wie ich gerade sagte ... Ich stehe im Ruf, heilkundig zu sein und nicht viel Geld für meine Dienste zu nehmen. Zumindest nicht von den Armen.« Die Alte verzog ihren zahnlosen Mund zu einem Lächeln. »Anselm, nun ja ... Ein eitriger Ausfluss aus seinem Schwanz plagte ihn.«

»Tripper ...« Lutz Jäger nickte nachdenklich.

»Wie auch immer Ihr diese Krankheit bezeichnen mögt.« Die Alte blinzelte.

»Aber Anselm war doch in diese junge Nonne verliebt«, zweifelte Jo. »Und ich kann nicht recht glauben, dass ...«

»Oh, bei der Nonne hat er sich die Krankheit bestimmt nicht geholt.« Die Alte winkte ab. Sie erhob sich und schob die Stoffbahn vor dem Eingang des Planwagens beiseite. Dann stieß sie einen schrillen Pfiff aus, ehe sie mit ihrer krächzenden Stimme rief: »Jakob, Gernot ...« Mit einem Ächzen ließ sie sich wieder auf den Strohsack sinken. »Jedenfalls bin ich froh, dass Ihr nach dem Mörder des Jungen sucht. Normalerweise schert sich kein Mensch darum, wenn einem von uns Armen und Heimatlosen ein Leid zugefügt wird.«

Der Rotschopf, der zu der Gruppe am Feuer gehört hatte, steckte seinen Kopf durch die Öffnung und bedachte Lutz Jäger mit einem wütenden Blick.

»He, keine Feindseligkeiten mehr!«, fuhr die Alte ihn an. »Die beiden stehen auf unserer Seite. Nun mach schon. Schieb deinen dünnen Körper herein – und Jakob auch.« Die jungen Männer taten, wie ihnen geheißen, und blieben geduckt unter dem Stoffdach stehen. Jakob war ein blonder Kerl, dessen eigentlich hübsches Gesicht von Blatternarben entstellt war.

»Erzählt den beiden Herrschaften, wo ihr Anselm gesehen habt«, forderte die Alte sie mit einer ungeduldigen Handbewegung auf.

»Na ja, wir waren am Abend des Allerheiligentages in der Kupfergasse unterwegs.« Gernot zuckte mit den Schultern.

»Das ist die hiesige Rotlichtmeile«, erklärte Lutz Jäger an Jo gerichtet.

»Tatsächlich? Sie sind ja wieder gut informiert«, erwiderte sie bissig. »Und was war nun mit Anselm?«

»Er schlich sich aus einem der Häuser.«

»Genau genommen aus einem, in dem Lustknaben ihre Dienste anbieten.« Jakob grinste verächtlich.

»Oh ...« Damit hatte Jo nicht gerechnet.

»Habt Ihr Anselm darauf angesprochen?« Lutz Jäger sah die beiden forschend an.

»Nein«, erklärte Gernot entrüstet. »Wir gehören doch nicht zu denen ... Und wir wollen auch mit keinem von denen etwas zu tun haben.«

»Ihr selbst wart bei den Huren?«

»Ja, natürlich ...« Die beiden lächelten stolz und zugleich verschämt.

Jo stöhnte gereizt. »Gibt es sonst noch irgendetwas, das Ihr uns über Anselm sagen könnt?«

»Nein ...« Die beiden schüttelten unisono den Kopf.

»Dann könnt Ihr wieder verschwinden.« Mit einer herrischen Handbewegung scheuchte die Alte sie davon.

Für einige Momente breitete sich Schweigen in dem Planwagen aus. Jo nahm wahr, dass der köchelnde Sud nach Salbei, Thymian und Honig roch. Sie hatte plötzlich das Gefühl, dass ihre Nase, die schon den ganzen Tag lang ein bisschen verstopft gewesen war, wieder frei wurde. »Was ich nicht verstehe, ist«, sagte sie schließlich langsam, »warum sich Anselm als Lustknabe verdingt haben soll. Schließlich war er ein guter Töpfer und hätte auch so sein Auskommen finden können. Und dass er in Schwester Irmhild verliebt war und sich gleichzeitig mit seinem als Töpfer verdienten Geld die Liebesdienste eines Mannes gekauft haben soll, ist auch nicht plausibel.«

»Da bin ich einer Meinung mit Ihnen.« Lutz Jäger nickte.

»Ich weiß kaum etwas über Anselm, außer, dass er an einer Geschlechtskrankheit litt.« Die Alte wiegte langsam den Kopf. »Aber zweimal habe ich ihm erlaubt, in meinem Wagen zu übernachten. Beide Male wurde er von Albträumen geplagt und schrie laut im Schlaf, als ob er vor etwas große Angst hätte. Ich glaube, er gehörte zu diesen tief in ihrem Inneren verletzten Menschen, die nirgends mehr Fuß fassen können und dazu neigen, ihr Leben auf die eine oder andere Weise wegzuwerfen.«

»Ihr seid nicht die Erste, die das über den Jungen sagt.« Jo seufzte. »Ich wünschte, irgendjemand wüsste mehr über ihn.«

»Jedenfalls ist es ein wichtiger Hinweis, dass sich der Junge wahrscheinlich Geld als Lustknabe verdient hat.« Lutz Jäger erhob sich. »Bleibt Ihr und Eure Leute noch eine Weile auf diesem Lagerplatz?«

»Wahrscheinlich, wenn uns nicht irgendwelche ehrbaren Bürger vorwerfen, wir hätten ihre Wäsche von der Leine und ihre Hühner gestohlen, und uns vertreiben.« Die Alte lächelte schief.

»Die *Vorsehung* oder die *Kräfte der Welt* sollen uns also gewissermaßen *hierhergebeamt* haben.« Jo stöhnte auf, während sie zusammen mit Lutz Jäger durch den Schnee zu ihrem Schlitten stapfte. »Aber das erklärt noch lange nicht, *wie* wir in diese Zeit geraten sind. Ganz zu schweigen davon, dass mich die Deutungsversuche der alten Frau sowieso nicht gerade überzeugen ...«

»Was macht es schon für einen Unterschied, ob wir wissen, warum und wie wir in diese Zeit geraten sind?« Lutz Jäger warf Jo einen Blick von der Seite zu. »Uns hat es nun einmal hierher verschlagen, und wir müssen das Beste daraus machen.«

»Ich verfüge eben einfach nicht über Ihr Phlegma.«

»Oh, Phlegma ist das nicht.« Er winkte lässig ab und schien nicht im Geringsten verärgert, was sie noch mehr aufbrachte. »Ich würde es eine wahrhaft buddhistische Einstellung nennen. Damit befinde ich mich völlig im Trend – mit unserer eigenen Zeit, meine ich. Hier natürlich nicht ...«

»Sind Buddhisten nicht der Ansicht, man solle sich von den irdischen Anhaftungen lösen? Also durchaus auch asketisch leben? Was ich bei Ihnen nun nicht wirklich erkennen kann ...«

»Ach, ich würde mich mehr als ein Anhänger des ›Fuck-it-Buddhismus‹ bezeichnen. Kämpfe nicht gegen das an, was du ohnehin nicht ändern kannst. Aber jetzt einmal ernsthaft: Wenn Anselm längere Zeit als Lustknabe gearbeitet hat, dürfte er eine nicht unbeträchtliche Geldsumme verdient haben. Denken Sie, jemand wollte ihn berauben, und deshalb wurde er umgebracht?« Aller gutmütige Spott war nun aus Lutz Jägers Stimme verschwunden. Er wirkte sehr konzentriert, und Jo musste zugeben, dass er – wenn ihm der Sinn danach stand – ein guter Kriminalbeamter war.

Sie kletterte auf den Schlitten und sann einige Momente vor sich hin, ehe sie mit den Zügeln schnalzte und der Braune sich schwerfällig in Bewegung setzte. »Warum hätte sich der Mörder dann aber mit ihm auf dem Klostergelände treffen sollen? Er hätte ihm genauso gut irgendwo vor den Mauern auflauern können. Und die Schwestern haben nichts davon gesagt, dass der Heuboden durchsucht wurde.«

»Der Mörder hat aber nach etwas gesucht. Andernfalls

wäre er nicht auf das Licht angewiesen gewesen, das aus den Fenstern der Apsis fiel. Das heißt, falls die Theorie der Äbtissin richtig ist und der Mord tatsächlich während einer der beiden nächtlichen Gebetszeiten begangen wurde.«

»Setzen wir einmal voraus, diese Theorie stimmt ... Benötigt man unbedingt Licht, um einen Beutel voller Münzen zu finden? Ich würde eher sagen, nein ...«

»Dieser Meinung bin ich auch.« Lutz Jäger nickte. »Außerdem verbreitet der Schnee eine gewisse Helligkeit. Und irgendwie sagt mir mein Gefühl, dass es bei diesem Mord nicht um Geld ging. Auch wenn wir uns sicherheitshalber trotzdem einmal auf dem Heuboden umsehen sollten.«

»Mein Gefühl sagt mir das eigentlich auch ...« Jo brach ab. Abermals fragte sie sich, inwieweit sie ihrer Intuition überhaupt trauen konnte – noch dazu in dieser für sie so fremden Zeit. Wieder fror sie, trotz ihres aus einem dicken Wollstoff gefertigten Mantels und der pelzgefütterten Decke, die über ihren Knien lag. Im Westen hatte der Himmel eine abweisende, zitronengelbe Farbe.

»Was haben Sie heute Abend vor?« Lutz Jäger riss Jo aus ihren Gedanken.

»Wie bitte?«, fragte sie verblüfft.

»Keine Sorge, ich habe nicht vor, Sie zu einem Rendezvous einzuladen.« Er winkte ab. »Aber wenn Sie noch keine anderweitigen Pläne haben – oder wegen etwaiger Haushaltspflichten verhindert sein sollten –, könnten wir uns einmal in der Kupfergasse umhören. Ich schlage vor, ich übernehme die Prostituierten und Sie die Lustknaben.«

»Eine wirklich kluge Aufteilung«, bemerkte Jo sarkastisch.

»Na ja, Sie können natürlich auch zu den Prostituierten gehen, und ich übernehme die Lustknaben.« Lutz Jäger zuckte mit den Schultern. »Ich ginge bei den Lustknaben ja noch als Freier durch. Aber die Huren würden Sie wahrscheinlich als unwillkommene Konkurrenz betrachten, was unserem Vorhaben nun wirklich schaden würde.«

»Geben Sie es ruhig zu, Sie wollen einfach gerne ein Bordell aufsuchen.« Jo hob spöttisch die Augenbrauen.

Lutz Jäger lächelte. »Aber ja, natürlich, ein mittelalterliches hat ganz bestimmt einen besonderen Reiz.«

Wieder zu Hause war es Jo zu viel, die Mahlzeit zusammen mit den Bediensteten in der Küche einzunehmen. Deshalb bat sie Katrein, ihr eine Schale mit Suppe und etwas Brot auf ihr Zimmer zu bringen. Nachdem sie die Speise gegessen hatte, holte sie das Wachstäfelchen aus ihrem Bündel und trug die Ermittlungsergebnisse des vergangenen Tages darauf ein. Dabei versuchte sie, nicht an den blinkenden Computerbildschirm in ihrem Büro zu denken.

»Herrin!« Katrein, die sich mit einigen Strümpfen, die gestopft werden mussten, neben sie ans Feuer gesetzt hatte, sprach sie unvermittelt an: »Verfasst Ihr eine Einkaufsliste?«

»Ja, so ungefähr ...« Jo erinnerte sich wieder an die Begegnung mit Mattis, dem Steinmetz. Zögernd fragte sie: »Katrein, wie war eigentlich meine Ehe so ...? Du weißt, mein Gedächtnis lässt mich immer noch oft im Stich.«

»Gott sei gedankt, Ihr redet wieder normal«, bemerkte Katrein.

»Wie meinst du das?«, fragte Jo überrascht.

»Ihr sprecht mich nicht mehr mit diesem seltsamen ›Sie‹ an.«

»Ähm, wirklich? Ach, das ist ja gut ... Anscheinend habe ich mich assimiliert ... ich meine, ich bin genesen. Abgesehen von meinem Gedächtnis«, haspelte Jo. »Aber um auf meine Ehe zurückzukommen ...«

»Oh, Ihr und Meister Gerhardt habt eine sehr zufriedene Ehe geführt.« Katrein sah sie überrascht an.

»Zufrieden ...«

»Ja, Meister Gerhardt hat Euch geschätzt und respektiert, und Euer Rat in geschäftlichen Dingen war ihm sehr wichtig. Und Ihr habt Euren Gatten auch sehr geachtet.«

Das hörte sich ja alles sehr vernünftig an. »Ich meine ... Gerhardt war doch viel älter als ich. Wie haben wir uns eigentlich kennengelernt?«

Katrein ließ den Wollstrumpf und das hölzerne Stopfei in ihren Schoß sinken. »Nun, er unterhielt Handelsbeziehungen mit Eurer Familie in Regensburg.«

»Und warum hat er sich ausgerechnet für mich entschieden?«

»Nun, er fand Euch sehr hübsch.« Katrein lächelte. »Das war sicher auch ein Grund. Aber außerdem schätzte er Eure Klugheit. Er war davon überzeugt, dass Ihr ihm in geschäftlichen Dingen eine gute Gefährtin sein würdet. Er hatte natürlich gehofft, dass Ihr ihm noch einmal einen Erben schenken würdet, nachdem alle seine Söhne aus seiner ersten Ehe gestorben waren. Aber er ließ es Euch nie spüren, falls er enttäuscht war, dass Ihr nicht schwanger wurdet.«

»Ah ja ...« Was für merkwürdige Gründe damals zu einer Eheschließung geführt hatten. *Wobei*, schoss es Jo plötzlich durch den Kopf, *»zufrieden« wohl mehr ist, als man über meine Beziehung zu Friedhelm bemerken könnte.*

»Katrein, wie ich eben schon sagte, Gerhardt war so viel älter als ich ...«, tastete sie sich vor. »Gab es vielleicht noch einen anderen Mann in meinem Leben?«

»Aber Herrin!« Katrein stieß einen entsetzten Schrei aus.

»Na ja, das wäre doch menschlich gewesen ...«

»Nicht solange Euer Gatte noch am Leben war.« Energisch zog Katrein die Nadel durch die zerrissene Ferse, wobei sie es vermied, Jo anzusehen.

»Und danach?«, bohrte Jo weiter nach.

»Ihr seid hin und wieder längere Zeit außer Haus gewesen, ohne dass ich wusste, wo Ihr Euch aufhieltet. Und trotz der Trauer um Euren Gatten haben Eure Augen manchmal gestrahlt ...«

Na wunderbar ... Dann hatte sie vielleicht einen Liebhaber gehabt. Möglicherweise sogar einen, mit dem sie zur Abwechslung einmal glücklich gewesen war, und sie konnte sich nicht mehr an ihn erinnern.

Das Tönen einer Kirchturmglocke drang durch die geschlossenen Läden. Jo zählte neun Schläge. Es war höchste Zeit, dass sie sich auf den Weg zur Kupfergasse machte, wo sie mit Lutz Jäger verabredet war. Sie stand auf und ging zu dem Haken, an dem ihr Mantel hing. Über die Schulter sagte sie: »Katrein, ich muss noch einmal in die Stadt. Aber ich versichere dir, dass ich mich heute Abend ganz bestimmt nicht mit einem Liebhaber treffen werde.«

Jo war ein Stück die Gasse entlanggegangen, als sie hinter sich Schritte im Schnee knirschen hörte. Auch als sie kurz darauf in eine andere Gasse einbog, blieben die Schritte hinter ihr. War das Zufall, oder folgte ihr etwa jemand? Sie blieb stehen, wandte sich um und lauschte. Der Schnee verbreitete ein diffuses dunkelgraues Zwielicht, in dem sie außer den Hausfassaden nichts erkennen konnte. Hinter einem Fensterladen ganz in der Nähe waren Stimmen zu vernehmen. Sonst war kein Laut zu hören. Jo lief weiter. Es dauerte einige Augenblicke, dann ertönte wieder das leise Knirschen, nun in einem größeren Abstand.

Also doch ein Verfolger. *Endlich kann ich mal wieder mein Polizeischulwissen anwenden: »Wie schüttle ich einen Beschatter ab?«,* dachte Jo sarkastisch. An der nächsten Wegkreuzung eilte sie um die Häuserecke und presste sich dicht an eine Wand. Immerhin war es von Vorteil, dass es keine Straßenbeleuchtung gab. Das ersparte ihr die Mühe, sich in einem Eingang zu verbergen.

Jo hörte, wie die Schritte zögerten. Doch schließlich bog ihr Verfolger in die Gasse ein und kam näher. Nun sah sie, dass sich eine sehr kleine Gestalt vom Schnee abhob. Eindeutig ein Kind.

Sie wartete, ob dem Kind noch jemand folgte. Doch niemand sonst kam des Weges. Mein Gott, ihre Sinne waren tatsächlich schon so verwirrt, dass sie vor einem Kind davonlief! Ärgerlich über sich selbst verließ Jo ihr Versteck und nahm ihren ursprünglichen Weg wieder auf.

3. KAPITEL

Neben dem Eingang des Hauses, das laut der Auskunft der Zigeuner als Männerbordell diente, hing eine kleine Laterne. Ihr Schein fiel auf eine mit Eisenbändern beschlagene Tür und einige schmutzige Schneehaufen. Das Obergeschoss des schmalen Hauses lag im Dunkeln. Daneben konnte Jo schemenhaft eine Mauer ausmachen. Es war windstill, und die feucht-kalte Luft stank nach Rauch und den Abwässern des nahen Flusses. Eindeutig nicht die beste Wohngegend. Zumindest im Mittelalter nicht. Flüchtig und wie ein seltsamer Traum blitzte in Jo die Erinnerung an die teuren Häuser mit ihren großen Balkons zur Flussseite auf, die in *ihrer eigenen Zeit* hier standen.

Gereizt dachte Jo an Lutz Jäger. Vor einigen Minuten hatte sie sich von ihm verabschiedet. Am oberen Ende der Gasse, in der Nähe eines Hauses, dessen heruntergekommene Fachwerkfassade von rot gestrichenen Lampen in ein pseudoerotisches Licht getaucht wurde. Ihr Kollege hatte verdächtig gut gelaunt gewirkt. Ach, zum Teufel mit ihm und seinen Weibergeschichten! Und mit dieser ganzen verdammten Untersuchung!

Wenn sie wenigstens ihre Polizeimarke aus ihrer Manteltasche ziehen und diese – wem auch immer sie nun gleich im Inneren des Hauses begegnen würde – unter die Nase halten könnte. Stattdessen hatte sie sich wieder eine gewundene

Geschichte ausdenken müssen, um ihre Nachforschungen zu begründen.

Die Haustür war nicht verschlossen. Nachdem Jo sie ein Stück aufgezerrt und sich durch den Spalt gezwängt hatte, stand sie in einem engen, spärlich beleuchteten Flur. Eine Holztreppe führte in die oberen Stockwerke. Von dort waren erregtes Stöhnen und Keuchen zu hören. Sie war einige Schritte in Richtung der Treppe gegangen, als ein Mann aus einem Alkoven trat und ihr den Weg versperrte. Mit seinem kahlrasierten Schädel, den kühlen grauen Augen und dem breiten Kreuz hätte der Kerl vor einer Diskothek durchaus hip gewirkt. Sein Wollkittel war ärmellos. Dicke Bronzeringe lagen um seine behaarten, muskulösen Oberarme. Eindeutig nicht der softe, tuntige Typ – falls der Kerl schwul war.

»Was wollt Ihr?«, fuhr er Jo an. Seine Stimme klang rau. Beim Sprechen entblößten seine Lippen eine große Lücke in der oberen Zahnreihe.

»Ich suche nach meinem Cousin ... ähm, Vetter ...«, begann Jo ihre Geschichte. »Er heißt Anselm, ist einige Jahre jünger als ich, hat schulterlange braune Haare und blaue Augen. Seit einiger Zeit ist er verschwunden. In der Stadt hat man mir gesagt, dass er hier manchmal Unterkunft gefunden hat.«

Der Türsteher-Schrank musterte sie, als wäre sie ein lästiges Insekt. Nein wirklich kein Typ, der Frauen mochte. »Das hier ist keine Herberge.«

»Aber ...«

»Verschwindet.« Er deutete auf die Tür.

Jo verlor die Geduld. »Hören Sie«, fauchte sie ihn an. »Es ist mir so etwas von egal, ob Sie schwul sind.« Der Mann glotzte sie verständnislos an, was Jo etwas aus dem Konzept brachte. Verdammt, was war noch einmal das Wort für »schwul« im Mittelalter? »Ich meine homosexuell ... sodomitisch ... Und

123

was Sie und die anderen Männer hier so alles treiben, ist mir auch völlig egal ... Ich suche einfach nach einem jungen Mann, der verschwunden ist, und benötige eine Auskunft ...«

»Raus!« In dem Moment, als der Kerl sie grob an der Schulter packte, glaubte Jo, auf dem Treppenabsatz eine Bewegung wahrzunehmen. Aber schon wirbelte er sie herum und schubste sie den Gang entlang. Die Tür wurde aufgerissen. Ein letzter Stoß in ihren Rücken. Sie konnte ihr Gleichgewicht nicht bewahren und sackte in den Schnee. Hinter ihr fiel die Tür krachend ins Schloss.

Fluchend kam Jo wieder auf die Füße. Einen Moment lang gab sie sich der Vorstellung hin, den Türsteher-Schrank wegen Angriffs auf einen Polizisten festzunehmen. Da sie dies nicht weiterbrachte, sah sie sich um. So einfach würde sie nicht aufgeben! Sie musste eine Möglichkeit finden, in das Haus zu gelangen und mit den Lover-Boys und ihren Kunden zu reden. Die Mauer neben dem Gebäude war etwa zweieinhalb Meter hoch. Davor war von der Gasse geschippter Schnee aufgetürmt. Vorsichtig stieg sie auf den kleinen Wall. Der Schnee war festgefroren und glatt, aber wenigstens sank sie nicht darin ein. Sie streckte sich. Während sie mit den Händen die Kante der Mauerkrone umfasste, suchte sie mit den Füßen an den Steinen nach Halt. Glücklicherweise war die Mauer uneben, so dass sie sich trotz ihrer klobigen Schuhe daran abstützen konnte.

Nach wenigen Augenblicken kauerte Jo auf der Krone. Unter ihr lag ein Hof. Schnee, der sich als graue Masse von der dunkleren Umgebung abhob, bedeckte den Boden. Sie ließ sich an der Mauer hinabgleiten und landete geräuschlos auf dem weichen Untergrund. *Unbefugtes Betreten eines Grundstücks*, schoss es ihr durch den Kopf. *Hausfriedensbruch ...* Zu ihrer eigenen Überraschung war ihr dies völlig gleichgültig. Ja, eine tiefe Befriedigung erfüllte sie.

Jos Hochgefühl verflog, als sich eine Tür öffnete und jemand in den Hof trat. Etwa der Schrank? Sie wich zurück, ertastete einen Holzstapel neben der Mauer und schlüpfte in den Winkel. Schritte, die im Schnee knirschten, kamen auf sie zu und blieben ganz in ihrer Nähe stehen. Sie straffte sich. Trotz ihrer Aikido-Kenntnisse würde sie gegen diesen Riesen nur eine Chance haben, wenn sie ihn überrumpeln konnte.

Stoff raschelte. Jo hörte ein vertrautes Pladdern, während ihr der scharfe Geruch von Urin in die Nase stieg. Sie wollte sich schon entspannen. Doch in diesem Moment öffnete sich oben im Haus ein Fensterladen. Jemand sagte etwas und warf etwas in den Schnee. Nur kurz fiel der Schein einer Lampe in den Hof, dann wurde der Laden wieder geschlossen. Die Helligkeit hatte allerdings lange genug gewährt, um Jo einen jungen Mann zu zeigen, der ihr, seinen Pimmel in der Hand, gegenüberstand und sie erschrocken anstarrte.

»Entschuldigt ...« Sie räusperte sich.

»Ihr ... Ihr seid die Frau, die vorhin nach Anselm gefragt hat, nicht wahr?«, hörte sie den jungen Mann stammeln. »Ich habe Euch im Flur gesehen.«

»Dann kennt Ihr ihn also?«

»Ja«, sagte er kaum hörbar.

»Bitte«, drängte Jo, »ich muss unbedingt mit Euch reden.« Als von ihrem Gegenüber keine Reaktion erfolgte, fügte sie leise hinzu: »Anselm ist nicht mehr am Leben. Er wurde ermordet.«

»Lutz!«

»He, Lutz, lange nicht gesehen!«

»Ja, Greta ist ziemlich wütend auf Euch, das kann ich Euch sagen.« Ein vielstimmiger Chor war Lutz entgegengeschallt, als er eine Weile zuvor das Bordell mit dem poetischen Namen »Zum Paradiesapfel« betreten hatte. Der große Raum im Erdgeschoss – allem Anschein nach der *Empfangsraum* – entsprach dem Schild mit der roten, von Wind und Wetter gezeichneten Frucht an der Fassade: farbenprächtig, wenn auch leicht verlottert.

Eine rundliche Blondine fasste Lutz an der Hand und führte ihn zu einem Holzstuhl vor dem Kamin. »Setzt Euch, wir haben Euch Euren Lieblingsplatz immer freigehalten«, sagte sie und lächelte ihn an. »Ich bringe Euch gleich Euer Bier.«

»Ähm, danke ...«, erwiderte Lutz etwas verlegen. Anscheinend war sein Mittelalter-Ich in dem Bordell Stammgast.

»Ich bin gleich wieder bei Euch, macht es Euch inzwischen bequem.«

Immer noch etwas verwirrt, blickte Lutz der Blondine nach, die mit wiegenden Hüften auf eine andere Frau zuging – eine Braunhaarige, deren weiter Ausschnitt einen üppigen Busen und hennagefärbte Brustwarzen entblößte – und einige Worte mit ihr wechselte, die er nicht verstehen konnte. Die Braunhaarige eilte daraufhin aus dem Raum.

In einer Ecke entdeckte Lutz einen seiner Kneipengäste, an dessen Namen er sich nicht erinnern konnte. Der Mann erkannte ihn ebenfalls, winkte ihm kurz zu und widmete sich dann wieder der jungen Hure, die auf seinem Schoß saß und ihre Zunge an seinem Hals hinabwandern ließ.

Manche Dinge ändern sich im Lauf der Jahrhunderte wirklich kaum, sinnierte Lutz teils amüsiert, teils ein wenig melancholisch, während er seine Beine dem prasselnden Feuer entgegenstreckte. Sicher, in diesem Bordell gab es keine großen Spiegel, keine roten Plüsch- und Lederstühle und auch keine weichen Sofas. Aber Rot war auch hier die vorherrschende Farbe. Die Wände waren damit gestrichen und außerdem da und dort noch mit Bildern von riesigen Penissen und Vaginas geschmückt – ungelenk gemalt, wie von Kinderhand, hatten sie etwas Comichaftes. Die Frauen hatten sich ihre Lippen und Wangen rot angemalt, und rote Lampen, die ein schummriges Licht verbreiteten, hingen von der niedrigen Balkendecke herab.

In diesem Licht wirkten die Frauen alle ziemlich hübsch. Auch wenn sie, im Vergleich zu ihren Geschlechtsgenossinnen im 21. Jahrhundert, recht viel anhatten. Kleider in grellen Farben mit großen Ausschnitten, die Säume bis zu den Waden hochgeschürzt, was für mittelalterliche Verhältnisse wohl der Inbegriff des Verruchten war. Wobei es durchaus etwas hatte, stellte Lutz plötzlich fest, dass nicht alles gleich zur Schau gestellt wurde ...

»Hier, Euer Bier.« Die rundliche Blondine war zurückgekehrt und lehnte sich an ihn.

»Sagt, was habt Ihr während der vergangenen Wochen getrieben? Wir haben Euch alle schon vermisst. Von Greta gar nicht zu reden ...« Andere Huren versammelten sich in einem Halbkreis um ihn.

»Ja, ich ...« Lutz suchte nach einer Ausrede, während er sein Mittelalter-Ich verwünschte. *Was für ein Lotterleben hatte dieser Kerl eigentlich geführt ...?* Hastig stürzte er den Inhalt des großen Holzhumpens hinunter. »Dringende Geschäfte ...«, begann er lahm. Dann registrierte er, dass das Stimmengewirr verstummt war. Die Prostituierten wichen zurück. Eine große Frau, deren rotes, lockiges Haar ihren Kopf wie Flammen umzüngelte, schritt auf ihn zu. Lutz blinzelte und bemerkte, dass ihm der Alkohol zu schaffen machte. Die Frau war auf eine wilde Weise schön und allem Anschein nach ziemlich wütend.

Dicht vor ihm blieb sie stehen. »Du Mistkerl, du tauchst also einfach wieder hier auf. Wenn du denkst, damit ist alles in Ordnung, hast du dich aber gewaltig getäuscht«, fauchte sie ihn an. »Scher dich zum Teufel und lass dich hier nie wieder sehen!«

»Aber Greta, sei doch nicht so hart mit ihm«, mischten sich einige der Frauen ein.

»Lutz liebt dich wirklich.«

»Du kennst ihn doch.«

»Ja, allerdings kenne ich ihn.« Einer ihrer Eckzähne fehlte, was sie wie eine Freibeuterin wirken ließ. Ihre Brüste schimmerten im Licht. Sie war wirklich verdammt schön.

»Ich ...« Lutz schluckte. Dieser Idiot von einem Alter Ego. Plötzlich hatte er eine Eingebung. »Mein Liebchen, ich konnte nicht zu Euch kommen, da ich durch die Jahrhunderte gereist bin, um Euch von fernen Zeiten erzählen zu können. Von riesigen, metallenen Vögeln, die durch die Lüfte gleiten, und von Rossen, die Rauch spucken. Von Wasser, das heiß und kalt aus eisernen Hähnen rinnt, und von Licht, das auf einen bloßen Knopfdruck zu leuchten beginnt ...«

Gretas Augen verengten sich. Sie hob die Hand, als ob sie ihn schlagen wollte. Lutz duckte sich. *Okay, sein lyrischer Ausflug ins 21. Jahrhundert hatte sie also nicht milde gestimmt ...*

Zu seiner Überraschung begann Greta zu lachen. »Du bist und bleibst ein unverbesserlicher Lügner und Aufschneider. Jetzt komm schon mit.« Spielerisch packte sie ihn am Ausschnitt seines Kittels. Benommen stand Lutz auf und folgte ihr unter dem Gelächter und Beifall der anderen Frauen und deren Freier durch den Raum und eine knarrende Treppe hinauf.

Verstohlen sah Jo sich um, während sie den Kragen ihres Mantels hochschlug und ihren Stuhl noch ein wenig weiter in den Schatten rückte. Frowin – so hieß der junge Mann, auf den sie im Hof des Männerbordells gestoßen war – hatte sich schließlich doch bereit erklärt, mit ihr zu sprechen. Sie hatte mit ihm die nächstbeste, ziemlich heruntergekommene Kaschemme aufgesucht.

Vor der schmuddeligen Theke lungerte eine dralle Hure herum, die ganz offensichtlich auf Kundschaft wartete. *Nein,* dachte Jo, während sie an ihrem Holzbecher nippte, nur um gleich darauf angewidert den Mund zu verziehen, denn der Wein schmeckte nach Essig, *das ist eindeutig kein Ort, an dem ich gesehen werden möchte. Damit wäre meine Reputation als achtbare Witwe ein für alle Mal zerstört.*

Sie schob den Gedanken beiseite, wie absurd es war, dass sie sich über so etwas Sorgen machte, und wandte sich wieder dem Jungen zu. Er hatte den Kopf gesenkt und hielt seinen Becher ängstlich umklammert. Mit seinen langen dunklen Wimpern war er auf eine mädchenhafte Weise hübsch. Jo schätzte Frowin auf zwölf bis vierzehn Jahre. Noch immer fiel es ihr schwer, das Alter der Menschen in dieser ihr fremden Zeit richtig zu bestimmen.

»Warum kümmert es Euch, dass Anselm umgebracht wurde?« Der Junge warf ihr einen scheuen Blick zu. »Oder seid Ihr etwa wirklich mit ihm verwandt?«

»Nein, das war nur ein Vorwand. Sagen wir es einmal so ... Gewissermaßen bin ich im Auftrag des Herrn unterwegs. Also, ich muss den Mörder einfach finden ...«

»Ihr habt eine Art Gelübde abgelegt?«

»Wenn Ihr es so nennen wollt ...« Jo nickte. Zu ihrer Erleichterung schien diese Erklärung den Jungen zufriedenzustellen. *Was für ein verrücktes Zeitalter ...*

»Ihr habt Anselm also in dem Männerpuff ..., ähm, ich meine, in dem Haus, in dem Ihr Eurem Gewerbe nachgeht, kennengelernt«, nahm Jo das Gespräch wieder auf.

»Ja, er hörte meine Schreie.«

»Schreie?«

»Manche Kunden schlagen uns, weil ... weil sie das erregt.«

Frowin warf Jo einen scheuen Blick zu. Sie winkte ab. »Tut Euch keinen Zwang an. Ich weiß über Sadomaso Bescheid. Theoretisch zumindest ...«, fügte sie hastig hinzu.

»Normalerweise sind die Schläge auszuhalten. Außerdem zahlen die Freier dafür gut.« Frowin starrte wieder in seinen Becher. »Aber bei diesem Kunden war es anders. Ich dachte, er bringt mich um. Er hatte mich am Bett festgebunden. Sonst hätte ich versucht, ihm zu entkommen. Anselm hielt sich im Nebenzimmer auf. Er begriff, dass meine Schmerzensschreie und mein Flehen um Gnade nicht gespielt waren, und kam mir zu Hilfe. Er entriss meinem Peiniger die Peitsche und setzte sich gegen ihn zur Wehr. Dann wurde Wolfram endlich auf den Tumult aufmerksam. Er stürmte ins Zimmer und warf meinen Freier hinaus.«

Bei Wolfram handelte es sich allem Anschein nach um den Schrank. *Hat ja reichlich lange gedauert, bis er bemerkt hat, dass einer der Lover-Boys beinahe umgebracht wurde,* dachte Jo höhnisch. »Wisst Ihr vielleicht den Namen des Freiers? Und wie er aussah?«, fragte sie.

»Wir kennen so gut wie nie die Namen unserer Kunden.« Frowin schüttelte erschrocken den Kopf. Seine lockigen Haare fielen etwas nach hinten. Im Schein eines blakenden Kienspans nahm Jo gelblich verfärbte Flecken auf seiner Stirn und eine noch frische Schramme auf seiner linken Wange wahr. Der Junge schien die Sadomaso-Klientel wirklich anzuziehen. »Und was das Aussehen des Kunden betrifft, kann ich Euch leider auch nicht weiterhelfen. Er trug eine Ledermaske.«

Na, super ... »Wann ereignete sich dieser Vorfall denn?«

»Ende Oktober. Am Tag des heiligen Marcellus.«

Ob der Mann mit der Maske Anselm getötet haben konnte – aus Rache, weil dieser ihn um einen extrageilen Orgasmus gebracht hatte? Als Motiv war dies zumindest nicht auszuschließen. »Wisst Ihr, wer der Besitzer des Bordells ist?«

Frowin schüttelte wieder den Kopf. »Ich bin mir nicht einmal sicher, ob Wolfram das weiß. Ich habe ihn einmal sagen hören, er hätte immer nur mit einem Mittelsmann zu tun.«

»Hmm ...« Nun ja, ein Bordell, noch dazu eines für Männer, zu betreiben, war auch im 21. Jahrhundert keine Sache, die man gern an die große Glocke hängte. Ganz zu schweigen vom Mittelalter, wo Homosexualität als Todsünde galt. »Habt Ihr und Anselm Euch angefreundet, nachdem er Euch gerettet hatte?«, nahm Jo ihren ursprünglichen Faden wieder auf.

Frowin nippte an dem Wein, was, wie Jo teils amüsiert, teils traurig feststellte, ein bisschen an einen Teenager erinnerte, der seine erste Zigarette rauchte. »Anselm steckte mir danach öfter einmal ein paar Münzen oder etwas zu essen zu. Er war freundlich zu mir, ohne viele Worte zu machen. Ich tat ihm wohl leid ... Aber er erzählte kaum etwas von sich – falls Ihr darauf hinauswollt. Ich weiß nur, dass er hin und wieder als Töpfer arbeitete. Und dass ihm diese Arbeit Freude machte.«

Jo unterdrückte ein Seufzen. Wie viel einfacher dieser Fall doch gewesen wäre, wenn es sich bei Anselm um einen umgänglichen, kommunikativen Menschen gehandelt hätte.

»Hat Euch Anselm etwas über seine Freier berichtet?«, fragte sie ohne große Hoffnung.

»Auch in diesen Dingen war er sehr verschwiegen.« Frowin runzelte die Stirn. »Aber einmal hat er erzählt, dass ihn ein Freier gelegentlich zu sich bestellte.«

»Ihr meint, zu sich nach Hause?«

»Das weiß ich nicht ...«

»Hat er noch etwas über diesen Mann gesagt? Bitte, besinnt Euch. Jede Einzelheit kann wichtig sein.«

Frowin starrte in seinen Weinbecher. »Ich hatte ein schlechtes Gewissen, weil Anselm mir wieder einmal Geld zusteckte«, sagte er schließlich. »Das heißt, ich war natürlich froh darüber, aber ich wusste, dass Anselm es doch selbst benötigte. Sonst hätte er nicht seinen Körper verkauft.« Frowin hatte seine Arme um sich geschlungen, als hätte er das Bedürfnis, sich selbst zu schützen.

Jo empfand plötzlich tiefes Mitleid für ihn.

»Daraufhin sagte Anselm, ich solle mir deshalb keine Sorgen machen. Einer seiner Kunden sei so reich, dass er ihn regelmäßig zu sich bestelle. Ich fragte Anselm, ob ihm dieser Mann weh täte.« Frowin schauderte. »Aber er meinte, nein. Alles, was er tun müsse, sei, dem Freier einen zu blasen und sich dann nackt zu ihm ins Bett zu legen. Auf diese Weise habe er wenigstens eine warme und trockene Schlafstatt. Außerdem bekomme er immer gut zu essen.« Frowins Miene entspannte sich unvermittelt. »Dann hat Anselm mir von den Beeren zu kosten gegeben, die der Freier ihm zusteckte.«

»Beeren?«

»Ja, getrocknete. Ich hatte sie noch nie zuvor gegessen. Anselm sagte, es seien Maulbeeren.«

Maulbeeren … Waren diese Früchte im Mittelalter selten gewesen, oder bekam man sie an jeder Straßenecke? Jo versuchte, sich ihre Frustration nicht anmerken zu lassen.

»Und da ist noch etwas … Ich sagte Anselm, dass mir die Beeren gut schmeckten. Daraufhin lächelte er und erwiderte, sein Kunde scheine sie auch zu lieben. Denn in den Rahmen der Eingangstür habe er Maulbeerblätter schnitzen lassen.«

Jo war eben dabei, diese Information zu überdenken, als sich die Tür der Kaschemme öffnete. Zwei in dunkle Mäntel gekleidete Männer kamen in den Schankraum und steuerten zielsicher auf die Hure am Tresen zu. Jo benötigte einige Momente, ehe sie die beiden in dem schummrigen Licht erkannte. Es waren die Brüder ihres verstorbenen *Gatten*. Auch das noch!

»Ich muss gehen«, raunte sie Frowin zu, während sie einige Münzen aus dem Beutel an ihrem Gürtel fingerte und sich umsah. »Bitte, bezahlt den Wein. Der Rest ist für Euch.« Mist, die beiden Kerle standen jetzt so, dass sie auf dem Weg zum Ausgang genau an ihnen vorbeigehen musste. Kurt begrapschte die neckisch kichernde Hure, während Albrecht einige Worte mit dem schmierigen Wirt wechselte. Jo bezweifelte, dass die Brüder ausreichend abgelenkt waren, um sie nicht zu bemerken.

Da entdeckte sie in einem Winkel des Schankraums neben einigen Körben und Kisten eine weitere Tür. »Falls Euch noch etwas einfällt – Ihr findet mich in der Münzgasse. Fragt nach Josepha Weber.« Sie nickte Frowin zu.

Unbemerkt erreichte sie den Ausgang und schlüpfte in einen Hof. Er war stockdunkel wie der des Männerpuffs. Wenn es nun gar kein Tor zur Straße gab … Während sie leise vor sich hinfluchte, suchte Jo sich einen Weg über den verschneiten Boden, bis sie gegen eine Wand stieß. Vorsichtig tastete sie sich daran entlang. Sich fromm und tugendhaft zu geben, dann aber ins Bordell zu gehen – das sah diesen beiden Wichtigtuern ähnlich.

Das meckernde Lachen einer Frau schallte dicht hinter Jo durch das Geviert. Erschrocken sah sie sich um. Ein Lichtkeil aus dem Schankraum fiel in das Dunkel, wurde breiter. Das durfte doch nicht wahr sein! Die zwei Brüder traten, die rundliche Prostituierte zwischen sich, in den Hof. »Ach, Meister Kurt und Meister Albrecht, ich kann es kaum erwarten, dass Ihr es mir besorgt«, gurrte die Hure. Also auch noch ein flotter Dreier! Na, das sollte einmal dieser Pater Lutger wissen …

Gerade noch rechtzeitig fiel Jo ein, dass sie schleunigst verschwinden oder sich sonst irgendwie unsichtbar machen musste. Sie presste sich gegen die Mauer. Diese gab unter ihrem Druck nach. Jo stolperte durch eine Türöffnung und fand sich in einem Gang wieder.

Immer noch reichlich benommen, hatte sich Lutz Jäger in dem Raum im Obergeschoss des Bordells umgeblickt. Ein breites Bett, auf dem Wolldecken und Felle lagen, stand vor einer ochsenblutrot verputzten Wand.

»So, du bist also durch viele Jahrhunderte gereist ...« Greta kicherte und strich ihm über die Brust.

Ein Schauder durchlief Lutz, und sein Atem ging schneller.

»Auf einen derartigen Unsinn kannst auch wirklich nur du verfallen.« Als sie nun begann, an seinem Gürtel herumzunesteln, wich er ein Stück zurück.

»Greta, kennst du einen Jungen namens Anselm? Er soll als Lustknabe in dem Puff, ähm, Freudenhaus für Männer ein Stück weiter unten in der Gasse gearbeitet haben.«

»Stehst du jetzt etwa auf Knaben? Hast du dich deshalb so lange nicht mehr bei mir blicken lassen?« Sie warf ihre langen roten Haare zurück, lachte und drohte ihm mit dem Zeigefinger. »Aber eigentlich kann ich nicht glauben, dass du mir während der vergangenen beiden Jahre im Bett nur was vorgemacht hast.«

So lange hat mein Alter Ego also schon ein Verhältnis mit dieser Frau, ging es Lutz durch den Kopf. Wieder rückte Greta beängstigend dicht an ihn heran. Lutz fasste sie bei den Schultern und schob sie ein Stück von sich weg. »Greta, bitte, das ist eine wirklich wichtige Frage. Einer meiner Kneipengäste sucht nach dem Jungen«, schwindelte er.

»Oh, oh ... also hast du Sodomiten unter deinen Gästen.« Ihre Stimme klang amüsiert, hatte aber einen rauchigen Unterton, der Lutz unter die Haut ging. »Nun, ich kann mich ja einmal nach diesem Anselm umhören.« Sie befreite sich von seinen Händen und trat einen Schritt zurück. Einige Momente musterte sie ihn nachdenklich, dann sagte sie weich: »Du hast mir wirklich gefehlt. Und ich habe mir auch Sorgen um dich gemacht. Du weißt schon, wegen Jörg ...«

Lutz wollte sie fragen, was es mit diesem Jörg auf sich hatte. Aber ehe er die Worte formulieren konnte, hatte sie den Saum ihres Gewandes ergriffen und es sich über den Kopf gestreift. Völlig nackt stand sie nun vor ihm. Der flackernde Schein der Kerzen auf dem Tisch strich über ihren Leib wie eine Liebkosung. Lutz registrierte die vollen Brüste mit den dunklen Warzen, die schmale Taille und das schön gerundete Becken. Den feinen Flaum auf ihren Unterschenkeln und die üppige kupferrote Schambehaarung. Kupferrotes Haar leuchtete ihm auch aus ihren Achselhöhlen entgegen.

Es war ewig her, dass er eine Frau gesehen hatte, die sich dort nicht rasierte. O Gott, war sie erotisch ...

Im nächsten Augenblick war Greta wieder bei ihm. Sie fasste ihn an den Händen und zog ihn zum Bett.

»Bitte nicht, ich kann nicht ...«, stammelte Lutz. Sein Mund war völlig ausgedörrt, und er brachte kaum noch ein Wort hervor.

»Natürlich kannst du ... Du hast mich noch nie enttäuscht. Siehst du, er ist doch ganz groß und stark ...« Sie lachte und fasste ihm in den Schritt, während sie sich auf die Decken und Felle sinken ließ.

Gott ... Das war einfach zu viel ... Lutz Jägers letzter Widerstand brach in sich zusammen. Mit einem Stöhnen rollte er sich auf sie.

Der Flur war dämmrig. Hinter einer Tür konnte Jo lautes Stimmengewirr und Gelächter hören. Eine schmale Holztreppe führte in ein oberes Stockwerk. Sie zerrte ihren Kragen höher und war versucht, sich in Richtung der Stimmen zu wenden – dort gab es vielleicht einen Ausgang –, als die Tür zum Hof mit einem Knarren aufschwang. Im selben Moment drang das überdrehte Kichern der rundlichen Prostituierten an ihr Ohr. Die drei waren ihr schon wieder nachgekommen. Was, wenn die Hure und die beiden Brüder ihres *Gatten* nun ebenfalls vorhatten, in den Raum mit den vielen Menschen zu gehen?

Kurz entschlossen floh Jo die Treppe hinauf. Die falsche Entscheidung, wie sie gleich darauf bemerkte, denn die drei polterten nun hinter ihr die Stufen empor.

»Meine süße Fotze ...«, lallte einer der beiden Männer. *O Gott, wie peinlich ...*

Der Gang, der sich vor Jo am Ende der Treppe erstreckte, war ebenfalls nur spärlich von einem Talglicht erleuchtet. Dennoch war er hell genug, dass ihre *Schwäger* sie, wenn die Sache dumm lief, erkennen konnten. Jo beschloss, kein Risiko einzugehen, und drückte die Klinke der nächstbesten Tür hinunter. Keinen Moment zu früh, denn schon konnte sie den Bieratem der beiden Männer riechen.

Im ersten Augenblick dachte Jo, sie hätte Glück gehabt und der Raum sei leer. Doch dann entdeckte sie einen Mann und eine Frau, die, einen Mantel als Decke über sich gebreitet, auf dem Bretterboden lagen. *Mist ...!*

»Entschuldigt ...« Sie verlieh ihrer Stimme einen sachlichen »Bitte-gehen-Sie-weiter«-Klang. »Ich werde nicht lange stören.« Genau genommen nur so lange, wie die Hure und ihre beiden *Schwäger* endlich aus dem Flur verschwunden waren ... Jo lauschte nach draußen. Aus den Augenwinkeln registrierte sie, wie die Frau sich aufrichtete. Flammend rotes Haar umspielte ihren Kopf. Der Mann, der sich nun ebenfalls aufsetzte, starrte sie konsterniert an und murmelte ihren Namen ...

Jo blinzelte. *Das konnte doch wohl nicht wahr sein ...* »Hauptkommissar Jäger!«, schrie sie dann empört auf. »Was fällt Ihnen ein. Wie können Sie nur ...«

Doch die Rothaarige unterbrach sie. »Auf der Stelle erklärst du mir, was das zu bedeuten hat«, fuhr sie Lutz mit blitzenden Augen an. »Was will die von dir?«

Lutz Jäger fuhr sich verlegen durch die zerstrubbelten Haare. »Greta, das ist alles nicht so, wie du denkst.«

»Ach nein?«

»Jo ... Josepha Weber ist eine Kollegin von mir. Das bedeutet, wir arbeiten zusammen.«

»Du ...? Mit der reichen Josepha Weber zusammenarbeiten? Wenn du mich schon anlügst, solltest du dir wenigstens eine bessere Ausrede einfallen lassen.« Die Rothaarige sprang auf. Schwankend tat es ihr Lutz gleich. Dabei rutschte der Mantel auf seine Oberschenkel hinunter und entblößte für einen Moment sein nacktes Glied. Verlegen raffte er ihn wieder um sich.

»Los, gib es schon zu. Die Weber ist deine neue Metze«, fauchte die Rothaarige. »Wegen ihr hast du mich wochenlang vernachlässigt.«

»Aber nein, das ist wirklich nicht der Fall. Wie ich schon sagte, unsere Beziehung ist rein beruflich ...« Lutz bedachte Jo mit einem entschuldigenden Blick, ehe er sich wieder der Rothaarigen zuwandte. »Ich komme tatsächlich aus einer fernen Zeit in der Zukunft und Jo Weber auch.«

»Ich habe deine Lügen satt.« Die Rothaarige zitterte vor Zorn. Anscheinend lag ihr wirklich viel an Lutz Jäger.

Jo sagte eisig: »Gute Frau, ich kann Ihnen versichern, dass ich nicht im Geringsten an Ihrem Lover interessiert bin.« *Außer ihm eine Dienstaufsichtsbeschwerde aufzubrummen ...*

»Lover ... Was redet die da?« Die Rothaarige sah Lutz stirnrunzelnd an.

Aus dem Nebenraum war nun das Gekicher der rundlichen Hure zu hören. Es dröhnte schrill in Jos Ohren. »Und Ihnen kann ich nur raten, die Finger von diesem Mann zu lassen. Sie machen sich an ihm nämlich nur schmutzig.« Nach diesen Worten stürmte Jo aus dem Raum.

Jo war ein ganzes Stück die dunkle Gasse entlanggehastet, als sie hinter sich jemanden durch den Schnee rennen hörte. Alarmiert drehte sie sich um.

»Mein Gott, jetzt warten Sie doch!« Keuchend kam Lutz Jäger ihr hinterher.

»Sie sollten einmal an Ihrer Fitness arbeiten, weiter habe ich Ihnen nichts zu sagen«, fuhr sie ihn an.

»Ich kann verstehen, dass Sie sauer auf mich sind. Aber das mit dem ›sich die Finger an mir schmutzig machen‹ war wirklich total unter der Gürtellinie.« Jo konnte sein Gesicht in der Dunkelheit nicht richtig erkennen, aber seine Stimme klang sehr wütend.

»Sie sind ein Polizeibeamter und während der Ausübung Ihres Dienstes mit einer Prostituierten ins Bett gestiegen! Sie gehören suspendiert.«

»Darf ich Sie daran erinnern, dass wir uns in einer Zeit befinden, in der Polizeiregeln nichts zählen?«

»Trotzdem gelten diese Regeln für uns.« Jo wurde plötzlich bewusst, dass sie, so wie sie sich anschrien, in der ganzen Gasse zu hören sein mussten. »Verdammt, Sie haben einen Eid geschworen«, fügte sie etwas leiser hinzu.

»Darüber bin ich mir im Klaren ... Herr im Himmel, ich wollte wirklich nicht mit Greta ins Bett gehen. Aber ich war nicht mehr ganz nüchtern. Und als sie so nackt und wunderschön vor mir stand und mich dann auch noch berührte ...« Ein sehnsüchtiger Unterton schwang in Lutz Jägers Stimme mit, der Jo noch zorniger machte.

»Etwas Selbstbeherrschung sollte man von einem Polizisten schon erwarten können«, fauchte sie. »Aber daran hat es Ihnen wohl schon immer gemangelt.«

»Ach, jetzt spielen Sie sich bloß nicht so auf. Wenn plötzlich ein nackter Adonis vor Ihnen stünde und Sie Alkohol intus hätten ... Wie würden Sie denn dann reagieren? Steigen Sie doch endlich einmal von Ihrem verdammt hohen moralischen Ross herunter.«

»Ich sitze auf keinem ...«, begann Jo.

Doch Lutz Jäger fiel ihr ins Wort: »Ja, gut möglich, dass Sie sogar so eine Situation gesittet meistern würden. Ich kann Ihren Friedhelm Seidel ja eigentlich nicht ausstehen. Trotzdem tut er mir fast leid. Es muss verdammt schwer sein, mit einem Tugendbolzen wie Ihnen liiert zu sein.«

Immer musst du alles unter Kontrolle haben, hatte Friedhelm ihr kurz vor dem Unfall vorgeworfen. Jo verschlug es die Sprache, und sie benötigte einen Moment, bis sie ihre Fassung wiedergefunden hatte und scheinbar kühl sagen konnte: »Ich bin nicht im Geringsten an Ihrer Meinung über meine Beziehung interessiert.« Während sie sich umdrehte, um davonzustapfen, schossen ihr plötzlich die Tränen in die Augen. Was war nur mit ihr los?

Zu ihrer Überraschung legte Lutz Jäger seine Hand auf ihre Schulter und hielt sie fest.

»Lassen Sie mich ...«, brachte Jo mit verschnupfter Stimme heraus. Gott sei Dank konnte er die Tränen in ihren Augen nicht sehen. Sie versuchte, seine Hand abzustreifen, aber er verstärkte seinen Griff.

»Es tut mir leid, jetzt habe ich mich unterirdisch verhalten.« Etwas an seinem plötzlich müden Tonfall besänftigte Jo ein wenig, und sie blieb stehen.

»Ich kann Sie beruhigen. Es ist nicht zum Äußersten zwischen mir und Greta gekommen.«

Jo wischte sich über die feuchte Nase. »Das wirkte aber ganz anders«, sagte sie und schniefte.

»Na ja, ich stand gewissermaßen kurz vor dem Vollzug. Das will ich auch gar nicht abstreiten.« Ein schiefes Grinsen schwang in Lutz Jägers Stimme mit. »Aber dann sah ich eine Wanze über die Kissen kriechen, und um meine Erektion war es geschehen. Ich habe mich dann schleunigst mit Greta aus dem Bett gerollt und meinen Mantel über uns gebreitet.«

»Eine Wanze ...« Jos Anspannung und Ärger lösten sich. Sie begann, haltlos vor sich hinzukichern.

»Sie haben gut lachen. Sie können sich gar nicht vorstellen, wie lusttötend das ist – sich auszumalen, dass so ein Vieh jetzt gleich über Sie krabbeln und sich bei Ihnen einnisten wird«, brummte er. »Ich schlage vor, wir gehen zu meiner Kneipe und unterhalten uns dort weiter.«

Immer noch kichernd, hakte sich Jo bei ihm unter.

Jo streckte ihre kalten Füße näher an die glimmenden Holzscheite in der Feuerstelle. Sie fühlte sich plötzlich angenehm schläfrig. Träge registrierte sie, dass Lutz Jäger, der sie für ein paar Minuten allein gelassen hatte, in den Kneipenraum zurückkehrte. Er trug ein Tablett in den Händen, auf dem ein Tonkrug, zwei Holzbecher und -teller, ein Schälchen mit Butter sowie eine Platte mit Brot und Schinken standen.

»Ich dachte, Sie sind vielleicht auch hungrig.« Er stellte das Tablett auf einem Hocker ab und setzte sich zu Jo. »Das Brot ist übrigens selbstgebacken.«

»Ja, ich habe wirklich Hunger.« Sie nahm sich ein Stück, bestrich es dick mit Butter und legte drei Scheiben Schinken darauf. Gierig biss sie hinein. Das Brot schmeckte würzig und nach Vollkorn. Das waren mindestens 300 Kalorien. *Ach, egal ...* »Lecker ...«, brachte sie mit vollem Mund hervor. »Sie kochen wirklich toll.«

»Oh, ich mache das einfach gern.« Lutz Jäger lachte. »Wichtig ist, das Mehl, das man hier so bekommt, noch einmal gründlich durchzusieben, sonst enthält es zu viele Spelzen. Aber, um auf unseren Fall zurückzukommen ... Ich bin ganz Ihrer Meinung, dass wir unbedingt herausfinden müssen, wem dieses Haus mit den in den Türrahmen geschnitzten Maulbeerblättern gehört. Also, wer jener ominöse Freier ist, der es sich leisten konnte, Anselm für ganze Nächte zu buchen.« Auf dem Weg zu der Kneipe hatte Jo ihrem Kollegen kurz berichtet, was sie von Frowin erfahren hatte.

Sie trank einen großen Schluck Wein, ehe sie düster sagte: »Ich darf gar nicht daran denken, wie viel Arbeit es sein wird, diese Tür zu finden. Normalerweise wäre das eine Aufgabe, mit der man Polizisten in der Ausbildung betrauen könnte ...«

»Ach, wenn wir Glück haben, wird das gar nicht so zeitaufwändig werden.« Lutz Jäger winkte ab.

»Ihren Optimismus hätte ich gern.« Jo stöhnte, während sie sich wieder das Schinkenbrot in den Mund schob. »Wir wissen ja nicht einmal, ob diese Tür direkt an einer Straße liegt. Möglicherweise steht das Haus, zu dem sie gehört, in einem Hof. Wie sollen wir uns denn dort Zugang verschaffen? Wenn ich Sie daran erinnern darf: Wir können nicht mit unserem Dienstausweis herumwedeln.«

»Da ist es doch gut, dass Ihr Kollege eine Kneipe betreibt, in der jede Menge Menschen ein und aus gehen. Handwerker und Fuhrleute betreten Häuser. Und sie kennen wieder andere Leute, die zu anderen Gebäuden Zugang haben. Ich werde also einfach unter meinen Gästen verbreiten, dass ich nach einer Tür mit einer Maulbeerblatt-Verzierung suche. Eine Wette dürfte ein plausibler Grund sein.«

Jo nickte. »Das ist eine gute Idee. Dann werde ich mich morgen wieder einmal zum Kloster Waldungen auf den Weg machen und herauszufinden versuchen, ob Anselm dort irgendwo Geld versteckt hat.«

Lutz Jäger griff nach dem Krug, um Wein nachzuschenken.

»Für mich nur noch ein bisschen«, sagte Jo. »Ich spüre den Alkohol jetzt schon.«

Ihr Kollege betrachtete sie mit schiefgelegtem Kopf. »Nicht, dass ich Ihnen jetzt zu nahe treten möchte ... Aber Sie haben mich ja sozusagen in einer sehr intimen Situation gesehen. Also, persönlicher geht es kaum noch ... Meinen Sie nicht, dass es deshalb jetzt vielleicht an der Zeit wäre, vom ›Sie‹ zum ›Du‹ zu wechseln? Es wäre auch überhaupt nicht gegen die Dienstvorschriften.« Lutz lachte, aber es war ein freundschaftliches Lachen.

»Ich würde sogar mit Ihnen, ich meine, mit dir aufs Du trinken, wenn es gegen die Vorschriften wäre«, erklärte Jo friedlich.

»Auf uns – und gegen die Dienstvorschriften.« Lutz hob seinen Becher, und sie stießen miteinander an.

Als sich Jo eine Weile später auf den Heimweg machte, blinkten da und dort zwischen dem Hochnebel Sterne hervor. *Dienstvorschriften*, dachte sie ein wenig beschwipst. War sie vorhin wirklich nur so wütend auf ihren Kollegen gewesen, weil sie geglaubt hatte, er hätte gegen seinen Eid verstoßen? *Aber natürlich*, meldete sich sofort eine sehr nüchterne Stimme in ihrem Kopf zu Wort. *Welchen anderen Grund hätte es denn sonst für ihren Zorn geben können?*

»Brr, mein Guter ...« Am nächsten Vormittag brachte Jo den Braunen, der wieder ihren Schlitten zog, im vorderen Hof des Klosters Waldungen zum Stehen. Katrein gegenüber hatte sie behauptet, für ihren verstorbenen *Gatten* in der Klosterkirche eine Kerze anzünden und für ihn beten zu wollen. Womit sie erneut allen Argwohn der Magd beschwichtigt hatte. *Manchmal, dachte Jo, hat die verschrobene Gedankenwelt des Mittelalters doch ihre Vorteile.*

Nachdem Jo vom Schlitten gestiegen war, blickte sie sich nachdenklich um. Frischer Schnee glitzerte im Sonnenlicht auf den Dächern sowie auf dem Boden des Hofes. Sie war davon überzeugt, dass Anselm sein Geld irgendwo im Kloster verborgen hatte. Denn an diesem Ort hatte er sich sicher gefühlt. *Wenn ich Anselm gewesen wäre,* überlegte Jo, *hätte ich die Münzen in meiner Reichweite haben wollen.* Die meiste Zeit hatte der Junge in der Scheune verbracht. Deshalb beschloss sie, ihre Suche dort zu beginnen.

In der Scheune fiel Sonnenlicht in dünnen Streifen durch die Ritzen in den Bretterwänden. Die Tischplatte und die Böcke, auf denen Lutz und sie Anselms Leiche untersucht hatten, standen in einer Ecke vor einem Stapel prall gefüllter Säcke. Der untere Teil der Scheune mit den Saatgut-Vorräten, den Feldwerkzeugen und den vielen Vorratsbehältern bot eigentlich jede Menge Verstecke. Aber Anselm hätte immer damit rechnen müssen, dass eine Nonne oder ein Knecht gerade den Korb oder die Kiste benutzen würde, in denen er seinen Schatz verborgen hatte.

Nein, sie musste sich einmal oben auf dem Heuboden umsehen, wo Anselm geschlafen hatte. Jo stieg die Leiter hinauf, wobei sie ihre Schuhe mit den klobigen Holzabsätzen verwünschte. Duftendes Heu füllte etwa die Hälfte des Bodens. Ansonsten war der riesige Raum leer, aber erfreulicherweise hell, denn die Sonne fiel in einem breiten Strahl durch die Luke oben in der Giebelwand. Ob Anselm das Geld irgendwo zwischen den getrockneten Halmen vergraben hatte? In diesem Fall hätte er sicher irgendeine Markierung hinterlassen. Sie raffte ihre Röcke und ihren Mantel hoch und ging in das Heu hinein.

Eine Stunde später hielt Jo erschöpft und frustriert inne. Sie war völlig verschwitzt und von Kopf bis Fuß mit Halmen bedeckt. Sie hatte ihre Suche bei der rückwärtigen Wand begonnen und sich etwa durch ein Viertel des gewaltigen Heubetts gearbeitet. Doch noch immer hatte sie nicht den geringsten Hinweis auf ein Versteck entdeckt. Ob sie die Äbtissin bitten sollte, ihr einige Nonnen zur Hilfe zu schicken?

Das wäre doch nun wirklich einmal ein Moment, in dem der Himmel ein Stoßgebet erfüllen könnte, dachte sie sarkastisch. Müde watete sie weiter durch das Heu. Nichts, nur gelblich-grün verfärbte Halme.

Plötzlich blendete sie ein Lichtstrahl. Sie blinzelte. Die Sonne fiel direkt auf einen der Deckenbalken. Jo sog scharf die Luft ein. Eigentlich das ideale Versteck ... Rasch streifte sie ihre Holzschuhe ab und begann, an einem der Stützbalken hochzuklettern. Nach einigen kräftigen Zügen war sie auf einer Höhe mit dem Querbalken und spähte ihn entlang. Da – weniger als eine Armeslänge von ihr entfernt stand ein kleiner Lederbeutel. Während Jo ihn vorsichtig über den Holzbalken zu sich zog, hörte sie das leise Klimpern von Metall.

Als Jo die Scheune verließ, überquerte eine Nonne den Hof vor den Wirtschaftsgebäuden. Die Benediktinerin stutzte und kam dann auf sie zu. Nun erkannte Jo das junge, ovale Gesicht mit den großen blauen Augen und dem kirschförmigen Mund. Schwester Irmhild. Wenn man sich den Schleier wegdachte, war sie wirklich sehr hübsch. *Warum nur verschwendet sie ihr Leben als Nonne?*, fragte sich Jo.

»Mir ist noch etwas zu Anselm eingefallen«, sagte Schwester Irmhild ein wenig schüchtern.

»Ja?«

»Einige Tage, bevor er ...«, sie stockte einen Moment lang,

ehe sie tapfer fortfuhr, »... ermordet wurde, haben wir kurz miteinander gesprochen. Dort an dem Brunnen.« Sie wies auf einen großen Steintrog vor einem der Ställe. »Ich sollte Wasser für die Küche holen. Aber ich hatte Heimweh, und nachdem ich den Eimer heraufgezogen hatte, trödelte ich. Anselm war mir nachgekommen. Er fragte mich, ob er einen Becher von dem Wasser haben könnte. Was ich natürlich bejahte. Er bemerkte, dass ich traurig war, und fragte, was mich bedrückte. Ich erzählte ihm von der Burg, auf der ich aufgewachsen bin, von meinen Eltern und von meinen Geschwistern. Ich war einfach glücklich, mit ihm zu reden.« Die junge Nonne errötete.

»Das kann ich verstehen.« Jo lächelte.

»Anselm meinte, dass er von einem Bauernhof in der Gegend von Worms stamme. Also das ist es, was mir noch einfiel. Dass er aus dieser Gegend kam ...«

»Mehr habt Ihr nicht miteinander gesprochen?«

»Nein, denn in diesem Moment läutete die Glocke zur Mittagshore.«

Nicht gerade gute Rahmenbedingungen für eine junge Liebe ...

»Ich werde es Eurer Äbtissin sagen müssen, dass Ihr mit Anselm geredet habt«, meinte Jo sanft und legte Schwester Irmhild die Hand auf die Schulter. »Vielleicht fällt ihr ja etwas zu dieser Information ein.«

Die junge Nonne errötete wieder und schüttelte den Kopf. »Ach, ich glaube nicht, dass mir die ehrwürdige Mutter deshalb zürnen wird«, sagte sie leise.

Die Äbtissin störte sich tatsächlich nicht daran, dass die beiden jungen Leute miteinander gesprochen hatten. Auch die Neuigkeit, dass Anselm als Lustknabe gearbeitet hatte, hörte sie sich ungerührt an. Versonnen betrachtete sie nun die Geldstücke vor sich auf dem Eichentisch.

»Zwanzig Gulden«, sagte sie. »Ein ganz schöner Batzen Geld. Ich vermute, Anselm wollte sich verzweifelt ein neues Leben schaffen und hat deshalb seinen Körper verkauft. Wobei es für den Jungen spricht, dass er trotzdem diesen anderen Lustknaben – wie hieß er noch? Frowin? – unterstützt hat.«

»Was könnte man für diese Summe kaufen?«, fragte Jo. Das mittelalterliche Geld war ihr immer noch so fremd wie eine exotische Währung mit kompliziertem Umrechnungskurs.

»Ein Pferd würdet Ihr dafür schon bekommen.« Die Äbtissin wiegte nachdenklich den Kopf. »Natürlich kein erstklassiges, wie es ein Adeliger oder ein reicher Bürger reiten würde. Aber einen guten und belastbaren Gaul.«

Nicht schlecht, überlegte Jo. Im September war Anselm zum ersten Mal in der Stadt gesehen worden. Innerhalb weniger Monate hatte er sich also als Lustknabe in etwa den Gegenwert eines Volkswagens erarbeitet. Dieser Freier, der Anselm zu sich bestellt hatte, musste wirklich begütert sein.

»Denkt Ihr, dass der Junge wegen des Geldes getötet wurde?« Die Äbtissin sah Jo aufmerksam an.

Diese ließ sich etwas Zeit mit der Antwort. »Mein Gefühl sagt mir: nein«, erwiderte sie schließlich. »Außerdem, warum hätte der Mörder Anselm in diesem Fall an der Stelle töten sollen, wohin der Lichtschein aus der Apsis fiel? Ein Geldbeutel hätte sich auch im Dunkeln gut ertasten lassen.«

»Ein durchaus logisches Argument.« Die Äbtissin lächelte ein wenig. »Aber eigentlich sagt Euch Euer Gefühl, was richtig ist. Auch wenn Ihr Schwierigkeiten habt, ihm zu vertrauen. Ich vermute, das war auch in Eurer eigenen Zeit der Fall?«

Super, eine Therapiesitzung war jetzt genau das, was sie brauchte ... Abwehrend meinte Jo: »Sagt, was soll mit dem Geld geschehen?«

»Was schlagt Ihr vor?«

Jo zuckte mit den Schultern. »In meiner eigenen Zeit wäre nach Anselms Angehörigen gesucht worden. Was hier und jetzt aber kaum möglich sein wird. Ich vermute, er hätte gewollt, dass Frowin einen Teil des Geldes erhält. Und er hätte ganz sicher gewünscht, dass auch Schwester Irmhild davon bedacht würde.« Sie konnte sich nicht verkneifen, ein wenig spitz hinzuzufügen: »Auch wenn das wahrscheinlich Euren Klosterregeln widersprechen dürfte.«

»Ihr habt recht, dies würde Schwester Irmhilds Armutsgelübde verletzen.« Äbtissin Agneta ließ sich nicht provozieren. »Aber ich werde die junge Nonne fragen, ob sie möchte, dass für das Geld etwas Bestimmtes für das Kloster angeschafft wird.«

»Schön, dann werde ich die Münzen vorerst in Eurer Obhut lassen.« Jo nickte. »Da ist noch etwas, worüber ich mit Euch reden muss.« Sie berichtete der Äbtissin von ihrem kurzen Gespräch mit der jungen Nonne. »Dass Anselm aus der Gegend von Worms stammte – sagt Euch das vielleicht etwas?«, schloss sie dann.

»Diese Gegend wurde vor acht Jahren von einer schlimmen Fehde zwischen zwei Grafen heimgesucht«, erwiderte die Äbtissin nachdenklich. »Dörfer wurden niedergebrannt und Felder verwüstet. Viele Menschen starben. Das könnte erklären, warum Anselm so verstört war. Wer weiß, was er erleben musste.«

»Ja, das wäre allerdings eine Erklärung.« Jo nickte.

»Außerdem stritten sich Ebersheim und Worms wegen der Reliquie der heiligen Gertrudis, die in der hiesigen Gertrudiskirche aufbewahrt wird.«

»Reliquie?«, fragte Jo überrascht. Mit welchem abergläubischen Zeug wurde sie denn noch konfrontiert? »Worum ging es denn bei diesem Streit?«

»Worms behauptete, ein Anrecht auf diese Reliquie zu besitzen, nachdem das dortige Domkapitel einen Handschuh der Heiligen in Italien erworben hatte. Wenig später hatte eine Nonne aus einem Kloster der Stadt eine Vision. In dieser Vision forderte die heilige Gertrudis, dass ihre Reliquie am selben Ort wie der Handschuh aufbewahrt werden solle.« Die Stimme der Äbtissin klang völlig ernst.

»Ah ja ...«

»Reliquien ziehen große Scharen von Wallfahrern an und bringen viel Geld in die Städte. Deshalb war Ebersheim – Vision hin oder her – nicht bereit, die Reliquie an Worms zu verkaufen.«

Okay, mit den Reliquien verhält es sich also so wie mit Elvis und Memphis oder den Beatles und Liverpool und ihren jeweiligen ehemaligen Wohnstätten ...

»In einer weiteren Vision erfuhr jene Nonne dann, dass die heilige Gertrudis Ebersheim nicht länger schützen würde, falls ihrem Willen nicht entsprochen würde«, sprach Äbtissin Agneta weiter. »Das brachte die Ebersheimer Geistlichkeit und den Rat der Stadt nun doch zum Nachdenken. Man verhandelte mit Worms und einigte sich. Ebersheim zahlte eine große Entschädigungssumme, womit Worms einen weiteren Handschuh der Heiligen erwerben konnte. Damit war die Heilige zufrieden.« Noch immer wirkte die Äbtissin kein bisschen ironisch.

»Na ja, zwei Handschuhe sind auf jeden Fall besser als ein einzelner«, murmelte Jo. »Sie wärmen besser ...«

»Seither sind zwei Jahre vergangen.« Die Äbtissin lehnte sich in ihrem Stuhl zurück. »Für den Mord an Anselm dürfte dieser Streit also kaum von Belang sein.«

»Das hoffe ich auch ...«, erwiderte Jo inbrünstig, ehe sie sich erhob und von der Äbtissin verabschiedete. Als sie die Tür erreicht hatte, glaubte sie, die alte Frau sagen zu hören:

»Vertraut Eurem Gefühl«, aber vielleicht kamen ihr auch nur die Worte ihres Polizeipsychologen in den Sinn.

Lutz wich einem Reiter aus, der ihm auf dem schmalen, von hohen Schneewällen gesäumten Weg entgegenkam. *Bei all den Nachteilen wie Umweltverschmutzung und verstopfte Straßen, die Autos so mit sich bringen, haben sie auch eindeutig ihre Vorteile,* dachte er bitter. Mit einem Auto hätte er sein Ziel – je nach Verkehrslage – in weniger als zehn Minuten erreicht. Etwas neidisch dachte er an Jo, die reiten und einen Schlitten fahren konnte.

Vor etwa zwei Stunden war ein Fuhrmann in seiner Kneipe erschienen. Der bullige Mann hatte gesagt, er hätte von Lutz' Wette gehört. Ja, er kenne ein Haus, dessen Türrahmen mit geschnitzten Maulbeerblättern verziert sei. Er liefere hin und wieder Holz und Wein dorthin. Es liege etwa drei Meilen flussaufwärts vor der Stadt und gehöre einem Pater namens Kolonat, der Mitglied des Domkapitels sei. Soviel er wisse, nutze der Priester das Gebäude als eine Art Sommerhaus. Lutz hatte dem Fuhrmann, falls sich seine Angaben als wahr erweisen sollten, ein Fässchen Bier versprochen. Dann hatte er sich sofort auf den Weg gemacht. Ein schwuler katholischer Priester hatte im Mittelalter eindeutig noch mehr Grund, seine Neigungen zu verbergen, als im 21. Jahrhundert. Vielleicht war hier ja das Mordmotiv zu finden.

Nachdem Lutz eine Ansammlung von Saalweiden durchquert hatte, sah er endlich das Anwesen vor sich. Es lag hinter einer hohen Mauer, wie der Fuhrmann es ihm beschrieben hatte. Ein Rauchfaden kräuselte sich in den bewölkten Himmel. Lutz' Laune besserte sich sofort. Jemand war anwesend, den er ausfragen konnte – also waren seine Mühen wenigstens nicht umsonst gewesen.

Einer der beiden Torflügel war nur angelehnt. Der Garten hinter der Mauer war dicht verschneit. Eine Fußspur führte durch den fast kniehohen Schnee auf ein kleines, zweistöckiges Fachwerkhaus zu. Efeu rankte an der Fassade empor, bis dicht unter das Strohdach. *Ein hübsches Liebesnest*, dachte Lutz. *Falls dies das Haus ist, nach dem wir suchen.*

Als er fast die Vorderfront erreicht hatte, sah er seitlich davon einen Baum, dessen kahle Äste wie die Stangen eines riesigen Schirms in die Luft ragten. Ein Maulbeerbaum. Und tatsächlich – der Türrahmen war mit den charakteristischen herzförmigen Blättern und den brombeerartigen Früchten verziert.

Lutz betätigte den bronzenen Türklopfer. Die Schläge hallten durch das Haus. Als sich in dem Gebäude nichts regte, beschloss er, zur Rückseite zu gehen. Wahrscheinlich gab es dort noch einen Eingang. Schließlich führten auch die Fußspuren im Schnee in diese Richtung.

Zum Fluss hin hatte der Garten keine Mauer. Beerensträucher unter dichten Schneehauben und Obstbäume wuchsen auf einer Wiese, die sanft zum Wasser hin abfiel. Ganz in der Nähe eines Bootsstegs stand ein kleiner Schuppen.

Ein Stück flussabwärts entdeckte Lutz nun eine Felsengruppe in den schiefergrauen Fluten. Er erkannte plötzlich, wo er war. In seiner eigenen Zeit befand sich an genau dieser Stelle ein beliebtes Ausflugslokal. Im vergangenen Sommer war er einige Male nach Dienstschluss hier gewesen. Für einige Momente glaubte er, die laue Abendluft zu spüren und bunte, leuchtende Lampions in den Kronen der Bäume hängen zu sehen.

»Kann ich Euch irgendwie helfen?«

Lutz blinzelte. Eine Frau Mitte dreißig, die ein rundes, rotwangiges Gesicht hatte und die derbe Kleidung einer Magd sowie die Haube einer verheirateten Frau trug, stand vor ihm.

Sie hatte die Hände in die fülligen Hüften gestützt und blickte ihn neugierig an.

»Äh ja, Euer Herr schickt mich. Ich soll mir einmal sein Boot ansehen«, improvisierte Lutz. »Er meinte, es sei leck.«

»Das Boot findet Ihr dort.« Die Frau deutete auf den Schuppen.

»Dürfte ich mich vielleicht vorher kurz an Eurem Feuer aufwärmen?« Lutz blickte ihr in die Augen und schenkte ihr sein strahlendstes Lächeln. »Bei dieser Kälte ist der Weg von der Stadt hier heraus doch recht beschwerlich.«

Die Frau musterte ihn, dann nickte sie. »Kommt mit in die Küche. Ich wollte ohnehin gerade eine Pause einlegen.«

Wasserdampf füllte die niedrige Küche, und es roch nach Seifenlauge. Erfreulicherweise erwies sich die Magd als sehr gesprächig. Lutz hatte kaum an dem grau gescheuerten Eichentisch Platz genommen, als er auch schon wusste, dass sie Bertha hieß, mit ihrem Ehemann und sieben Kindern in einem nahen Dorf wohnte und sich seit drei Jahren um das Sommerhaus des Priesters kümmerte. Während sie ihm nun von den Krankheiten ihrer jüngeren Kinder erzählte, stieß sie eine Holzstange in einen großen Bronzekessel und wendete damit die Tücher, die in der siedenden Brühe schwammen. Dann goss sie aus einem kleinen Topf Wasser in zwei Holzbecher, gab Honig hinein und brachte sie zum Tisch.

»Hier … Bedient Euch.« Sie griff nach einer Holzschale voll kleiner gelber Äpfel und Nüsse und stellte sie vor ihn. Mit einem Seufzen setzte sie sich dann Lutz gegenüber. »Bei dem kalten Wetter macht mir immer mein Rücken zu schaffen.«

»Wie ist es denn so, für Pater Kolonat zu arbeiten?«, fragte Lutz rasch und hinderte Bertha so daran, sich weiter über Krankheiten zu verbreiten.

»Nun ja, so wie für andere Herren.« Sie verzog abschätzig

den Mund. »Die Bezahlung ist mäßig, und häufig hat er etwas auszusetzen. Mal sind ihm die Holzböden im oberen Stock nicht sauber genug gefegt oder die Beete im Sommer nicht gut genug bestellt. Dann wieder schmeckt ihm mein Brot nicht. Und überhaupt arbeite ich, seiner Ansicht nach, immer viel zu wenig ...«

»Tja, Herren ...« Lutz schüttelte den Kopf und gab einen mitfühlenden Laut von sich. Wobei er glaubte, dass der Pater mit seiner Einschätzung nicht falsch lag – so bereitwillig, wie Bertha sich auf einen Schwatz eingelassen hatte, schuftete sie sich auch sonst bestimmt nicht gerade zu Tode. »Aber wahrscheinlich habt Ihr jetzt im Winter Eure Ruhe vor ihm – sehr oft lässt er sich doch bei der Kälte hier draußen gewiss nicht blicken, oder?« Gespannt wartete er auf die Antwort der Magd.

Diese trank erst einmal von dem mit Honig gesüßten Wasser. »Schön wäre es ...«, sagte sie dann und beugte sich vertraulich zu Lutz. »Den Oktober und fast den ganzen November über hat er jede Woche mindestens eine Nacht hier verbracht.«

»Tatsächlich?« Lutz bemühte sich, seine Stimme interessiert, aber nicht zu neugierig klingen zu lassen. Dies war ungefähr der Zeitraum, in dem Anselm – laut Frowin – von dem unbekannten Freier zu sich bestellt worden war. »Da hat Euer Herr aber jedes Mal einen ziemlich weiten Weg auf sich genommen.«

»Er behauptet, er könne sich hier besonders gut sammeln und beten.« Berthas vielsagendes Lächeln zeigte deutlich, dass sie davon kein Wort glaubte.

Lutz gab vor, dies nicht zu bemerken. »Ein frommer Mann ...«

»Ach, wenn Ihr wüsstet ...« Sie winkte ab. »Aber ich sollte darüber nicht reden.«

Lutz schwieg. Wie er erwartet hatte, konnte sie ihr Wissen nicht für sich behalten. Nach einigen Momenten räusperte Bertha sich. »Ich bin eine verheiratete Frau, und ich erkenne gewisse Flecken, wenn ich sie auf zerwühlten Laken sehe.«

»Ihr meint, Pater Kolonat trifft sich ...« Lutz gab vor, schockiert zu sein.

Zufrieden verschränkte sie die Arme vor sich auf dem Tisch. »Ja, natürlich. Mit seiner Geliebten.«

»Ihr meint, mit einer Frau ...?« Lutz sah seine ganze Spur sich in Luft auflösen.

»Mit wem denn sonst?« Bertha blickte ihn verblüfft an.

»Habt Ihr diese Frau denn einmal gesehen?«

»Nein, natürlich nicht. Pater Kolonat achtet immer tunlichst darauf, dass ich aus dem Haus bin, wenn er sich mit seiner Geliebten trifft. Aber wie ich schon sagte, ich habe Augen im Kopf.« Sie kicherte selbstzufrieden.

»Und seit Anfang Dezember haben diese Besuche aufgehört?«

Anfang des Monats war Anselm umgebracht worden.

»Ja, seitdem ist Pater Kolonat nicht mehr hierhergekommen. Vielleicht trifft er sich ja jetzt mit seiner Geliebten in seinem Stadthaus. Oder er hat sich darauf besonnen, dass er ein Priester ist.«

Lutz atmete innerlich auf. Homosexualität schien außerhalb von Berthas Horizont zu liegen. Er jedenfalls war davon überzeugt, dass es sich bei dieser »Geliebten« um Anselm gehandelt hatte.

Am Abend verließ Lutz gut gelaunt die Gertrudiskirche. Auf dem Rückweg von Pater Kolonats Liebesnest hatte er überlegt, ob er zu Jo gehen und ihr mitteilen sollte, was er herausgefunden hatte. Womit sie nun endlich auf eine heiße Spur gestoßen waren. Aber dann war ihm eingefallen, dass er für den späten Nachmittag eine größere Weinlieferung für seine Kneipe erwartete. Deshalb hatte er beschlossen, sein Gespräch mit Jo bis zum nächsten Tag aufzuschieben.

Immerhin konnte er ihr bei dieser Gelegenheit auch schon einmal seinen ersten Eindruck von Pater Kolonat schildern. Denn der Priester hatte die Messe gehalten, die Lutz eben besucht hatte. Er war ein großer, schlanker und durchaus attraktiver Mann in den Dreißigern, den mit seiner hohen Stirn und dem schmalen Gesicht die Aura eines Intellektuellen umwehte. Ein Eindruck, den seine nachdenkliche und zugleich sehr beredte Sprechweise noch verstärkte. Pater Kolonat hatte über die Sünde der Heuchelei und Verstellung gepredigt.

Der Priester ist genau der Typ Mensch, der immer und überall Karriere macht, dachte Lutz. Sei es als Manager im 21. Jahrhundert oder in der Kirche des Mittelalters. Und diese Menschen schätzen es meist ganz und gar nicht, wenn jemand ihrer Karriere hinderlich ist.

Lutz bahnte sich seinen Weg durch die Grüppchen von Gottesdienstbesuchern, die überall auf dem Platz vor der Kirche standen und miteinander schwatzten – da sich der Dom im Bau befand, war die Gertrudiskirche die bedeutendste Kirche der Stadt. Dann bog er in eine der Gassen, die in Richtung Flussufer führten. Die Häuser hier waren kleiner als auf der breiten Hauptstraße und die hölzernen Läden fast überall wegen der Kälte und der Dunkelheit geschlossen. Es musste Jahrzehnte her sein, seit er zum letzten Mal einen Gottesdienst besucht hatte. Als Kind war er eine Zeitlang Ministrant gewesen. Hauptsächlich wegen der Gemeinschaft mit den anderen Kindern und nicht aus einer besonderen Frömmigkeit heraus. Aber er hatte sich immer stolz gefühlt, wenn er das Glöckchen während der Wandlung läuten durfte.

Diese Messe war jedoch völlig anders als die Gottesdienste

seiner Kindheit gewesen. Der Priester hatte sie auf Latein mit dem Rücken zum Volk zelebriert, und als Ministranten hatten keine Kinder, sondern Männer fungiert. Das einzig Vertraute war ein großer Adventskranz gewesen, der von der Decke des Altarraums gehangen hatte. Zwei Kerzen hatten auf ihm gebrannt.

Allmählich wird es Zeit, mit dem Plätzchenbacken anzufangen, dachte Lutz und gähnte. *Ich muss unbedingt das Rezept ausprobieren, das mir diese Klosterköchin gegeben hat ...*

Aus den Augenwinkeln nahm er eine Bewegung wahr. Vier schattenhafte Gestalten traten aus einem Toreingang und bauten sich vor ihm auf.

»He, was soll das? Lasst mich durch ...«, begann er. Da traf ihn schon der erste Fausthieb am Kopf. Seine rechte Gesichtshälfte war plötzlich ganz taub. Gleichzeitig fühlte er erstaunt, dass ihm etwas Feuchtes über die Wange rann. Es gelang Lutz, einem weiteren Hieb auszuweichen und einem der Gegner einen Kinnhaken zu versetzen, der diesen zu Boden sandte. Doch ein Tritt in seinen Magen ließ ihn selbst zusammensacken. Er würgte, rang nach Atem.

Er musste die Arme hochnehmen und seinen Kopf schützen ... Ein weiterer Tritt in seine Seite streckte ihn endgültig in den Schnee. Nun prügelten seine Angreifer mit Stöcken auf ihn ein. Ein Schlag in seine Nieren ließ Lutz vor Schmerz aufstöhnen.

»He, da kommt jemand!«, hörte er plötzlich wie aus weiter Ferne jemanden rufen. Verschwommen nahm er wahr, wie sich eine der vermummten Gestalten zu ihm herabbeugte. »Lass dir das eine Warnung sein, Lutz Jäger«, erklang eine Männerstimme wie aus sehr großer Distanz, »mein Herr mag es nicht, wenn man ihm in die Quere kommt. Steck deine Nase also nicht in Angelegenheiten, die dich nichts angehen. Sonst wird dir noch etwas viel Schlimmeres zustoßen.« Ein letzter Tritt knallte gegen seinen Kopf. Dann verlor Lutz die Besinnung.

Jo nahm ein Paar Wollsocken aus der großen Truhe in ihrem Schlafzimmer und legte es auf den Bretterboden. Dort war bereits ein gutes Dutzend weiterer Socken aus grauer und brauner Wolle verstreut. Außerdem Umschlagtücher, Mützen und schmale bunte Seidenbänder.

Nach dem Abendessen hatte Katrein sie beiseitegenommen und gefragt, ob denn das Weihnachtsfest mit dem Gesinde dieses Jahr so wie immer gefeiert werden solle – oder ob Jo irgendwelche Änderungen vorzunehmen gedenke. Die Köchin müsse allmählich über die Speisenfolge Bescheid wissen. Da Jo ein völlig entgeistertes Gesicht gemacht hatte, hatte die Magd erschrocken wissen wollen: »Aber Herrin, Ihr habt doch sicher schon Geschenke für die Bediensteten besorgt?«

»Nicht, dass ich wüsste ...«, hatte Jo gemurmelt. Daraufhin war Katrein mit ihr in das Schlafzimmer marschiert und hatte die große Truhe in der Ecke geöffnet. Zufrieden hatte sie auf all die Dinge darin gedeutet und gemeint, ihre Herrin habe sich nur wegen ihrer Krankheit nicht mehr daran erinnern können. Schließlich fange sie schon immer während des Sommers an, sich um die Gaben zu kümmern.

Socken ... Jo lächelte. An den Weihnachtsgeschenken für Männer hatte sich im Lauf der Jahrhunderte nicht viel geändert. Nur gut, dass die Krawatten noch nicht erfunden waren. Tatsächlich hatte ihre Ahnin, soweit sie das sehen konnte, bereits alle Geschenke für die Bediensteten besorgt. Sie selbst hetzte, trotz bester Vorsätze, immer erst ein, zwei Tage vor Heiligabend durch die Geschäfte.

Es wird seltsam sein, ging es Jo durch den Kopf, *Weihnachten mit mehr als vierzig Menschen zu feiern.* Trotzdem war das auf jeden Fall besser, als den Heiligen Abend zusammen mit ihrer Mutter und Großmutter zu verbringen. Ob ihr wirkliches Ich wohl irgendwo in einem Krankenhausbett lag? Und ob die beiden sich in dem Esszimmer ihrer Großmutter gegenübersitzen und anschweigen würden? Und wie es Friedhelm wohl ging? Ihr wurde klar, dass sie in den vergangenen Tagen kaum an ihn gedacht hatte, und sie fühlte sich plötzlich schuldig.

Eilige Schritte draußen auf dem Gang ließen Jo aufschrecken. Hastig häufte sie einige Sockenpaare über ein Umschlagtuch aus besonders feiner roter und blauer Wolle. Dies war das Geschenk, das ihre Ahnin Katrein zugedacht hatte, vermutete sie.

Tatsächlich steckte nun die Magd ihren Kopf zur Tür herein. Ihre Miene wirkte überrascht und besorgt. »Herrin, am Hintereingang steht ein Mann. Er behauptet, er müsse Euch ganz dringend sprechen. Wegen des Wirts der *Grünen Traube* ... Ach, Herrin, was habt Ihr denn mit diesem übel beleumdeten Mann zu schaffen?«

Ob Lutz etwas zugestoßen ist?, durchfuhr es Jo. Hastig fragte sie: »Hat jemand vom Gesinde diesen Mann gesehen?«

»Nein, ich hielt mich zufällig im Flur vor dem Hintereingang auf, als er klopfte, und habe ihn dort warten lassen. Es muss ja niemand wissen, dass Ihr etwas mit diesem Lutz Jäger zu tun habt.«

Der Hintereingang ... Auf der Rückseite ihres *Heims* befand sich ein Garten. Jo glaubte sich zu erinnern, dass von dort eine Tür auf eine der Gassen führte. Am besten, sie und Lutz' Bote wählten diesen Weg.

»Was haben Sie denn jetzt schon wieder angestellt!«, fuhr Jo ihren Kollegen an. Seit sein Freund Herbert bei ihr aufgetaucht war und ihr mitgeteilt hatte, dass Lutz übel zusammengeschlagen worden war, war sie außer sich vor Sorge gewesen.

Diese Sorge hatte sie auf dem ganzen Weg über die verschneiten Straßen bis zu der Kneipe nicht losgelassen. Zu ihrer Erleichterung war Lutz bei Bewusstsein, auch wenn er wirklich schlimm aussah: Sein linkes Auge war völlig zugeschwollen, und die Wange darunter war aufgeschürft. Um den Kopf trug er einen blutgetränkten Verband, und seine Brust unter dem zerrissenen Kittel war von blauen Flecken übersät.

»Ich habe gar nichts angestellt. Man hat etwas mit mir angestellt. Und überhaupt: Waren wir eigentlich nicht per Du?« Lutz, der auf Kissen gestützt in seinem Bett lag, stöhnte und hob die Braue über dem unverletzten Auge.

»Oh, das mit dem Du hatte ich ganz vergessen.« Ein wenig zerknirscht ließ sich Jo auf einen Stuhl neben seinem Bett sinken.

»Tut mir leid, dass ich Herbert zu dir geschickt habe. Aber ich musste dich unbedingt sprechen.«

»Natürlich.« Noch einmal betrachtete sie ihn kritisch. »Du gehörst in ein Krankenhaus.«

»Das dürfte schwierig werden. Außerdem hasse ich Krankenhäuser.« Lutz verzog die aufgesprungenen Lippen zu einem schiefen Lächeln. »Der Medicus, den Herbert geholt hat, hat mich, glaube ich, ganz gut verarztet.«

»Ich bezweifle, dass der gute Mann in der Lage war, auch nur eine Gehirnerschütterung festzustellen.«

»Da tust du ihm unrecht. Er hat seinen Finger vor meinen Augen hin und her bewegt und dann gemeint, mein Kopf wäre beeinträchtigt, aber nicht allzu schwer. Und jetzt sag bloß nicht, das wäre ja bei mir der Normalzustand.«

»Du hast mir das Wort aus dem Mund genommen.« Jo lächelte. »Aber jetzt erzähl endlich, was geschehen ist.«

Lutz berichtete ihr von dem Überfall und auch, dass er herausgefunden hatte, wer Anselms Freier war.

Nachdem er geendet hatte, runzelte Jo nachdenklich die Stirn. »Glaubst du, dass dieser Pater Kolonat hinter dem Anschlag auf dich steckt?«

»Ausschließen würde ich es nicht.« Sehr vorsichtig wiegte Lutz seinen zerschundenen Kopf. »Aber mir ist da noch etwas eingefallen ...« Er warf Jo einen etwas unsicheren Blick zu. »Greta, diese Prostituierte ...«

»Oh, ich erinnere mich gut an sie.« Jo nickte.

»Sie hat mir vorgeworfen, dass ich – also mein Mittelalter-Ich – mich lange nicht mehr bei ihr habe blicken lassen. Deshalb hätte sie sich Sorgen um mich gemacht. Wegen eines gewissen Jörg.«

»Und was hat sie damit gemeint?«, fragte Jo verständnislos.

»Anscheinend hat mich dieser Jörg einmal bedroht. Mehr weiß ich auch nicht. Darf ich dich daran erinnern: Ich kenne Greta so gut wie nicht ...«

Jo besann sich einige Momente. »Ich werde mit Greta reden«, erklärte sie dann und stand auf.

»Was?! Das wirst du nicht. Wenn hier einer mit ihr redet, bin ich das.« Lutz machte Anstalten aufzustehen, nur um gleich darauf mit einem Schmerzenslaut wieder in die Kissen zurückzusinken.

»Du bleibst hier liegen und rührst dich nicht von der Stelle.« Jo betrachtete ihn kühl. »Und damit du nicht auf dumme Gedanken kommst, werde ich Herbert zu dir schicken – er wartet unten in der Gaststube – und ihm auftragen, dass er dich nicht aus den Augen lässt.«

Als Jo kurz darauf den großen Raum im Erdgeschoss des Bordells betrat, wandten sich ihr alle Köpfe zu, und sämtliche Gespräche verstummten. *Wie in einem Western, wenn der Sheriff in den von Gangstern okkupierten Saloon kommt,* dachte sie, während sie auf Greta zuging. Die rothaarige Hure saß mit einem ältlichen Freier vor einer Art Tresen. Langsam glitt sie von ihrem Stuhl und blickte Jo abwartend an.

»Ich muss mit Euch reden«, sagte Jo. »Und zwar allein.«

Greta musterte sie und nickte dann. »Gut.«

»Und was ist mit mir?«, lallte der Freier und griff nach ihr. Greta wischte seine Hand beiseite, als wäre sie eine lästige Fliege, und schritt, ohne sich noch einmal nach Jo umzusehen, aus dem Raum. Mit wiegenden Hüften lief sie die Treppe hinauf. In dem Raum, wo Jo sie mit Lutz angetroffen hatte, blieb sie schließlich stehen. »Nun, um was geht es?«, fragte sie kühl.

Jo räusperte sich. »Um es gleich klarzustellen: Zwischen mir und Lutz Jäger läuft nichts. Und da wird auch nie etwas laufen. Ich bin nicht im Geringsten an ihm interessiert. An ihm als Mann, meine ich ...«

Greta lächelte frostig. »Ach, und um mir das zu sagen, taucht Ihr spät in der Nacht hier auf?«

»Nein, eigentlich möchte ich mit Euch über einen gewissen Jörg reden.«

»Kann ja sein, dass Ihr das wollt. Aber ich wüsste nicht, warum ich mit Euch über Jörg sprechen sollte.«

»Lutz Jäger wurde heute Abend übel zusammengeschlagen.« Jo glaubte, einen Anflug von Schrecken in Gretas grünen Augen wahrzunehmen. Doch sofort senkte sich wieder die spöttische Maske über ihr schmales Gesicht. »Warum sagt Euch nicht Lutz alles, was Ihr wissen wollt?«

»Weil er diesen Jörg nicht kennt«, platzte es aus Jo heraus, ehe sie sich eine Notlüge zurechtlegen konnte. Sie seufzte. »Ich bin mir darüber im Klaren, dass Euch alles, was ich jetzt sage, völlig verrückt erscheinen wird. Aber Lutz Jäger und ich gehören nicht in Eure Zeit. Wir beide stammen aus einem Jahrhundert, das in der fernen Zukunft liegt. Dort ist es unser Beruf, Verbrechen aufzuklären …«

»Wie könnt Ihr es wagen, mir eine derart dreiste Lüge aufzutischen?« Gretas konsterniertes Staunen war der blanken Wut gewichen. Blitzschnell fasste sie in die Falten ihres Rocks. Sie zog ein kleines Messer daraus hervor und richtete es auf Jo. »Raus hier, sofort!«

»Legen Sie die Waffe weg!«, befahl Jo automatisch.

»Raus.« Greta ging einen Schritt auf sie zu. Jo riss ihr Bein hoch und trat mit dem Fuß gegen das Handgelenk der Prostituierten. Greta stieß einen Schmerzenslaut aus. In hohem Bogen segelte das Messer durch die Luft und bohrte sich dann in ein Wandbrett. Langsam ließ sich Greta auf einen Stuhl sinken, während sie das Gelenk mit der unversehrten Hand umklammerte. »Ihr seid eine Zauberin …«, stammelte sie mit weit aufgerissenen Augen.

»Nein, das bin ich nicht.« Jo setzte sich ihr gegenüber, wobei sie hoffte, dass Wanzen nur in Stoffen und nicht in irgendwelchen Holzritzen hausten. »Ich habe eben einfach eine Kampftechnik angewendet. In meiner Zeit kann man so etwas lernen …«

Noch immer starrte Greta sie mit aufgerissenen Augen an. »Lutz kam mir so fremd vor«, flüsterte sie schließlich. »Er war es. Und er war es doch nicht. Deshalb dachte ich, er hätte sich in eine andere Frau verliebt. Aber es kann doch nicht sein, dass Ihr aus einer anderen Zeit kommt … Und wenn dies so wäre … Wo ist dann der Lutz, den ich kenne?«

»Das weiß ich nicht. Ebenso wenig weiß ich, wo mein anderes Ich sich zurzeit befindet.« Jo fuhr mit dem Finger einen Riss in der groben Tischplatte nach. »Agneta – die Äbtissin des Klosters Waldungen – meint, meinen Kollegen und mich hätte die Vorsehung in Eure Zeit geschickt. Wir müssten hier ein Verbrechen aufklären.« Sie zuckte müde mit den Schultern.

»Ihr meint: Ein Verbrechen sühnen?« Greta runzelte verblüfft die Stirn.

»Wenn Ihr es so nennen wollt: ja.«

»Oh ...« Greta nickte langsam.

Erstaunt registrierte Jo wieder einmal, dass die mittelalterlichen Menschen die absurdesten Erklärungen akzeptierten, sobald sie etwas mit Gott oder Wundern zu tun hatten. Rasch erzählte sie Greta von dem Mord an Anselm. »Aber was hat es nun mit diesem Jörg auf sich?«, fragte sie, als sie ihren Bericht beendet hatte.

Greta strich sich eine dicke Strähne ihres roten Haars aus dem Gesicht. »Lutz ist wegen mir und der anderen Frauen mit ihm aneinandergeraten. Also, den Frauen, die hier in diesem Haus mit mir arbeiten ... Vorgeblich ist Jörg Schreiber einfach ein reicher Händler. Aber einen nicht unbeträchtlichen Teil seines Geldes bezieht er aus den Bordellen hier in der Stadt und im Umland sowie aus anderen unlauteren Geschäften.«

»Betreibt er auch das Männerbordell weiter oben in der Straße?«, fragte Jo rasch.

»Ich weiß es nicht genau. Aber gut möglich ist es.« Greta nickte. »Jedenfalls erschienen im Sommer zwei von Jörgs Männern bei uns. Sie verlangten von uns, dass wir ihren Herrn an unseren Einnahmen beteiligen sollten. Andernfalls würde es uns schlecht ergehen. Wir lehnten ab. Kurz darauf wurde eine von uns – Kristin, ein junges Mädchen – entführt und eine ganze Nacht lang von Jörgs Kerlen vergewaltigt. Am Morgen fanden wir sie mehr tot als lebendig vor unserer Tür liegen.« Gretas Gesicht verzerrte sich vor Mitleid und Zorn. Jo empfand mit ihr. Die Prostituierte atmete tief durch, um ihre Fassung wiederzugewinnen. »Jörg ließ uns ausrichten, dass es uns allen – einer nach der anderen – genauso ergehen würde, wenn wir nicht auf seine Forderung eingingen.«

»Konntet Ihr ihn nicht vor ein Gericht bringen?«

Greta winkte ab. »Er ist ein mächtiger und angesehener Mann, der zum Rat der Stadt gehört. Er besitzt sogar die Erlaubnis, mit Reliquien zu handeln.«

»Wie bitte?« *Bordellbesitzer, die mit Reliquien handeln, schoss es Jo durch den Kopf, das gibt es im 21. Jahrhundert wahrscheinlich noch nicht einmal bei der Mafia.*

»Oh, Ihr habt schon richtig gehört.« Die Prostituierte hob müde die Schultern. »Ich habe mich Lutz anvertraut. Er geriet außer sich und beschloss, Jörg und seinen Handlangern eine Lektion zu erteilen.« Ihr Antlitz wurde einen Moment lang ganz weich. »Lutz und seine Freunde fanden heraus, welche Männer an Kristins Entführung und Vergewaltigung beteiligt waren. Nun ja ... Lutz und seine Gefährten entführten die Männer ihrerseits. Sie verprügelten sie, schoren ihnen die Haare, teerten und federten sie und banden sie nachts an die Schandsäulen auf dem Marktplatz.«

Jo seufzte. Es sah Lutz Jäger – beziehungsweise seinem Mittelalter-Ich – ähnlich, das Gesetz einfach in die eigenen Hände zu nehmen. Wobei sie ihn diesmal allerdings verstehen konnte. »Was geschah dann?«, fragte sie gespannt.

Greta lächelte, und ihre grünen Augen funkelten. Plötzlich war sich Jo sicher, dass sie sich an dem Überfall beteiligt und mitgeholfen hatte, Kristin zu rächen. »Na ja, als die geteerten und gefederten Männer im Morgengrauen auf dem Platz entdeckt wurden, sorgte das für ein ungeheures Aufsehen in der Stadt. Jörg Schreiber ließ uns von da ab in Ruhe. Aber es war klar, dass er die Sache nicht einfach vergessen würde. Denn sonst hätte er ja seine Macht verloren. Er versuchte, seinen Einfluss als Ratsherr einzusetzen und Lutz das Leben so schwer wie möglich zu machen. So schwärzte er ihn etwa bei

Bischof Leonard an, Lutz würde seinen Gästen falsch einschenken. Gott sei Dank schenkte der Bischof Lutz und nicht Jörgs falschen Zeugen Glauben.«

»Dieser Bischof scheint ganz in Ordnung zu sein«, sagte Jo nachdenklich. »Er hat sich auch dafür eingesetzt, dass ich über mein Erbe allein verfügen kann – und nicht die Brüder meines verstorbenen Gatten.« Ein entsprechendes Schreiben hatte sie beim Herumkramen im Schreibkontor entdeckt und, nachdem die ersten Worte sie neugierig gemacht hatten, nach und nach mühsam entziffert. Um Himmels willen, begriff Jo plötzlich, jetzt redete sie ja schon ganz selbstverständlich von *ihrem Erbe* und *ihrem Gatten* ...

»Leonard ist erst seit etwa einem Jahr der Bischof der Stadt, und es ist noch nicht viel über ihn bekannt. Vielleicht ging es ihm auch einfach darum, dem Rat zu zeigen, dass er der Herr ist. Ich kann nur sicher über den Bischof sagen, dass er sehr gut aussieht.«

»Tatsächlich?«, meinte Jo ein wenig amüsiert.

»O ja ...« In Gretas Augen trat ein verträumter Ausdruck. »Nun, wenn es Lutz nicht gäbe, könnte ich dem Bischof gegenüber direkt schwach werden ...«

Jo verkniff sich die Bemerkung, dass sich dies wohl kaum mit dessen Keuschheitsversprechen vereinbaren ließe. »Aber bei den falschen Anschuldigungen gegenüber Lutz blieb es nicht, vermute ich?«, kam sie wieder auf ihr eigentliches Thema zurück.

»Nein, natürlich nicht.« Greta schüttelte den Kopf und wurde schlagartig wieder ernst. »Vor einigen Wochen versuchte jemand nachts, ein Feuer in Lutz' Wirtshaus zu legen. Er hat es gerade noch rechtzeitig bemerkt, ehe sich der Brand ausbreiten konnte. Und nun dieser Überfall ... Dahinter stecken ganz bestimmt Jörg und seine Männer.«

»Und dieser Jörg hätte umso mehr einen Grund dazu gehabt, Lutz einzuschüchtern oder ihn gar zu töten, wenn ihm tatsächlich das Männerbordell gehören und er hinter dem Mord an Anselm stecken sollte«, murmelte Jo nachdenklich. »Vielleicht wurde ihm Anselm zu aufmüpfig, er versuchte ja schließlich auch, Frowin zu schützen. Oder Anselm erpresste Jörg Schreiber ... Ein Ratsherr, der ein *sodomitisches* Bordell betreibt und einen Priester zu seinen Kunden zählt ... Was für ein Skandal ... Gut möglich, dass Jörg Schreiber erfuhr, dass Lutz Fragen stellte.«

»Der Lutz aus Eurer Zeit scheint jedenfalls auch ein Talent dafür zu haben, in Schwierigkeiten zu geraten.« Greta seufzte und schüttelte den Kopf.

»Den Eindruck habe ich auch«, erwiderte Jo, die sich an ihr Zusammentreffen mit den *Zigeunern* erinnerte, trocken.

In der Ferne hörte sie eine Uhr einmal schlagen. Erschrocken begriff sie, dass bereits über vier Stunden vergangen waren, seit sie ihr Haus verlassen hatte. Wahrscheinlich war Katrein mittlerweile vor Sorge schon außer sich. Es war nicht auszuschließen, dass sie bald Knechte ausschicken würde, um nach ihr zu suchen. Jo lächelte Greta an. »Ich muss gehen. Vielen Dank, dass Ihr mit mir gesprochen habt. Ihr habt mir sehr geholfen.«

»Sagt Lutz bitte, dass er auf sich aufpassen soll. Ich meine, auch wenn er nicht der Lutz ist, den ich kenne ...« Greta verstummte.

»Das werde ich.« An der Tür drehte sich Jo noch einmal zu Greta um. »Ihr liebt Euren Lutz wohl sehr?«

»Ja, das tue ich.« Gretas Augen strahlten.

»Ich hoffe sehr, dass er wieder zu Euch zurückkehren wird«, sagte Jo leise.

Sie hatte eben das Bordell verlassen, als ihr einfiel, dass Äbtissin Agneta ja von einem Streit erzählt hatte, den Ebersheim und Worms vor einigen Jahren wegen der Reliquie der heiligen Gertrudis miteinander gehabt hatten. Dieser Jörg Schreiber handelte mit Reliquien. Und Anselm hatte aus der Gegend um Worms gestammt. Jo beschloss, diese Information auf keinen Fall außer Acht zu lassen.

Später in der Nacht wälzte sich Jo in ihrem Bett von einer Seite zur anderen. Obwohl sie todmüde war, konnte sie nicht einschlafen. Wirre Bilder und Gedanken zogen durch ihren Kopf: Katrein, die ihr, mit einer Nachthaube auf dem Kopf und einer blakenden Kerze in der Hand, auf der Treppe entgegengeeilt war und sie mit einem vorwurfsvollen Wortschwall überschüttet hatte. Seit sie ein Teenager gewesen war, hatte niemand mehr nachts auf sie gewartet und sie ausgeschimpft, weil sie sich verspätet hatte.

Friedhelms Stimme: »Jo, ich kann so nicht mit dir leben«, dröhnte in ihren Ohren, während sich die Plane des umgestürzten Lkws vor ihr aufblähte und sie zu verschlingen drohte. In seiner Werkstatt lächelte Meister Mattis sie an und sagte: »Josepha, ich habe gehört, dass Ihr krank wart, und ich bin sehr froh, dass es Euch nun wieder besser geht.«

Ein nächstes Bild: Jo sah sich mit Lutz vor der Feuerstelle in seiner Kneipe sitzen. »Zwischen mir und ihm läuft nichts. Und da wird auch nie etwas laufen. Ich bin nicht im Geringsten an ihm interessiert«, murmelte sie. Warum dachte sie eigentlich überhaupt in diesem Zusammenhang an ihn?

Noch einmal wälzte Jo sich herum. Dann sank sie endlich in den Schlaf.

Leise vor sich hinfluchend, humpelte Lutz durch die *Grüne Traube*. Seine übliche gute Laune hatte ihn im Stich gelassen. In seinem Leben als Polizeibeamter des 21. Jahrhunderts hatte er einige Blessuren erlitten. Einmal hatte er nur knapp einem Messerstecher ausweichen können, und die Waffe hatte ihm die Haut am Unterarm aufgeschlitzt. Auch Prügel hatte er schon eingesteckt. Aber noch niemals war er so schlimm zusammengeschlagen worden wie vor zwei Tagen. Noch immer fühlte er sich, als hätte ihn eine Dampfwalze überrollt. Und nicht genug damit, dass ihm jede Bewegung höllische Schmerzen bereitete – er musste auch noch seine Kneipe am Laufen halten.

Wenigstens hatte sein Freund Herbert während der letzten beiden Tage – als er, Lutz, im Bett gelegen hatte – die Gäste bewirtet und auch die Vorräte aufgestockt. An den Deckenhaken in der Speisekammer baumelten zwei große frische Schinken. In der Ecke stand ein neues Bierfass, und auf den Regalbrettern lagerten ein Käselaib sowie Kohlköpfe, Lauch, Rüben, Zwiebeln und Brot. Für den Abend musste er einen großen Kessel Eintopf zubereiten. Lutz beschloss, etwas aus Kohl und Speck zu kochen.

Er lehnte sich gegen die weiß gekalkte Wand und stellte fest, dass ihn noch nicht einmal die Aussicht, etwas zu kochen, aufheitern konnte. *Ach verdammt …* Anfangs hatte er es ja ganz spannend gefunden, ins Mittelalter geraten zu sein. Und anders als Jo hatte er sich auch nicht lange mit der Frage aufgehalten, warum sie wohl hierher gelangt waren. Es war einfach so, und sie mussten das Beste daraus machen. Aber allmählich hatte er das Gefühl, dass ihm die ganze Sache über den Kopf wuchs.

Mein Mittelalter-Ich ist also laut Jo in einen Privatkrieg mit dem Unterweltkönig der Stadt verstrickt, dachte Lutz. Wobei er es verstand und guthieß, wie sein Alter Ego gehandelt hatte. Trotzdem fand er es seltsam, in eine Fehde mit einem Mann verwickelt zu sein, den er noch nicht einmal vom Sehen kannte und der zudem auch noch mit Reliquien handelte. Was ja nun völlig obskur war.

Und was Greta betraf … Unter anderen Umständen hätte er

durchaus etwas für eine Affäre mit der schönen Rothaarigen übriggehabt. Aber so kam ihm dies beinahe inzestuös vor. Ganz zu schweigen davon, dass er nicht die geringste Lust hatte, bei irgendwelchen Streitigkeiten die Fehler und Versäumnisse des anderen Lutz' angekreidet zu bekommen. Wie dies bestimmt früher oder später der Fall sein würde. Lutz seufzte melancholisch. Dafür kannte er sich zu gut mit Frauen aus.

Nachdem er zwei große Kohlköpfe und einige Zwiebeln in einen Korb gepackt hatte, trug er das Gemüse in die enge Küche hinter dem Gastraum, wo er sich auf einen Schemel sinken ließ. *Immerhin habe ich Glück,* überlegte er, während er begann, den Kohl in Stücke zu schneiden, *dass ich auch im Mittelalter gute Kumpels gefunden habe. Wie zum Beispiel Herbert ...*

Und mit Jo war in dieser Zeit ganz entschieden besser auszukommen als in der Gegenwart. Völlig würde sie ihr gouvernantenhaftes Gehabe ihm gegenüber vermutlich nie ablegen. Aber inzwischen amüsierte er sich darüber mehr, als dass es ihn ärgerte. Dieses spröde, pflichtbewusste Wesen gehörte wohl einfach zu ihr. Wenigstens war sie immer ehrlich zu ihm, und er wusste inzwischen, dass er sich auf sie verlassen konnte.

»Mein Gott, bei der Gertrudiskirche herrscht ein riesiger Aufruhr. Ich konnte mir kaum einen Weg durch die Menge bahnen.« Herbert schreckte ihn aus seinen Gedanken. Der Freund wies mit dem Kinn auf den Weinschlauch, den er über der Schulter trug. »Soll ich den in die Speisekammer bringen?«

»Ja, bitte«, antwortete Lutz, der immer noch etwas geistesabwesend war. *Eigentlich war Jo viel zu schade für diesen Streber Friedhelm Seidel ...* »Was war denn bei der Kirche los?«, rief er dann Herbert nach.

Sein Freund steckte den Kopf aus der Speisekammertür. »Sie haben dort eine Leiche gefunden.«

»Eine Leiche?«

»Ja, einen jungen Mann. Angeblich wurde er ermordet.«

Lutz legte das Messer auf den Tisch und wischte seine Hände an seinem Kittel ab. Seine Jagdinstinkte waren erwacht. »Kannst du mich noch einmal für eine Weile vertreten?«, fragte er. Als er zu den Wandhaken hinkte, wo sein Mantel hing, fühlte er seine Schmerzen plötzlich kaum noch.

4. KAPITEL

Jo hatte den Tuchstand der Weberei besuchen wollen und war auf dem Weg zum Markt gewesen, als sie das Gerücht hörte, bei der Gertrudiskirche sei die Leiche eines ermordeten jungen Mannes gefunden worden. Sofort änderte sie ihre Pläne. Als sie bei der Kirche ankam, stand eine große Menschenmenge auf dem Platz vor dem rechten Seitenschiff. Das Gerücht war also nur zu wahr gewesen. Rücksichtslos gebrauchte sie ihre Ellbogen und drängte sich zwischen den Leuten hindurch, die aufgeregt Informationen und Mutmaßungen austauschten.

»Die Kehle aufgeschlitzt ...«

»Nein, ein Stich ins Herz ...«

»Alles war voller Blut ...«

Die Worte umschwirrten sie, während sie sich inbrünstig wünschte, ihre Polizeimarke zücken und die Leute verscheuchen zu können.

Endlich hatte Jo den Rand der Menge erreicht. *Was für ein Albtraum für die Spurensicherung*, dachte sie automatisch, als sie den völlig zertrampelten Schnee sah. Ein großer, gutaussehender Priester beugte sich über den Leichnam. *Pater Kolonat!*, durchfuhr es Jo, die am Vortag seine Messe besucht hatte, um sich wie Lutz einen Eindruck von ihm zu verschaffen. Natürlich, er war ja auch Pfarrer an der Gertrudiskirche.

Pater Kolonat sagte etwas zu den beiden Männern, die neben ihm standen. Daraufhin hoben diese den Leichnam hoch und legten ihn auf eine grob gezimmerte Bahre. Nun erst konnte Jo den Toten richtig sehen. Eine riesengroße Faust schien sich in ihren Magen zu bohren, und ihr wurde übel. Die Kehle des Ermordeten war durchtrennt. Getrocknetes Blut überzog seine untere Gesichtshälfte und seinen Kittel bis zur Brust wie eine Kruste. Dennoch konnte Jo erkennen, dass der Tote Frowin war.

Nun packten die Männer die Bahre und trugen sie durch ein kleines Tor auf der Westseite des Platzes. Sie musste herausfinden, wohin sie Frowins Leichnam brachten. Jos Instinkte als Polizistin ließen sie handeln und den Knechten hinterherschleichen. Auf der anderen Seite des Tors erstreckte sich ein weiterer kleiner Platz. Rasch verbarg sie sich hinter einigen kahlen Büschen, die dort vor der Mauer wuchsen. Die Männer überquerten den Hof und verschwanden mit dem Leichnam in einem niedrigen, strohgedeckten Fachwerkbau. Offensichtlich ein Schuppen. Gleich darauf kamen sie wieder nach draußen.

»Dürfte schwierig werden, den armen Kerl zu begraben. Hartgefroren, wie der Boden ist«, hörte Jo einen von ihnen sagen.

»Ach, bei dem reicht es doch, wenn er ein paar Fuß unter dem Boden verscharrt ist«, gab der andere zurück. »Seiner fadenscheinigen Kleidung nach zu schließen, war er ganz sicher kein ehrbarer Bürger. Wenn er überhaupt aus der Stadt stammte.«

Wieder kam es Jo vor, als ob sich eine große Faust in ihren Magen bohrte. Erschöpft ließ sie sich gegen die Mauer sinken. Zweimal hatte sie es bisher erlebt, dass ein Zeuge, den sie im Zuge einer polizeilichen Untersuchung verhört hatte, später ermordet worden war. Beide Male hatte sie dies mitgenommen. Aber sie hatte sich nicht schuldig gefühlt, so wie jetzt. Hatte Frowin etwa sterben müssen, weil sie sich mit ihm unterhalten hatte? Hatte Anselms Mörder auch ihn getötet, weil er fürchtete, der Junge könnte ihn verraten?

Erst nach einer geraumen Weile fühlte sich Jo imstande, ihr Versteck hinter den Büschen zu verlassen. Auf dem Platz vor dem Tor hatte sich die Menge inzwischen gelichtet. Da und dort standen Leute in kleinen Grüppchen beisammen. Zwischen ihnen entdeckte sie Lutz Jäger. Er starrte auf die Blutflecken in dem zertretenen, schmutzigen Schnee, als könnten sie ihm einen wichtigen Hinweis geben. Sein immer noch von Schrammen und Blutergüssen verunstaltetes Gesicht wirkte angespannt, ja verbissen vor Konzentration. Plötzlich begriff Jo, warum ihre Chefin Brunhild Birnbaum ihn so sehr schätzte.

Sie hatte ihren Kollegen fast erreicht, als ein massiger Mann auf ihn zutrat, der einen schwarzen, mit einem zu breiten Pelzstreifen besetzten Mantel trug. Sein Haar und sein Bart waren voll und dunkel. Sein fleischiges Gesicht war nicht unattraktiv, wenn auch um den Mund ein rücksichtsloser Zug lag.

Das Gesicht eines erfolgreichen Politikers, der geschickt die Strippen zu ziehen weiß und mit ziemlich großer Sicherheit in Korruptions- und Bestechungsaffären verstrickt ist, ging es Jo durch den Kopf. Hinter dem Mann tauchten nun zwei breitschultrige Typen auf. Offensichtlich Schläger und seine *Buddys.* Jo blieb hinter einem Grüppchen tratschender Frauen stehen und spähte zu ihrem Kollegen, bereit, ihm zu Hilfe zu kommen, sobald dies nötig werden sollte.

Der massige Mann legte Lutz seine breite, behaarte Hand auf die Schulter, und sein Mund verzog sich zu einem gönnerhaften Lächeln.

»Na, Lutz, Ihr seht ziemlich mitgenommen aus. Hattet Ihr

etwa einen Unfall? Falls ja, dann solltet Ihr wirklich besser auf Euch achtgeben.«

Lutz schüttelte die Hand ab. »Ich nehme an, ich habe es mit Jörg Schreiber zu tun?«, fragte er ruhig.

»Oh, Ihr beliebt zu scherzen. Ja, tatsächlich, ich bin es.« Jörg Schreiber stieß ein kurzes, dröhnendes Lachen aus, in das seine Kumpane sofort einstimmten. »Wie schön, dass Ihr Euren Humor nicht verloren habt.«

»Ach, dazu bräuchte es schon mehr als ein paar von Euren Schlägern«, gab Lutz lässig zurück.

Jörg Schreibers Augen verengten sich. »Ihr solltet Eure Zunge im Zaum halten. Sonst werde ich dafür sorgen, dass Ihr wegen übler Nachrede an den Schandpfahl gebunden werdet.«

»Ich habe noch gar nicht richtig angefangen. Anstiftung zur Körperverletzung ist ja noch das Geringste, das ich Euch zur Last lege. Dazu kommt außerdem Anstiftung zu einer Vergewaltigung. Und ich frage mich außerdem, ob Ihr nicht auch in einen Mord verwickelt seid. Ich glaube nämlich nicht, dass Ihr hier – wo die Leiche eines Lustknaben gefunden wurde, eines Lustknaben, der, wie ich vermute, in einem Eurer Bordelle gearbeitet hat – rein zufällig vorbeigekommen seid.«

Jörg Schreiber starrte Lutz einige Momente lang an, während sich sein Gesicht tiefrot färbte und sich seine Augen verengten. Dann winkte er seinen beiden *Buddys*. »Bestraft den Kerl für diese ungeheuerliche Anschuldigung!«, befahl er kalt.

Doch ehe die zwei sich auf Lutz stürzen konnten, erschienen an dessen Seite vier Männer. Darunter ein mittelgroßer, sehniger Kerl mit einer völlig schiefen Nase – Herbert. Sie erhoben ihre Fäuste, bereit, ihren Kumpel zu verteidigen. Jo war so auf Lutz konzentriert gewesen, dass sie seine Freunde gar nicht bemerkt hatte.

»Lasst bloß Eure dreckigen Pfoten von Lutz!«, fauchte Herbert.

Die Buddys zögerten.

Jo nutzte den Moment. Sie sprintete vorwärts und stellte sich zwischen Jörg Schreiber und ihren Kollegen. »Jörg, wie schön, Euch zu begegnen«, presste sie atemlos hervor. »Der Mantel, den Ihr bestellt habt, ist fertig.«

»Welcher Mantel?« Er musterte sie verdutzt.

»Oh, war es etwa gar nicht Euer Gewand, das mir mein Geselle vorhin gezeigt hat? Ich hätte schwören können, dass er Euren Namen nannte. Ein sehr schöner Mantel übrigens, aus dunkelbraunem Samt gefertigt und mit roter Seide gefüttert ...«

»Ich habe keinen Mantel bei Euch in Auftrag gegeben.«

»Ach, verzeiht. Dann müsst Ihr demnächst einmal einfach so bei mir vorbeikommen. Auf einen Würzwein. Mit Eurer Gattin ...« *Was rede ich da eigentlich?*, fragte sich Jo plötzlich erschrocken. *Was, wenn dieser Kerl Junggeselle oder verwitwet ist? Und was, wenn er und die Webers sich nicht ausstehen können?*

Einige Augenblicke lang herrschte Schweigen. Jo registrierte, dass ringsum das Gerede der Leute verstummt war. Schließlich breitete sich ein Lächeln um Jörg Schreibers Mund aus. »Aber gern, Josepha. Meiner Gattin Waltraud und mir wird es eine Freude sein, Euch wieder einmal unsere Aufwartung zu machen.«

Ohne Lutz und dessen Freunde noch eines Blickes zu würdigen, wandte er sich zum Gehen. Seine Buddys folgten ihm wie treue Hunde auf den Fersen. Jo hatte das Gefühl, dass ihr ein dicker Felsbrocken von der Brust plumpste. »Wir sehen uns in einer halben Stunde auf der Wiese vor dem südlichen Stadttor«, raunte sie ihrem Kollegen zu, ehe sie ihre Röcke raffte und weiterlief, als hätte sie nicht das Geringste mit ihm zu schaffen.

174

Jo wartete im Schutz einer Baumgruppe am Flussufer. Sie war noch nicht lange dort, als Lutz über die verschneite Wiese auf sie zukam. »Schade, dass du Deeskalation betrieben hast«, sagte er. »Denn eigentlich hätte ich diesem Schreiber ja wirklich gerne eins aufs Maul gegeben.«

»Ich hätte ja nicht gedacht, dass ich irgendwann einmal – um eine Prügelei zu verhindern – behaupten würde, jemand hätte einen Mantel bei mir bestellt und noch nicht abgeholt«, brummte Jo. Sie musterte das verschrammte Gesicht ihres Kollegen mit einem schrägen Blick. »Ich werde nicht anfangen, von widerrechtlicher Gewaltausübung im Dienst zu reden ... Aber ich glaube nicht, dass dir eine Prügelei mit Schreiber und seinen Buddys gutgetan hätte.«

»Wahrscheinlich nicht.« Lutz wirkte gänzlich unbeeindruckt.

»Könnten wir bitte auf unseren Fall zurückkommen?« Jo musste wieder an Frowins blutverkrustetes Gesicht denken, und ihre Stimme klang ein wenig hoch. »Lass uns einmal zusammenfassen: Anselm und Frowin waren Lustknaben in einem Bordell, das wahrscheinlich Schreiber gehört. Kolonat war Anselms Freier. Frowin wird ermordet neben der Gertrudiskirche gefunden, in der Pater Kolonat recht oft die Messe hält. In dieser Kirche befindet sich die Reliquie der heiligen Gertrudis, wegen der es einen Streit zwischen Ebersheim und Worms gab, der erst nach Verhandlungen beigelegt wurde. Jörg Schreiber ist Ratsherr und handelt mit Reliquien.«

»Wir wissen aber nicht, ob Schreiber in diese Verhandlungen involviert war«, warf Lutz ein. Er hatte Schnee von einem umgestürzten Baumstamm gewischt und sich auf das Holz gesetzt. Jo hockte sich neben ihn. »Nein, aber das lässt sich ja herausfinden. Ich werde mit Äbtissin Agneta reden. Wahrscheinlich weiß sie darüber Bescheid oder kann mir jeman-

den nennen, der es tut. Und wir müssen unbedingt herausfinden, ob das Männerbordell nun tatsächlich Schreiber
gehört oder nicht.«

»Das übernehme ich.« Lutz nickte. Dann blickte er Jo an.
»Ich sehe doch, dass etwas in deinem Kopf vorgeht. Worüber
denkst du nach?«

»Du bist doch katholisch. Wie werden eigentlich Reliquien
aufbewahrt?« Jetzt musste sie sich – eine agnostische Protestantin – auch noch mit so abergläubischem papistischem
Unsinn wie Reliquien befassen.

Lutz fuhr sich über sein stoppeliges Kinn.

»Na ja ... Manchmal in kleinen Gefäßen, die sehr kostbar
verziert sind. Manchmal auch in Heiligenstatuen. Weshalb
fragst du?«

»Weil es mich interessieren würde, ob nicht vielleicht an
dieser Reliquie in der Gertrudiskirche herummanipuliert
wurde.«

»Dann sollten wir das überprüfen. Heute Nacht? Frowins
Leichnam und den Reliquienschrein?«

»Ja, auch wenn ich es schön fände, meiner Arbeit wieder
einmal zu einigermaßen zivilisierten Zeiten nachgehen zu
können.«

»Du musst dich immerhin nicht um eine Vertretung für
eine Kneipe kümmern. Jedenfalls werde ich mich, falls wir
wieder in die Gegenwart zurückkehren sollten, nie mehr
über Überstunden beschweren.« Lutz stand etwas zu schnell
auf und fluchte, als ihm der Schmerz durch seinen zerschundenen Körper schoss.

Jo blickte ihm nach, wie er in Richtung des Stadttors humpelte. Als sie ihm schließlich in einigem Abstand folgte, bemerkte sie flüchtig einen blonden Jungen, der am Fluss kauerte und Steine über das Eis am Ufer hüpfen ließ.

»Josepha!« Dicht hinter dem Stadttor hörte Jo jemanden ihren Taufnamen rufen. Wie immer benötigte sie einige Augenblicke, bis sie begriff, dass sie damit gemeint war. Als sie sich umdrehte, eilte Meister Mattis, der Steinmetz, auf sie zu.

»Josepha, wie schön, dass ich Euch treffe. Ich wollte Euch ohnehin die Tage aufsuchen.« Er lächelte sie strahlend an.

»Oh, wirklich ...« Hatte Lutz recht und der Steinmetz stand auf sie? Und falls ja ... wie ging man am besten mit einem Mann um, der auf einen stand, den man jedoch überhaupt nicht kannte?

»Ich wollte Euch fragen, ob Ihr mir die Gunst erweisen und mir Modell sitzen würdet.«

»Modell sitzen ...?«

Sein Lächeln verschwand, und seine Miene spiegelte Unsicherheit. »Ich weiß, dass das nicht üblich ist. Aber Bildhauer in Frankreich arbeiten seit einigen Jahren nach dieser Methode. Also, sie nehmen die Gesichter wirklicher Menschen als Vorbild für ihre Statuen. Ich möchte eine Statue der Jungfrau Maria anfertigen. Und sie soll Euer Antlitz tragen.«

Jo starrte ihn völlig entgeistert an. *Sie, das Vorbild für eine Marienstatue ...?*

»Verzeiht, ich fürchte, mein Wunsch war vermessen. Ich wollte Euch nicht zu nahe treten.« Meister Mattis verbeugte sich vor ihr und machte Anstalten, sich zu verabschieden.

»Oh, nein, wartet. Warum wollt Ihr ausgerechnet mich als Modell haben?«

Meister Mattis zögerte einen Moment lang. Dann sagte er sehr ernst, während er Jo direkt in die Augen sah: »Weil ich Euch wunderschön und besonders finde. Wisst Ihr das denn nicht?«

Okay, anscheinend »stand« er tatsächlich auf sie ... Was auch immer dies im Mittelalter implizieren mochte. Ein derart unverhohlenes Kompliment hatte ihr jedenfalls noch kein Mann gemacht. Jo fühlte sich entwaffnet und gerührt. »Ähm ...«, begann sie. Wie konnte sie sich nur am besten aus der Affäre ziehen, ohne Mattis zu verletzen? »Ich bin zurzeit sehr stark beansprucht. Also zeitlich, meine ich. Das Weihnachtsgeschäft und überhaupt ... Aber vielleicht, wenn es Euch nicht eilt, im Januar ...« Dann befand sie sich, wenn alles gutging, hoffentlich schon wieder in ihrer eigenen Gegenwart, und ihre Ahnin – falls diese ihren Platz wieder einnahm – konnte sich mit dem Problem befassen.

»Wann immer es Euch beliebt.« Während sich Meister Mattis nun ein weiteres Mal verbeugte, errötete er ein wenig.

Ach, herrje ... Sie fand ihn ja auch durchaus sympathisch und attraktiv. *Schlag ihn dir aus dem Kopf!*, sagte Jo streng zu sich, als sie weiterging.

Kurt Weber war mit seinen Rechnungsbüchern befasst, als ihm eine Magd seinen Bruder Albrecht meldete. Sofort fiel Kurt Weber wieder ein, wie sie es vor einigen Nächten zu dritt mit der drallen Hure getrieben hatten. Während sie auf seinem Bruder gehockt und ihn wild geritten hatte, hatte er von hinten ihre Brüste festgehalten. Wie riesengroße weiche Pfirsiche hatten sie in seinen Händen gelegen. Und dann hatte sie es ihm besorgt ... Unwillkürlich schloss er die Augen, umfasste das Stehpult und stöhnte.

»Alles in Ordnung mit dir?«

Sein Bruder hatte das dunkel getäfelte Kontor betreten und ließ sich geschäftsmäßig auf dem breiten Stuhl gegenüber dem Stehpult nieder.

»Natürlich ...« Kurt Weber richtete sich hastig auf und räusperte sich. »Du hast mit dem Obergesellen Georg gesprochen?«

»Ja, aber was er mir zu sagen hatte, war nicht so richtig zufriedenstellend. Unsere Schwägerin trifft sich mit diesem

Lutz Jäger. So wurden die beiden zusammen bei der Dombaustelle und bei den Steinmetzmeistern Mattis und Wilhelm gesehen. Außerdem haben sie gemeinsam die Töpfe-
reien vor dem Stadttor besucht. Und heute Mittag entdeckte
Georgs Spitzel sie bei der Gertrudiskirche. Am Platz, wo der
Leichnam des ermordeten jungen Mannes gefunden wurde.«

»Nun, dort ist die halbe Stadt zusammengelaufen ...«

»Das stimmt. Kurz danach haben sie sich jedoch vor dem
Stadttor getroffen. Irgendetwas ist zwischen den beiden im
Busch. Georg besitzt zwar noch keinerlei Beweise, dass sie
ein unzüchtiges Verhältnis miteinander haben. Trotzdem
lege ich dafür meine Hand ins Feuer.« Albrecht Weber verzog
angewidert den Mund.

Sein Bruder musste erneut an ihren Dreier mit der Hure
denken und empfand nun doch einen Anflug von Schuldbewusstsein, den er allerdings schnell verdrängte. »Und wenn
wir einfach das Gerücht streuen, dass Josepha und Lutz Jäger
es miteinander treiben?«, meinte er. »Schließlich besitzt dieser Wirt einen miserablen Ruf.«

»Da hast du schon recht.« Albrecht Weber nickte. »Aber wir
dürfen nicht außer Acht lassen, dass er auch über eine Menge
zwielichtiger Freunde verfügt. Deshalb möchte ich erst einmal lieber keinen Ärger mit ihm haben. Ich habe nachge-
dacht. Bis wir über Beweise verfügen, können wir unserer
teuren Schwägerin auf andere Weise Schwierigkeiten bereiten.« Er beugte sich vor und unterrichtete seinen Bruder von
seinem Plan.

Als Jo sich dem Schuppen im hinteren Hof der Gertrudiskirche näherte, schlüpfte Lutz aus der Dunkelheit. »Du kommst
spät«, bemerkte er.

»Ach, bei mir gab es einen riesigen Aufruhr, weil eine Magd
vergessen hatte, den Bratspieß zu drehen. Das Schwein ist

angebrannt, und die Köchin war einem Herzinfarkt nahe. Dabei mag ich sowieso kein Schweinefleisch.« Es schüttelte Jo, als sie an den Gestank in der Küche dachte und an die Haut des Viehs, die vor Fett glänzte, dort, wo sie nicht verkokelt war. »Jedenfalls geht es mir wie dir. Ich werde mich auch nie mehr über berufliche Überstunden beklagen, wenn wir wieder in die Gegenwart zurückgekehrt sind.« Sie gähnte und kramte in ihrem Bündel. »Irgendwie müssen wir diese Tür aufkriegen. Ich habe eine Art Schraubenzieher mitgebracht.«

»Simsalabim – schon geschehen. Optimales Zeitmanagement, während ich auf dich gewartet habe.« Lutz zog die Tür auf. Etwas an seinem Bündel klimperte metallisch. Als Jo ihre Blendlaterne einen Spalt öffnete und den Schein darauf richtete, sah sie, dass es sich dabei um einen Bund Dietriche handelte.

»Wo hast du die denn her?«

»Das willst du gar nicht wissen.« Er ließ ihr den Vortritt. Der Schein von Jos Lampe huschte durch den Schuppen. Einige verstaubte, mit Spinnweben behangene Regale. Körbe, die ineinander gestapelt waren. Eine Luke, die mit einem Laden verschlossen war. Dann fiel das Licht auf ein Kleiderbündel. Nein, es war kein Kleiderbündel, sondern Frowin. Die beiden Männer, die ihn am Mittag in den Schuppen getragen hatten, hatten ihn einfach auf dem gestampften Lehmboden abgelegt. Wie Anselm war auch er ein Fremder und zudem arm. Er war nicht wichtig.

Jo schluckte. »Lass uns ihn ausziehen«, sagte sie ein wenig rau. Frowin seiner Kleidung zu entledigen war nicht einfach, denn sein Körper war gefroren. Sie versuchte, nicht an den jungen Mann zu denken, der ihr in der Kaschemme gegenübergesessen und sie an einen unsicheren Teenager erinnert hatte.

Als Frowin endlich nackt vor ihnen lag, reichte Jo Lutz die Laterne. »Halt mal. Und lass das Licht langsam über den Körper wandern.« Konzentriert betrachtete sie den Leichnam. In der Kehle klaffte ein tiefer Schnitt – wie bei Anselm. Eine dicke Schicht getrockneten Bluts überzog Frowins untere Gesichtshälfte. Schlieren waren weit die Brust hinuntergelaufen, obwohl die Kleidung einen Teil des Bluts aufgesogen hatte. Überall auf der bläulich-grau verfärbten Haut zeichneten sich alte und neue Striemen ab.

»Ziemlich übles Sadomaso«, hörte sie Lutz sagen.

»Ja ... Richte den Schein mal auf seine Brust. Ja, hierher ... Nicht wackeln!«

»Ich bin doch keine Neonröhre ...«

Jo pickte mit ihrer Pinzette einen kleinen Knubbel aus dem geronnenen Blut und hielt ihn unter den Lesestein. Ja, im Licht der Lampe und in der Vergrößerung war zu erkennen, dass dies eine Fluse war. Aber die Farbe war wegen der Verunreinigung unidentifizierbar.

»Mist!« Sie seufzte gereizt.

»Sei doch nicht so ungeduldig«, versuchte Lutz zu beschwichtigen. »Wir haben ja Frowins Kleidung noch gar nicht untersucht.«

Aber so genau sie sich auch Mantel, Kittel und Hose des Toten vornahmen, sie fanden keinerlei Spuren, die ihnen weitergeholfen hätten. Und auch als sie Frowin vorsichtig auf den Bauch drehten und seinen Rücken untersuchten, entdeckten sie keine neuen Spuren. Entmutigt begann Jo schließlich, einen feinen Kamm durch seine braunen Haare zu ziehen. Strohhalme und Erdklümpchen lösten sich daraus. Und etwas, das wie kleine klebrige Eier aussah.

»Läuse!« Jo schrie auf und ließ den Kamm fallen.

Lutz beugte sich vor. »Nimm dich zusammen! Du weckst ja noch alle Leute im Umkreis von hundert Metern.«

»Das ist so eklig.«

»Herr im Himmel, hast du im Kindergarten nie Läuse gehabt? Oder dich mit einem toten Obdachlosen befassen müssen? Oder mit Leichen, die von Maden wimmeln?«

»Ja, natürlich. Aber dann habe ich immer Schutzkleidung getragen.« Jo schüttelte sich und rückte ein Stück von Frowins Leichnam weg.

»Halt du die Lampe.« Lutz hob den Kamm auf und machte sich an die Arbeit. Wieder blieben Läuseeier und ein Strohhalm in den Zinken hängen. Aber da war noch etwas. Er stutzte und griff nach der Pinzette. Ja, tatsächlich, ein kurzes Fädchen hatte sich in dem Kamm verfangen. Er hielt die Pinzette in den Lichtstrahl.

»Eine blaue Fluse«, murmelte Jo, die die Pinzette aus einem Sicherheitsabstand beäugte. »Aus Seide, wie die, die wir in Anselms Kleidung gefunden haben.«

»Ja, wenn du mir nun bitte eines deiner Spuren-Aufbewahrungsbehältnisse reichen könntest.«

Jo schob ihrem Kollegen ein mit einem Korken versehenes Tongefäß über den Boden zu. »Ich habe übrigens heute Nachmittag mit der Äbtissin gesprochen«, sagte sie.

»Und?«

»Rate mal, wer in die Verhandlungen mit Worms über die Reliquie der heiligen Gertrudis involviert war?«

»Jörg Schreiber?«

»Jepp.«

»Wir hatten ja ohnehin vor, uns diese Reliquie, das heißt, die Statue, in der sie aufbewahrt wird, gleich mal anzusehen. Vorher müssen wir aber noch dem Jungen seine Kleidung wieder anziehen.«

»Äh ja ...«, erwiderte Jo etwas unschlüssig.

Lutz warf ihr einen überraschten Blick zu. Dann begriff er und grinste. »Ich schaff das schon alleine. Notier du mittlerweile ruhig schon einmal unsere neuesten Erkenntnisse auf deinem Wachstäfelchen.«

Es dauerte eine Weile, bis Lutz das Schloss der Kirchentür mit Hilfe der Dietriche geöffnet hatte. Doch schließlich gab es nach. »Wo hast du es eigentlich gelernt, Schlösser zu knacken?«, flüsterte Jo, als sie hinter ihm in das Kircheninnere schlüpfte.

»Spezialkurs während meiner Ausbildung, Einbruchprävention, also alles ganz legal.« Auch Lutz senkte unwillkürlich die Stimme.

Ihre Schritte hallten dumpf auf dem Steinboden wider. Der dunkle Kirchenraum erschien Jo riesig. Nur vorn im Altarraum bildete eine brennende Kerze einen winzigen Lichtpunkt. Das Glas in den hohen Fenstern schimmerte in einem matten Grau. *Wie gefrorenes Flusswasser*, ging es ihr durch den Kopf. Schwacher Weihrauchgeruch lag in der Luft und verursachte eine plötzliche Beklemmung in ihr. Sie öffnete das Türchen der Blendlaterne einen Fingerbreit und ließ den schmalen Lichtkeil vor ihnen über den Boden wandern.

»Wo finden wir denn nun die Statue der heiligen Gertrudis?«, fragte sie. Neben ihnen tauchte ein Sarkophag auf, den ein in Stein gehauener Ritter zierte. In dem unsteten Licht schien sich die Plastik zu bewegen. Eine Gänsehaut überlief Jo. Da waren ihr nächtliche Fabrikhallen und Parkhäuser ganz entschieden lieber als diese Kirche.

»Vorn beim Lettner.« Lutz wies auf das Gitter, das sich als schwarzes Raster vor dem Altarraum abzeichnete. Sie liefen an weiteren Sarkophagen und Grabplatten vorbei. Von einer Säule her blitzte es einen Moment lang golden auf.

Jo atmete auf, als sie den Lettner erreicht hatten. Darauf bedacht, dass kein Licht nach draußen drang, hob sie die Laterne. Die Statue der heiligen Gertrudis war aus Holz geschnitzt und stand auf einer etwa anderthalb Meter hohen Säule. Auch bei ihr stimmten die Proportionen nicht. Der Kopf war im Verhältnis zum Körper etwas zu groß geraten. Aber das mit zarten Farben bemalte, von langen lockigen Haaren umrahmte Gesicht wirkte lieblich, und der schmale Körper mit dem vorgestreckten rechten Fuß besaß eine ganz eigene Anmut.

»Auf der Vorderseite der Statue befindet sich jedenfalls keine Öffnung für eine Reliquie«, hörte sie ihren Kollegen murmeln. »Leuchte einmal mit der Lampe auf die Rückseite.« Die Rückseite war nur wenige Handbreit von dem Lettner entfernt.

»Das ist leichter gesagt als getan«, zischte Jo. »Wie soll ich denn da herankommen? Oder siehst du irgendwo eine Leiter?«

»Ich helfe dir.« Lutz formte mit den Händen einen Tritt. Jo stieg darauf. Während sie den schmalen Lichtstrahl auf den Rücken der Heiligen richtete, hielt sie sich mit der freien Hand an dem hölzernen Lettner fest und stellte ihre Füße auf eine Querstrebe. »Ja, hier ist ein Türchen. Es ist mit einem kleinen Schlüsselloch versehen«, raunte sie. »Gib mir einmal den Lesestein.«

»Warum brauchst du ihn?« Lutz zog den quadratischen Kristallwürfel aus seiner Manteltasche und reichte ihn ihr.

»Weil ich glaube, dass das Türchen gewaltsam geöffnet wurde.« Jo hängte den Bügel der Lampe über eine vorstehende Verzierung des Lettners. Während sie den Lesestein über die beiden kleinen Metallflügel wandern ließ, biss sie sich vor Konzentration auf die Lippen. »Ja, hier sind ganz eindeutig tiefe Kratzer zu sehen«, sagte sie schließlich. »Sie sind zu tief, um von einem abgerutschten Schlüssel zu stammen.«

»Kannst du das Türchen öffnen?«

Auf Fingerabdrücke musste sie ja nicht achten ... Vorsichtig drückte sie auf die beiden Flügel. Sie gaben nicht nach. »Das Türchen ist verschlossen«, erklärte sie rasch.

»Versuch es einmal damit.« Lutz reichte ihr einen besonders feinen Dietrich.

»Ich hab damit keine Erfahrung.«

»Jetzt mach schon.«

Während Jo sich wieder mit einer Hand am Lettner festhielt und mit der anderen in dem winzigen Schlüsselloch herumstocherte, dachte sie: *Fällt das, was wir hier gerade tun, eigentlich unter den Straftatbestand der Blasphemie?*

»Wenn du das Türchen nicht aufbekommst, suche ich mir etwas, auf das ich steigen kann.«

»Nein, ich hab's.« Jo seufzte erleichtert.

»Und?«

Jo ruckte an der Laterne. Dann tastete sie das Innere des Hohlraums ab. »In der Statue befindet sich ein Glasgefäß, das in ein Stück Samt eingewickelt ist. So, jetzt habe ich den Samt entfernt ... In dem Glas steckt etwas Weißes. Sieht wie ein kleines Knochenstück aus. Außerdem gibt es einen Zettel. Darauf steht ... Gertrudis«, buchstabierte sie mühsam die verschnörkelten Lettern. »Außerdem ...« Jo ließ den feinen Dietrich in ihr Bündel gleiten und näherte den Lesestein dem goldenen Verschluss des kleinen Gefäßes. *Oh, diese verwünschte Blendlampe ... Da waren ja sogar noch Energiesparbirnen besser ...*

Sie kniff ihre Augen zusammen. »Auch an dem Verschluss des Glasgefäßes befinden sich Kratzer. Jemand muss es ebenfalls gewaltsam geöffnet haben. Wer weiß, was der Inhalt des Glasgefäßes ist. Die richtige Reliquie wird es aber bestimmt nicht sein.«

»Nein, das ist in der Tat sehr unwahrscheinlich.«

»Ach, verdammt«, fuhr Jo frustriert auf. »Mit unseren Technologien ließe sich das innerhalb kürzester Zeit klären. Aber wir haben einfach überhaupt keine Chance herauszufinden, ob das hier ein menschlicher Knochen ist oder der eines Pferdes. Oder der eines Schweines. Oder was weiß ich ...«

»Schhh ...«, zischte Lutz.

»Was ist denn?«

»Still!«

Nun hörte auch Jo, dass sich jemand am Hauptportal zu schaffen machte. Sie klappte das Türchen zu. Dann verlor sie endgültig das Gleichgewicht und fiel unsanft auf die Steinfliesen.

»Au ...«

»Die Lampe!«

O Gott, die Lampe baumelte immer noch am Lettner und sandte ihren dünnen Strahl auf die Rückseite der Statue. Lutz zerrte Jo auf die Füße, legte ihr die Arme um die Hüften und hielt sie hoch.

»Mach doch erst mal die Tür der Lampe zu!«, presste er hervor.

»Ich versuche es ja ...« Hektisch und mit zitternden Fingern zog Jo an dem heißen Metall. Das Licht erlosch. Gerade rechtzeitig, denn nun ertönte ein Knarren. Einer der Flügel des Portals musste geöffnet worden sein. Wo war nur der Bügel der Lampe? Schritte hallten durch das Kirchenschiff, und das Licht einer anderen Laterne geisterte über den Boden. Endlich fühlte Jo den Griff der Lampe in ihrer Hand und konnte ihn über die Verzierung des Lettners zerren.

»Lass mich runter«, raunte sie. Hastig wichen sie und Lutz in die Schatten des Seitenschiffs zurück. Der Schein der Laterne kam näher, schwenkte dann in die entgegengesetzte Richtung. Zwei Männer bewegten sich durch das andere Seitenschiff. Ein Schlüssel klirrte. Eine Tür wurde geöffnet. Das Licht der Lampe flackerte gegen die Decke, wanderte wieder gen Boden. Für einen Moment, als die beiden Männer durch die Türöffnung traten, erfasste sie der Schein. Jo packte Lutz am Arm, während dieser einen leisen Fluch ausstieß. Bei den beiden Männern handelte es sich um Pater Kolonat und Jörg Schreiber.

Wieder klirrte Metall. Die Tür wurde von innen verschlossen. Jo und Lutz hasteten durch das Querschiff.

»Und?«, fragte Jo ungeduldig, als ihr Kollege gleich darauf sein Ohr an das Holz presste.

Lutz schüttelte den Kopf. »Ich kann überhaupt nichts hören. Lass uns lieber verschwinden.«

Am nächsten Tag gegen Mittag machte Jo sich wieder einmal auf den Weg zum Marktstand der Weberei. Am Arm trug sie einen großen Korb mit Umschlagtüchern, die die Mägde eben noch umsäumt hatten. Es war wärmer geworden, fast herrschte Tauwetter. Am Himmel hing eine dicke graue Wolkendecke. Jo schnüffelte. Die Luft roch abgestanden, nach Unrat und dem Rauch der vielen Holzfeuer. *Smog gab es also auch schon im Mittelalter ...* Sie schwitzte in ihrem Wollmantel und fühlte sich völlig übermüdet, denn sie war erst gegen Morgen ins Bett gekommen. Lutz und sie hatten in der vergangenen Nacht noch lange am Feuer in der *Grünen Traube* gesessen und darüber gesprochen, wie das, was sie in der Gertrudiskirche herausgefunden hatten, nun zu bewerten sei.

Was sie beide nicht recht verstanden: Warum hatte sich jemand – Jörg Schreiber? – die Mühe gemacht, die Reliquie der heiligen Gertrudis zu stehlen? Warum hatte der Dieb nicht einfach irgendeinen Knochensplitter genommen und behauptet, dies sei die echte Reliquie? Schließlich, das hatten Untersuchungen im 20. und 21. Jahrhundert häufig gezeigt, befand sich ja alles Mögliche in Reliquiengehäusen. Vom Hundezahn bis hin zu Mäuseknochen.

Missmutig wich Jo einem Unrathaufen am Marktrand aus. Sie und Lutz hatten beschlossen, auch noch andere Reliquiengehäuse zu untersuchen. Denn vielleicht war die Reliquie der heiligen Gertrudis ja nicht die einzige, die gestohlen und vertauscht worden war. Vor allem in Anbetracht der Tatsache, dass eine echte Reliquie in dieser Zeit mindestens so viel wert war wie eine Original-Gitarre von Elvis im 21. Jahrhundert.

O Gott, ich darf mir das gar nicht weiter ausmalen ... Jo unterdrückte ein gereiztes Stöhnen. *Hauptkommissarin Jo Weber, die Jägerin der gestohlenen Reliquien ...*

Der Stand ihrer Weberei befand sich in einer langen Reihe von Buden, wo ebenfalls Stoffe und andere Tuchwaren verkauft wurden. Jo übergab der älteren Magd, die den Stand betreute, die Umschlagtücher und wollte sich wieder zum Gehen wenden, als eine kleine dicke Frau auf sie zutrat. Ihr aggressiv vorgeschobenes Kinn und die funkelnden Augen verrieten Jo, dass sie Ärger machen würde.

»Gut, dass ich Euch treffe, Josepha Weber, die Frau, in deren Werkstatt angeblich das beste Tuch der Stadt hergestellt wird«, höhnte die Dicke. »Dabei sind Eure Stoffe nichts als minderwertige Ware. Und das zu völlig überhöhten Preisen.«

Hä? Worauf wollte die denn hinaus ...? Doch die Frau hatte schon ein braunes Wolltuch aus ihrem Bündel gezogen und wedelte damit vor Jo herum. »Zwei Gulden habe ich dafür bezahlt. Eine Woche lang habe ich es getragen, und schon war es voller Löcher.« Tatsächlich glich das Tuch, wie Jo jetzt erkannte, einem Schweizer Käse.

»Vielleicht die Motten?«, gab Jo zu bedenken. *Oder unsachgemäßer Gebrauch,* wollte sie hinzufügen. Aber plötzlich hatte sich um die Dicke eine Gruppe zusammengerottet.

»Der Wein, den ich letzten Monat von Euch teuer erworben habe, war sauer wie Essig«, keifte ein grauhaariger Alter, aus dessen runzeligem Kinn Bartstoppeln sprossen.

»Ja, mir ist es genauso ergangen«, stimmte ihm ein hakennasiger Kerl, der einen Lederschurz trug, lautstark zu.

»Der Zentner Weizen, den mein Gatte bei Euch gekauft hat, war voller Steinchen«, kreischte eine große, in einen grauen Mantel gehüllte Frau.

»Sie betrügt uns, um sich zu bereichern!«, brüllte nun wieder die kleine Dicke. »Kein Wunder, dass sie selbst die feinsten Kleider trägt!«

Wirklich ...? Verdutzt blickte Jo an ihrem braunen Wollmantel hinab. Sie hatte den Stoff immer als ziemlich schwer und grob empfunden. »Ähm, ich glaube, Ihr täuscht Euch ...«, begann sie.

»Jetzt streitet sie ihre Hoffart auch noch ab«, schrie die Dicke und packte Jo am Mantel. Jo löste ihre Finger und stieß sie zurück. Die Dicke taumelte durch den Schneematsch und prallte dann gegen den Mann mit dem Lederschurz.

»Lasst uns der Weber eine Lektion erteilen!«, brüllte dieser. Die Menge heulte wütend auf.

Verdammt, in was war sie hier nur hineingeraten? »Hol Hilfe«, raunte Jo der Magd zu, die das Geschehen ängstlich verfolgt hatte. Sie wollte eine Verteidigungsstellung einnehmen, die Beine leicht angewinkelt und hüftbreit auseinander, die Unterarme auf Brusthöhe erhoben, doch etwas wie ein heftiger elektrischer Schlag durchfuhr sie. Ihr Körper bäumte sich auf, nur um sich gleich darauf zusammenzukrümmen. Wie eine Marionette, deren Fäden durchschnitten wurden, sackte sie in den Matsch.

Verschwommen nahm Jo wahr, wie die Menge näherrückte. Der Mann mit dem Lederschurz hielt plötzlich einen Stock in den Händen. Sie wollte sich schützend zusammenrollen. Aber ihre Glieder gehorchten ihr nicht. Nur ein hilfloses Zappeln brachte sie zuwege.

Nun hatten die Leute einen Kreis um sie gebildet. Der Kerl

mit dem Lederschurz schwang seinen Stock. Die Dicke kreischte etwas, das Jo nicht verstehen konnte, denn ein lautes Brausen füllte ihre Ohren. Sie schloss die Augen, erwartete den ersten Schlag.

Als dieser nicht erfolgte, blinzelte sie vorsichtig. Die Menge war zurückgewichen und hatte einem mächtigen Rappen Platz gemacht. Aus dem Sattel des Pferdes schwang sich ein Mann, der einen roten, mit schwarzem Pelz besetzten Mantel trug. Am Kragen funkelte eine goldene Fibel. Jo erschien es, als ob sich der Mann wie in Zeitlupe bewegte.

Er näherte sich ihr, beugte sich über sie. Sie vergaß ihre Angst. *Dunkle Haare und Augen … Ein kräftiges, aber nicht zu wuchtiges Kinn … Ein sinnlicher Mund … Clark Gable, Cary Grant und Hugh Jackman in einem,* dachte Jo. Wieder durchfuhr sie ein Zucken. Ihr Blick trübte sich. Sie spürte noch, dass der Mann sie hochhob. Dann verlor sie die Besinnung.

Clark Gable, Cary Grant und Hugh Jackman, was habe ich da nur für einen Unsinn gedacht … Jo öffnete die Augen. Sie lag wieder einmal auf einem Bett. Anscheinend tat sie das in letzter Zeit ständig. Über ihr breitete sich ein Baldachin aus dunkelrotem Samt aus, der mit goldenen Stickereien verziert war. Die Wand ihr gegenüber war bemalt. Grüne Ranken wanden sich um rote Blumen. Auf einem vergoldeten Leuchter brannten sechs Bienenwachskerzen, die einen süßen Duft verströmten. Wo ihr Schein auf das Gemälde fiel, funkelten die Farben auf, als seien sie mit buntem Glas gemischt.

Jo hörte neben dem Bett ein leises Rascheln. Als sie den Kopf wandte, sah sie: *Clark Gable, Cary Grant und Hugh Jackman …* Tatsächlich, dort saß der Mann, der sie auf dem Markt vor der wütenden Menge gerettet hatte.

Er lächelte sie an. »Josepha, wie schön, dass Ihr wieder zu Euch gekommen seid. Ich hoffe, Ihr fühlt Euch besser?« Seine

Stimme hatte einen tiefen, angenehmen Klang. Sie erinnerte Jo an ... an Rotwein, der lange in alten Eichenfässern gelagert hatte. An den Rauch eines Holzfeuers an einem Herbsttag ...

»Ja, danke, mir geht es gut«, stammelte sie.

»Es freut mich, dass auf meinen Medicus Verlass ist.« Erneut lächelte er. In seinem Kinn bildete sich ein Grübchen. »Jedenfalls müsst Ihr nicht fürchten, dass Ihr noch einmal auf dem Markt angegriffen werdet. Dafür habe ich gesorgt.«

In Wirklichkeit sah er noch besser aus als in ihrer Erinnerung. Dann begriff Jo: Dieser Mann kannte sie. Was ihrerseits umgekehrt nicht der Fall war.

»Wer seid Ihr?«, platzte sie heraus.

»Ach, Josepha, Ihr wisst doch nur zu gut, dass ich Leonard, der Bischof der Stadt, bin.« Er lachte leise, während er nach ihrer Hand griff. Wieder durchfuhr es Jo wie ein Stromstoß. Doch nun war es ein höchst angenehmes, elektrisierendes Gefühl. »Euer Gatte bat mich in Eurer Gegenwart, sein Testament mit Euch als alleiniger Erbin anzuerkennen.«

»Verzeiht, aber ich war schwerkrank«, flüsterte sie. »Deshalb ist mein Gedächtnis manchmal verwirrt.«

»Ich habe von Eurer Krankheit gehört und für Eure Genesung gebetet.«

»Sicher haben Eure Gebete bewirkt, dass ich wieder gesund wurde.« Was redete sie da eigentlich? Jo fühlte sich wie in Trance.

»Es würde mich glücklich machen, wenn ausgerechnet meine Bitten Gott dazu bewegt hätten.« Abermals lächelte er. Der Druck seiner Hand verstärkte sich. Sein Daumen streichelte ihre Handinnenfläche, während er sich näher zu Jo beugte. Das Gefühl, Elektrizität würde sie durchströmen, intensivierte sich. Sie war unfähig, sich zu bewegen, konnte ihn nur ansehen.

Gott, war er attraktiv. War Bischof Leonard etwa ihr geheimnisvoller Liebhaber gewesen?

Jos Gedanken überschlugen sich: *Seit sie im Mittelalter zu sich gekommen war, hatte sie die Pille nicht mehr genommen ... Ihre Beine waren nicht rasiert ... Außerdem war sie gewissermaßen im Dienst ... Er war ungefähr sechshundertfünfzig Jahre älter als sie ... Wenn sie mit ihm schliefe und schwanger würde, würde sie dann ein Kind à la Rosemarys Baby in sich tragen?*

»Josepha, was habt Ihr? Ich erschrecke Euch doch nicht etwa?« Seine Stimme war wie ein weiteres erotisierendes Streicheln.

»Nein«, hauchte sie. Das war alles, was sie herausbrachte. Sein Gesicht war dem ihren nun ganz nahe. Gleich würden sich ihre Lippen berühren.

Ein Klopfen und Schritte in einem Nebenraum ließen Bischof Leonard zurückweichen. Gleich darauf erschien ein grauhaariger Diener in dem Schlafzimmer.

Er verbeugte sich: »Hochwürdiger Herr, der Medicus Gregorius würde gerne nach der Kranken sehen. Wenn Euch dies beliebt.«

»Bring ihn herein.« Leonard nickte. Seine Miene wirkte freundlich gelassen.

Jo versuchte, ihren Atem wieder unter Kontrolle zu bringen. Dabei war sie sich nur zu sehr bewusst, dass ihre Wangen glühten.

Der Mann, der gleich darauf an das Bett trat, war groß gewachsen und hager, sein Gesicht scharf geschnitten und eindrucksvoll.

Er trug eine enganliegende schwarze Samtkappe und einen dunklen Mantel aus einem seidig glänzenden Stoff. Ein grauer Bart wallte auf seine Brust. Grau waren auch seine dichten Brauen über den Augen, die in dem Kerzenlicht fast schwarz wirkten.

»Herr ...« Auch er verneigte sich vor dem Bischof, ehe er zu Jo trat, nach ihrer Hand fasste und seine Finger auf ihr Gelenk legte, um ihren Puls zu fühlen.

Poch, poch, poch ... Jo glaubte, ihren rasenden Herzschlag zu hören.

Die Basics der Polizeiarbeit ... Nachdem er am Morgen in der *Grünen Traube* das Essen für den Tag vorbereitet hatte, beschloss Lutz Jäger, es einmal mit einer simplen Zeugenbefragung zu versuchen. Vielleicht hatte ja einer von den Bettlern, die neben dem Portal der Gertrudiskirche saßen, Frowin gesehen oder sonst etwas beobachtet, das ihm und Jo bei ihren Ermittlungen weiterhelfen würde.

»Herr, eine milde Gabe.«

»Bitte, helft einem Mann, der schuldlos in Armut geraten ist.«

»Herr, habt Ihr nicht ein paar Pfennige für einen armen Krüppel?« Ein Chor von klagenden Stimmen empfing Lutz, als er auf den Haupteingang der Kirche zuging. Ein Dutzend in Lumpen gekleideter Menschen – die meisten von ihnen Männer, nur ein oder zwei Frauen glaubte er unter den fadenscheinigen, tief ins Gesicht gezogenen Kappen oder den langen, verfilzten Haaren ausmachen zu können – kauerte dort auf Decken und Strohbüscheln im Schnee. *Ein groteskes Bild, wie aus einem Mittelalter-Film,* ging es Lutz durch den Kopf. Nur froren die Menschen hier wirklich. Er kramte in seinem Geldbeutel und warf freigiebig Münzen in die Holzschalen und Kappen, die ihm entgegengestreckt wurden.

»Der Herr segne Euch!«

»Ja, Gott möge Euch für Eure Barmherzigkeit belohnen«, änderte sich der Chor.

Lutz wartete, bis das Stimmengewirr abgeklungen war. »Ist es nicht schrecklich, dass gestern neben der Kirche ein

Mann ermordet wurde ...«, versuchte er möglichst beiläufig, ein Gespräch zu beginnen.

»Ja ...«

»Allerdings ...« Die Bettler murmelten zustimmend.

»Er soll ein Fremder gewesen sein«, meldete sich ein älterer Mann, dem der linke Unterarm fehlte, krächzend zu Wort. Tiefe Blatternarben hatten sich in sein Gesicht eingegraben.

»Sah schlimm aus, der Tote. Ganz blutüberströmt, wie er war«, bemerkte ein anderer Bettler.

»Tja, vielleicht wart ihr ja die Letzten, die den Mann lebend sahen, falls er am Portal vorbeiging«, heuchelte Lutz Sensationsgier. »Vielleicht habt ihr ja sogar unwissentlich seinen Mörder beobachtet.«

»Nein, wohl kaum.« Fast alle Bettler schüttelten den Kopf. Andere starrten Lutz nur an.

Mist ... »Wie könnt ihr da so sicher sein?«, hakte er nach.

»Weil die meisten von uns, sobald die Kirche abgeschlossen wird, diesen Ort verlassen und sich woanders einen Schlafplatz suchen«, sagte wieder der Verkrüppelte, der eine Art Wortführer der Gruppe zu sein schien, und blickte Lutz neugierig an. »Ihr solltet wissen, dass es hier im Winter während der Nacht viel zu kalt und zu ungeschützt ist.«

Nun bemerkte auch Lutz den Wind, der eisig über den Platz pfiff. *Okay ... Fehler ...* Am besten, er verschwand, bevor er sich noch mehr als Alien outete. »Ja, wie dumm von mir, daran nicht zu denken«, sagte er rasch. Er nickte den Bettlern noch grüßend zu, dann betrat er die Kirche. Wenn er unverrichteter Dinge wieder gegangen wäre, hätte das noch merkwürdiger gewirkt.

In der Nähe des Portals blieb er stehen. Vorn am Lettner zeigte die Statue der heiligen Gertrudis ihr stilles, anmutiges Lächeln. Nichts deutete darauf hin, dass sich irgendjemand an ihrer Reliquie zu schaffen gemacht hatte.

»Herr, vielleicht habe ja ich etwas in der Mordnacht beobachtet.« Einer der Bettler, ein magerer hohläugiger Mann, der einen grünen Umhang voller Löcher trug – Lutz hatte ihn vorhin am Rand der Gruppe gesehen –, war ihm gefolgt und blickte ihn abwartend an.

Lutz begriff und zog eine Münze aus seinem Geldbeutel. »Falls Ihr dies tatsächlich habt, soll es Euer Schaden nicht sein.«

»Warum interessiert Ihr Euch dafür, was in dieser Nacht geschah?«

»Wollt Ihr Euch das Geld verdienen oder nicht?«

»Der Ermordete soll ein Sodomit gewesen sein.«

»Tatsächlich?«

Der Blick, mit dem der Bettler Lutz bedachte, zeigte nur zu deutlich, dass er auch ihn für einen *Sodomiten* hielt. Er räusperte sich und fuhr sich mit der Zungenspitze über die Lippen. »In der Nacht, in der der Mord geschah, bin ich noch einmal von meinem Schlafplatz zur Gertrudiskirche zurückgekehrt. In meinem Winkel bei der Stadtmauer hatte ich bemerkt, dass ich mein Messer dort draußen vergessen hatte.« Er nickte in Richtung des Platzes.

Ein Messer, dachte Lutz, *ist für einen mittelalterlichen Bettler ein Vermögen wert. Kein Wunder, dass er noch einmal den Weg auf sich genommen hat.*

»Ich hatte eben mein Messer im Stroh gefunden, als ich den Jungen über den Platz laufen und dann am linken Seitenschiff vorbeigehen sah. Ich kannte ihn. Uns Bettlern prägen sich eigentlich alle Leute ein, die häufiger die Kirche besuchen.«

»Dann war der Junge ein regelmäßiger Kirchgänger?«

Der Bettler schüttelte den Kopf. »Die Messe besuchte er eher selten. Aber er kam öfter einmal zur Kirche. Wahrscheinlich wollte er einfach beten. Oder Vergebung für seine Sünden erflehen. Was weiß ich ... Jedenfalls hatte er immer ein paar Münzen für uns Arme übrig. Meistens nur Pfennige. Aber es war ihm anzusehen, dass er selbst nicht gerade viel besaß.«

»Um wie viel Uhr kam er zur Kirche?«

»Die Glocken hatten eine Weile vorher neun geschlagen.« Ein heftiges Husten schüttelte den Bettler. Er spuckte den Schleim auf die Steinfliesen und musterte dann Lutz. »Ein eifriger Gottesdienstbesucher seid Ihr ja auch nicht gerade. Aber wenn Ihr einmal zur Kirche kommt, seid Ihr immer freigiebig.«

Schön zu wissen, dass sein Mittelalter-Ich ein Altruist war ... »Das war alles, was Ihr beobachtet habt? Sehr viel weitergeholfen habt Ihr mir damit, ehrlich gesagt, nicht ...«

»Nein, das war noch nicht alles.« Der Bettler verzog seine blaugefrorenen Lippen zu einem dünnen Lächeln und schniefte. »Ich sah außerdem, dass jemand dem Jungen folgte.«

Lutz wartete.

»Nämlich Meister Mattis, der Steinmetz.«

Lutz konnte seine Überraschung nicht verbergen. »Das war wirklich der Mann, den Ihr beobachtet habt? Ihr habt Euch nicht getäuscht?«

»Nein, denn ich habe den Meister im Sommer oft gesehen. Er hat einige Statuen für die Fassade der Kirche gefertigt.« Wieder hustete der Bettler heftig, und erneut sonderte er seinen Schleim auf den Boden ab. »Das ist alles, was ich Euch sagen kann. Ich hatte mein Messer gefunden und bin wieder zu meinem Schlafplatz gegangen.«

»Hier ...« Lutz fügte der Münze noch eine weitere hinzu. *Bestimmt wird es Jo ganz und gar nicht gefallen,* überlegte er, *dass der Mann, der ein Auge auf sie geworfen hat, Frowin in der Mordnacht gefolgt ist.*

Kurt Weber würgte einen Löffel Brotsuppe hinunter. Die Speckbröckchen und Zwiebelstückchen darin kratzten in seinem Hals.

»Schmeckt es dir denn nicht?«, fragte seine Frau. »Du hast ja kaum etwas von der Suppe angerührt. Dabei habe ich noch extra eine Messerspitze Muskat hineingetan.« Ihre Stimme hatte ihren üblichen vorwurfsvoll-wehleidigen Ton.

»Lass mich in Ruhe!«, fuhr er sie an. Wie satt er seine Gattin hatte. Sie war dick, ohne drall zu sein – ihr Leib und ihre Brüste waren von den sechs Kindern, die sie geboren hatte, schlaff geworden. Hübsch war ihr breites, flaches Gesicht sowieso nie gewesen; und die Falten, die sich im Lauf der Jahre hineingegraben hatten, machten es jetzt regelrecht hässlich.

Die dumpfe Wut, die Kurt Weber ohnehin schon verspürt hatte, wurde noch stärker und ließ ihm das wenige, das er bei der Abendmahlzeit zu sich genommen hatte, schwer und sauer im Magen liegen. Am späten Nachmittag hatte er erfahren, dass sein und Albrechts Plan, die Standbesitzer auf dem Markt gegen Josepha aufzuhetzen, nicht nur schiefgelaufen war – nein, er hatte zu einem Debakel geführt.

Nicht genug damit, dass Bischof Leonard Josepha zu Hilfe gekommen war, er hatte auch noch verkünden lassen, dass jeder, der künftig für Aufruhr auf dem Markt sorgte, öffentlich mit Ruten gezüchtigt würde. Außerdem gab es Gerüchte, dass der Bischof Josepha in seinen Palast gebracht und von seinem Medicus habe betreuen lassen. Ihre Schwägerin stand somit eindeutig unter Leonards Schutz. Und gegen den Bischof konnten er und sein Bruder nichts ausrichten.

Einen Moment lang spielte er mit dem Gedanken aufzugeben. War es nicht am besten, wenn er und Albrecht sich mit dem beschieden, was sie besaßen, und auf das Erbe ihres

Bruders verzichteten? Kurt Weber hob den Kopf und blickte über die Tafel in der niedrigen, verräucherten Küche. Zwei Dutzend Mägde und Knechte saßen über ihre irdenen Schalen gebeugt. Mit seinem Anteil aus Gerhardts Erbe würde er sich ein größeres Haus und mindestens ein Dutzend weitere Bedienstete leisten können. An Festtagen würden ein versilberter Salzstreuer und versilberte Leuchter mit Honigkerzen auf dem Tisch stehen, und feines Leinentuch würde die Tafel bedecken. So, wie es im Haus seines verstorbenen Bruders schon lange Sitte war. Außerdem würde er die Dienste der drallen Hure dann häufig in Anspruch nehmen können – und nicht nur alle paar Wochen. Ja, vielleicht könnten Albrecht und er ihr sogar ein kleines Haus mieten. Dann wäre sie nur für sie beide da …

Nein, Albrecht und er mussten einen Weg finden, Josepha auszuschalten und an ihr Erbe zu gelangen. Sie mussten geduldig sein und auf ihre Gelegenheit warten. Jedenfalls würde es sicher nicht schaden, in den nächsten Tagen den Hauptkirchen der Stadt eine größere Spende zukommen zu lassen. So würden sie Gott ihren Plänen gewogen machen.

Jo hielt den Holzlöffel mit beiden Händen umklammert. Nur unter Aufbietung all ihrer Kraft konnte sie ihn durch den Pfefferkuchenteig in der waschkorbgroßen Tonschüssel bewegen. Die braune Masse roch nicht einmal schlecht – nach Anis, Kardamom, Muskat und Nelken –, aber sie war zäh wie dickflüssiger Kleister.

Nach der Abendmahlzeit hatte Katrein ihr eröffnet, als Hausherrin müsse sie wie jedes Jahr den ersten Pfefferkuchenteig zubereiten. Na ja, die Zutaten hatte Gott sei Dank die Köchin abgewogen und bereitgestellt – Jo hätte nicht einmal ein Rezept für Butterplätzchen zustande gebracht –, aber den Teig zu rühren, das war ihre Aufgabe. Alle weiblichen Bediensteten hatten sich dazu in der Küche versammelt und sahen ihr interessiert dabei zu, wie sie sich abmühte.

Während Jo weiter mit dem Löffel gegen den Teig kämpfte, wanderten ihre Gedanken zu den Geschehnissen des Nachmittags. Hatte sie es sich nicht vielleicht doch nur eingebildet, dass der Bischof sie küssen wollte? Möglicherweise war sie ja von dem Anfall so mitgenommen gewesen, dass sie alles, was zwischen ihnen vorgefallen war, falsch interpretiert hatte. Aber andererseits ... Nach Katreins strengen Maßstäben war es an sich schon unmoralisch, dass sich Leonard – ein Geistlicher, und noch dazu ein Bischof!! – allein mit ihr in einem Raum – der außerdem sein Schlafzimmer war!!! – aufgehalten hatte. War ihr Mittelalter-Ich etwa tatsächlich seine Geliebte gewesen?

Allein diese Überlegungen hätten schon ausgereicht, um sie völlig in Verwirrung zu stürzen. Aber dann war Lutz kurz vor dem Abendessen auch noch an der Hintertür aufgetaucht und hatte ihr mitgeteilt, dass Mattis, der Steinmetz, ein möglicher Mordverdächtiger war. *Meine Ahnin*, dachte Jo düster, *scheint sich auch immer in die falschen Männer zu verlieben.* Sie selbst hatte ja bei Männern schon manchen Fehlgriff getan. Aber mit einem Mordverdächtigen war sie bisher noch nicht liiert gewesen.

»So, Herrin, das reicht.« Die Köchin nahm ihr den Löffel aus den Händen. »In den nächsten Tagen werden wir dann die Gänse für das Weihnachtsessen schlachten und rupfen.«

Der Gedanke, ob Mattis tatsächlich Frowins Mörder war, beschäftigte Jo auch am nächsten Nachmittag auf ihrem Weg zur Werkstatt des Steinmetzmeisters. Sie hatte Mattis wirklich sehr sympathisch gefunden, und wie ein Mörder hatte er auch nicht auf sie gewirkt. Aber andererseits hatte sie es oft genug erlebt, dass Mörder durchaus nette Menschen sein konnten. Was für ein Motiv könnte er wohl gehabt haben, den Jungen zu töten? Schwul war er ja kaum – wenn er tatsächlich auf sie stand. Oder hatte sie sich auch das nur eingebildet? Jo seufzte. Nicht nur, dass sie ihren Instinkten nicht mehr trauen konnte. Auch ihre Eindrücke schienen sie mehr und mehr zu trügen.

»Josepha Weber, Ihr seid also tatsächlich von Eurer Krankheit genesen. Auch wenn ich dies nicht unbedingt Gottes Hilfe zuschreiben würde.« Eine heisere, unfreundliche Stimme schreckte sie aus ihrem Brüten.

Jo blinzelte verdutzt. Vor ihr, mitten auf der belebten Straße, stand ein hagerer, in eine weite Kutte gehüllter Mönch. Sie benötigte einige Momente, bis sie Pater Lutger erkannte. »Oh, Ihr ...«, sagte sie gedehnt. Was wollte dieser Kerl von ihr?

Wieder musterte er sie mit seinem stechenden Blick. »Ich sehe Eure Seele im Höllenfeuer schmoren«, verkündete er so laut, dass einige Menschen auf der Gasse stehen blieben und sich nach ihnen umdrehten. »Ihr habt nur noch eine Möglichkeit, der ewigen Verdammnis zu entkommen: indem Ihr umkehrt und öffentlich Abbitte für Eure Sünden leistet.«

»Wie bitte?«

»Ich erwarte Euch am kommenden Sonntag bei der Messe in der Marienkirche. Auf den Stufen des Altarraums kniend, werdet Ihr Buße tun.«

»Ich denke ja gar nicht daran ...«

Mit seinem knochigen Zeigefinger deutete Pater Lutger anklagend auf Jo, während er um Zustimmung heischend die Leute ansah, die sich mittlerweile in einem Grüppchen um sie versammelt hatten. »Hier, betrachtet sie gut, diese Verworfene, und lasst sie Euch ein abschreckendes Beispiel dafür sein, was Stolz und Hoffart aus einem Menschen machen können.«

Jo reichte es nun endgültig. »Ach, rutschen Sie mir doch den Buckel runter«, fuhr sie ihn an. »Typen wie Ihr – engstirnige, verbitterte und verknöcherte alte Männer – sind der Grund dafür, warum den Kirchen im 21. Jahrhundert die Leute in Scharen davonlaufen.«

Nun starrte der Pater sie konsterniert an. »21. Jahrhundert ...?«

»Ja, moralinsaure Pfaffen wie Ihr. Die nichts anderes können, als den Leuten zu drohen und sie einzuschüchtern.« Da er immer noch keine Anstalten machte, ihr aus dem Weg zu gehen, packte Jo ihn kurzerhand bei den hageren Schultern und schob ihn beiseite. Die Gaffer funkelte sie so wütend an, dass die Leute vor ihr zurückwichen. *Eine Auseinandersetzung mit einem bigotten, durchgeknallten Geistlichen, das hat mir wirklich gerade noch zu meinem Glück gefehlt!*, dachte sie gereizt.

»Josepha, wie schön, dass Ihr gekommen seid!« In dem zum Hof hin offenen Gang vor seiner Werkstatt eilte Meister Mattis Jo mit weit ausgestreckten Händen entgegen. Sein Lächeln war eindeutig wieder nur »strahlend« zu nennen. »Ich hätte nicht so bald schon mit Euch gerechnet. Umso angenehmer ist die Überraschung.«

Stand er doch auf sie? Falls seine Freude nur gespielt war – dann aus welchem Grund?

»Ähm, ich hatte gerade Zeit«, erklärte Jo etwas lahm, während Meister Mattis sie in die Werkstatt dirigierte. Wie bei ihrem letzten Besuch war der Raum sehr hell. Geradezu von Licht durchflutet, wenn sie ihn mit den niedrigen, dämmrigen Stuben verglich, die es sonst in den mittelalterlichen Häusern gab.

»Nehmt doch bitte dort Platz.« Er wies auf einen Lehnstuhl im hinteren Teil des großen Raums. »Und wenn Ihr nun Euer Gesicht etwas nach links drehen würdet ... Ja, noch etwas weiter.« Ganz leicht berührte er ihre Wange, während er ihren Kopf in die gewünschte Position brachte. »Gut so.«

Jo verkniff sich gerade noch die Bemerkung, dass sie sich vorkam wie beim Fotografen. »Eine schlimme Sache, der Mord an diesem jungen Mann, der mitten in der Stadt bei der Gertrudiskirche gefunden wurde«, begann sie stattdessen tastend.

Meister Mattis wandte sich ab und ging zu dem großen Holztisch, auf dem kleine Tonmodelle, Pergamentbogen, Wachstäfelchen und diverse Schreibgeräte standen und lagen. Einige Momente verharrte er dort reglos, bis er schließlich ein Wachstäfelchen und einen Griffel zur Hand nahm und zu ihr zurückkehrte. *Ist das Zufall oder will er mir ausweichen?*, fragte sich Jo.

»Ja, in der Tat eine üble Sache«, sagte er dann.

»Habt Ihr den Ermordeten – Frowin – gekannt?«

Überraschung – oder ein anderer Ausdruck? – huschte über Meister Mattis' Gesicht. Er trat einen Schritt von ihr weg und verschränkte die Arme vor der Brust. »Josepha, warum wollt Ihr das wissen?«

»Habt Ihr oder habt Ihr nicht?« Ihr Tonfall war schneidend und kalt. Unwillkürlich hatte sie ihre Verhörstimme benutzt.

»Ich wüsste nicht, was Euch das angeht.« Er musterte sie ärgerlich, bis seine Miene ein plötzliches Begreifen spiegelte und milder wurde. »Oh, fragt Ihr Euch etwa, ob ich ein heimlicher Sodomit bin, weil Frowin ein Lustknabe war?«

»Nein, ich frage mich, ob Ihr nicht vielleicht sein Mörder seid.« In der folgenden Stille hallten Jos Worte nach, schienen sich mit ihrem Gewicht bis in die hintersten Winkel der Werkstatt auszudehnen.

»Frowins Mörder ...? Wie könnt Ihr nur so etwas von mir denken?« Er war blass geworden. Seine Stimme klang mehr bestürzt als vorwurfsvoll. »Ihr kennt mich doch.«

Nein, sie kannte ihn überhaupt nicht ... »Würdet Ihr bitte einfach meine Frage beantworten?«

Meister Mattis schüttelte den Kopf. »Josepha, Ihr seid mir plötzlich völlig fremd geworden. Als ob Ihr ein ganz anderer Mensch wäret. Ja, als ob etwas in Euch zu Stein geworden wäre.«

War sie das als Polizistin – versteinert? Jo schob den Gedanken beiseite.

Als sie nichts erwiderte, räusperte Meister Mattis sich. »Ja, ich kannte Frowin. Im Sommer habe ich einige Statuen für die Fassade der Gertrudiskirche angefertigt. Deshalb hatte ich häufiger dort zu tun. Ich sah den Jungen einige Male, als er die Kirche besuchte. Er fiel mir auf. Er wirkte unschuldig, aber gleichzeitig so, als ob er an einer geheimen Last trüge. Er war genau die Inspiration für die Statue eines gefallenen Engels, nach der ich schon lange gesucht hatte.« Meister Mattis trat zu einem Regal in der Nähe des Tischs und nahm ein dünnes Buch heraus. Nachdem er kurz darin geblättert hatte, reichte er es Jo. Von den Pergamentseiten blickte ihr, einmal mit schwarzer Tusche, einmal mit einem Silberstift gemalt, Frowin entgegen. Sie musste an ihr Gespräch mit ihm denken und daran, wie jung er gewesen war, und schluckte.

»Ich fragte den Jungen, ob er mir Modell sitzen würde«, redete Meister Mattis weiter. »Frowin willigte ein. Nach und nach fasste er Vertrauen zu mir und erzählte mir, dass er sich Geld als Lustknabe verdiente. Ich schätze, er war einsam und einfach froh, sich einmal jemandem anvertrauen zu können.«

»Hat er Euch von seinen Freiern erzählt?«

Meister Mattis starrte sie verblüfft an. »Nein, natürlich nicht. Und ich wäre auch nicht auf den Gedanken verfallen, ihn danach zu fragen.«

Okay, war auch nur ein Versuch gewesen ... »Warum seid Ihr Frowin in der Mordnacht gefolgt?«

»Woher wisst Ihr das?«

»Das tut nichts zu Sache.«

Er musterte sie erneut ärgerlich und schien mit sich zu Rate zu gehen, ob er Jo antworten sollte oder nicht. Doch schließlich sagte er: »Ich hatte den Pfarrer der Gertrudiskirche wegen eines Auftrags aufgesucht ...«

»Pater Kolonat?«, unterbrach ihn Jo.

»Nein.« Er schüttelte ungeduldig den Kopf. »Pater Hilarius ... Pater Kolonat ist nicht der Gemeindepfarrer. Das wisst Ihr doch.«

Wusste sie nicht ... Jo sparte sich den Hinweis auf ihre lange Krankheit. »Um welchen Auftrag ging es?«, fragte sie stattdessen.

»Um zwei Heiligenstatuen, die ich und meine Werkstatt noch für die Fassade anfertigen sollten. Als ich das Haus des Pfarrers verließ, sah ich Frowin über den Kirchplatz und dann in Richtung des Seitenschiffs laufen. Ich hatte ihn länger nicht gesehen und wollte einfach wissen, wie es ihm ging.«

»Wie lange habt Ihr mit ihm gesprochen?«

Meister Mattis wirkte immer verwirrter. »Nicht lange. Vielleicht für die Dauer von zwei Vaterunsern.«

Wie sie diese Zeitangaben hasste ... Nun, sehr lange schienen sich die beiden also nicht unterhalten zu haben. »Und dann, nachdem Ihr Euch von Frowin verabschiedet hattet ...?«

Er zuckte mit den Schultern. »Frowin ist stehen geblieben. Ich hatte den Eindruck, dass er auf einen Freier wartete, und wollte ihn nicht stören.«

»Wo genau befand er sich, als Ihr ihn verlassen habt?«

»Beim hinteren Ende des Seitenschiffs. Dort, wo es vom Querschiff gekreuzt wird.« Meister Mattis runzelte nachdenklich die Stirn. »Nicht weit weg vom Ausgang der Sakristei.«

Jo nickte. Sie und Lutz hatten festgestellt, dass dort eine Tür von der Sakristei nach draußen führte. In der folgenden Nacht waren Jörg Schreiber und Pater Kolonat in der Sakristei verschwunden. Der Pater besaß einen Schlüssel für das Hauptportal. Also besaß er bestimmt auch einen Schlüssel zu dieser Seitentür.

»Habt Ihr gesehen, dass jemand zu Frowin kam – oder sonst etwas beobachtet?«

»Nein«, er schüttelte ungeduldig den Kopf, »ich sagte Euch doch schon, dass ich ihn nicht stören wollte.«

Ob Meister Mattis die Wahrheit gesprochen hatte? Jos Gefühl sagte: Ja. Aber was hieß das schon?

Er ging einen Schritt auf sie zu, während er sie ernst und forschend anblickte. »Josepha, nachdem ich Euch all Eure merkwürdigen Fragen beantwortet habe, beantwortet Ihr mir nun bitte meine Frage: Warum wollt Ihr all dies von mir wissen?«

Sie dachte kurz nach. Was konnte es schaden, wenn er die Wahrheit, oder zumindest einen Teil davon, kannte? »Weil es meine Aufgabe ist, den Mord an Frowin aufzuklären.«

»Was redet Ihr da?«

»Es ist so, wie ich Euch sage. Auch wenn ich Euch den Grund dafür nicht nennen kann.«

»Ich glaube Euch kein Wort.« Abwehrend schüttelte er den Kopf.

Jo seufzte. »Wenn Ihr wirklich nichts mit dem Mord an Frowin zu tun habt und wenn Euch tatsächlich etwas an Josepha Weber liegt – ich meine, an der Josepha, die Ihr kennt und die Ihr mögt –, dann vergesst am besten dieses Gespräch. So, als hätte es nie stattgefunden.«

Meister Mattis' Miene verfinsterte sich immer mehr. »Ihr sprecht in Rätseln. Ich bitte Euch, geht!«

Jo begriff, dass ihn jedes weitere Wort nur noch mehr aufbringen würde. Dabei konnte sie seinen Ärger nur zu gut verstehen. *Herrje, dachte sie, als sie auf die Gasse hinaustrat, nicht nur, dass ich in einer Zeit herumstolpere, in die ich nicht gehöre – nun bringe ich auch noch das Leben einiger Menschen gehörig durcheinander. Hoffentlich habe ich meiner Ahnin nicht soeben eine mögliche vielversprechende Beziehung ruiniert.*

Später an diesem Tag, gegen zehn Uhr am Abend, schloss Wolfram die Tür seines Kontors ab. Eben hatte er seinen Rundgang durch das Männerbordell absolviert. So weit war alles in Ordnung. Sämtliche Zimmer waren belegt. Die Geräuschkulisse war die übliche. Stöhnen, Seufzen, verlegenes Kichern und da und dort Peitschenhiebe und Schreie. Aber auch die Schreie hatten eine normale Intensität und Lautstärke. Kein völlig wahnsinniger Freier war da zugange. Also konnte er guten Gewissens das Haus verlassen und sich in seinem Stammwirtshaus ein schnelles Bier genehmigen.

Draußen auf der Gasse fröstelte er. Verdammt kalt war die Nacht, und der Nebel, der vom Fluss aufgestiegen war und in dicken Schwaden zwischen den Häusern hing, machte das Wetter auch nicht angenehmer. Immerhin war es ihm schon gelungen, einen Ersatz für Frowin zu finden. Auch für Anselm hatte sich – nachdem dieser plötzlich nicht mehr aufgetaucht war – schnell ein anderer junger Mann gefunden. Es gab genug Arme und Heimatlose, die sich gern auf diese verworfene Weise ihr Geld verdienten. Er – Wolfram – hatte es ja eindeutig mit den Frauen.

Wobei es ihm schon leidtat, dass Frowin nun nicht mehr als Lustknabe zur Verfügung stand. Mit seiner schüchternen, verdrucksten Art und den lang bewimperten Augen in seinem weiblichen Gesicht war er das ideale Opfer gewesen. Dafür, sich an ihm austoben zu dürfen, hatten die Freier mit den besonders kranken Neigungen gerne tief in die Tasche gegriffen. Anselm hatte zwar auch gutes Geld ins Haus gebracht, aber er war zu aufsässig gewesen und hatte einen zu großen Anteil am Kuchen verlangt. Früher oder später wäre er zu einem Problem geworden.

Mein Gott, was für eine Suppe! Die Laternen an den Hauswänden waren ja kaum noch zu erkennen. Wobei ... Wolfram stutzte. Warum sah er in einiger Entfernung eine Laterne gelblich durch den Nebel schimmern, und am Haus neben ihm brannte kein Licht?

Nun verschwand auch der gelbe Schein. Etwas legte sich schwer über sein Gesicht. Wolfram benötigte einige Momente, bis er begriff, dass dies kein stinkender Nebelschwaden war, sondern ein festes Tuch. Ein Tritt gegen seine Kniekehlen ließ ihn in den Schnee sacken. Ehe er auch nur einen Finger zur Gegenwehr rühren konnte, waren ihm die Arme schon auf den Rücken gedreht und gefesselt worden. Er rang nach Atem. Dann verlor er die Besinnung.

»Mit links, nimm den Ball mit links! Jetzt abgeben ... schießen ... Jaaa!« Lutz Jägers Stimme schallte durch die Gasse. Jo zog sich die Kapuze ihres Mantels tiefer ins Gesicht und blieb im Toreingang eines Fachwerkhauses stehen. Vor der *Grünen Traube* rannten Lutz, einige Jungen und sogar ein paar Erwachsene – offenbar Kumpels ihres Kollegen – auf dem schneebedeckten Boden herum und versuchten, einen Kohlkopf in ein wackliges, aus zusammengebundenen Holzstangen errichtetes Tor zu bugsieren. Die Gesichter aller waren von der Kälte und von der Anstrengung gerötet. *Männer ...*

Haarscharf schoss der reichlich malträtierte Kohlkopf am Fuß eines Jungen vorbei und rumpelte über den unebenen Boden auf Jo zu. Sie nahm ihn an und kickte ihn zu den Spielern zurück. Dabei gab sie Lutz einen verstohlenen Wink. Er nickte ihr zu, hatte verstanden. Jo hastete in einen nahen

Durchgang zwischen zwei Häusern, der in die Gasse hinter der Kneipe mündete. Sie drückte das Tor in dem Weidenzaun auf und schlüpfte in den Hof, wo Beete unter dem Schnee lagen und Holzscheite ordentlich unter dem Schutz des Strohdachs an der Hauswand gestapelt waren.

Als Jo den Kneipenraum betrat, war Lutz schon dort. Er hatte zwei Stühle vor die Feuerstelle gerückt und eine Tonschale mit Gebäck auf einen Schemel gestellt. Über den Flammen hing wie immer ein großer Bronzetopf. Daraus roch es nach Rüben, eingeweichtem Brot und Thymian.

»Herbert, Herbert – pass auf! O nein ...« Das an- und abschwellende Geschrei der Spieler drang durch die Fensterluken.

Jo setzte sich und nahm sich eines der Plätzchen. »Bald hast du ja wirklich eine Elf beisammen. Gar nicht schlecht, die Jungs. Wenn man bedenkt, dass ihr mit einem Kohlkopf kickt.«

»Ach, es ist wirklich ein Jammer.« Lutz' Gesicht bekam einen verträumten Ausdruck. »Einer der Jungen, Werner, ich habe dir, glaube ich, schon von ihm erzählt ... hat ein fantastisches Ballgefühl. Im 21. Jahrhundert könnte er es mit etwas Glück wahrscheinlich mindestens bis in die dritte Liga schaffen.«

»Du hast mir eine Nachricht geschickt, dass du mich unbedingt sprechen musst«, erinnerte ihn Jo.

»Ja.« Lutz nickte und wurde ernst. »Jörg Schreiber ist tatsächlich der Besitzer des Männerbordells. Ein paar Freunde und ich haben seinen Geschäftsführer letzte Nacht entführt und ein bisschen unter Druck gesetzt.«

»Unberechtigte Gewaltanwendung«, meinte Jo nachdenklich. »Freiheitsberaubung ...«

Lutz grinste. »Ehrlich gesagt, du wirkst nicht so, als ob du das sehr verurteilen würdest.«

»Irgendwie verrohe ich in dieser Zeit moralisch immer mehr ...«

»Es war nicht schwer, den Kerl zum Reden zu bringen. Das Androhen von Prügeln hat genügt. Ein Muskelprotz, aber ohne Mumm.«

»Ah ja?«, erwiderte Jo etwas pikiert, die sich daran erinnerte, wie Wolfram sie bei ihren Ermittlungen auf die Gasse befördert hatte.

»Also, um unsere bisherigen Erkenntnisse aufzuzählen ...« Lutz beugte sich vor. »Anselm und Frowin arbeiteten als Lustknaben für Jörg Schreiber. In der Nacht nach dem Mord an Frowin haben wir Schreiber zusammen mit Pater Kolonat in der Gertrudiskirche gesehen. Pater Kolonat wiederum war Anselms Freier und bereit, viel Geld für dessen Dienste zu bezahlen. Außerdem handelt Schreiber mit Reliquien. Anselm stammte aus der Gegend um Worms. Worms und Ebersheim hatten einen Streit wegen der Reliquie der heiligen Gertrudis, und in die Verhandlungen, die den Streit beilegten, war Schreiber involviert.«

»Vielleicht hat Schreiber die Reliquie gestohlen – oder stehlen lassen – und sie an Worms oder einen anderen Interessenten verkauft. Vielleicht wusste Anselm ja davon«, spann Jo seinen Gedanken weiter. »Womit wir ein weiteres Tatmotiv entdeckt hätten.«

»Und Frowin musste möglicherweise sterben, da er wiederum darüber etwas wusste.« Lutz nickte.

Jo dachte einige Momente über das Gesagte nach, während sie an ihrer Unterlippe kaute.

»Irgendetwas beschäftigt dich doch?«, fragte Lutz.

»Ach, irgendwie passt das mit Schreiber, diesem Pater Kolonat, Anselm, Frowin und dem aufgebrochenen Reliquiengehäuse alles zu gut zusammen.«

»Optimismus ist nicht gerade deine Stärke, was?«

Im Fall des Serienvergewaltigers bin ich mir viel zu sicher gewesen, ging es Jo durch den Kopf. Zu ihrer Erleichterung schien ihr Kollege nicht daran zu denken. Nein, sie wollte jetzt wirklich nicht auf ihr Versagen zu sprechen kommen.

»Möglicherweise handelt es sich bei den Morden ja auch um Lustmorde«, wandte sie ein und bemühte sich, das leichte Zittern in ihrer Stimme zu unterdrücken. »Auch wenn an Anselms und Frowins Leichen zumindest äußerlich keine Vergewaltigungsspuren festzustellen waren und ihre Kleidung nicht zerrissen war.«

»Du hast recht. Ein sexuelles Motiv ist nicht ganz auszuschließen.« Lutz nickte. »Vielleicht haben wir es ja mit einem Mörder zu tun, der seine Lust aus dem Töten junger Männer bezieht. Andererseits ... Hätte er dazu wie im Fall von Anselm wirklich das Licht aus der Apsis benötigt?«

»Vielleicht wollte er Anselms Gesicht im Todeskampf sehen ...« Ein flaues Gefühl breitete sich in Jos Magen aus. »Jedenfalls müssen wir unbedingt noch weitere Reliquiengehäuse untersuchen und feststellen, ob daran auch manipuliert wurde«, fuhr sie nach einer kurzen Pause fort, froh darüber, sich wieder auf sicherem Grund zu bewegen. »Außerdem werde ich morgen wieder einmal unsere Äbtissin aufsuchen. Vielleicht kann sie uns, was die Reliquien betrifft, irgendwie weiterhelfen.«

»Dann entbiete der alten Dame meine besten Grüße und richte der Köchin aus, dass ich von ihrem Plätzchenrezept wirklich begeistert bin. Du isst übrigens gerade davon. Nur, um dich ganz am Rande darauf aufmerksam zu machen.«

Von draußen war immer noch das Gebrüll der Spieler zu hören. Jo spürte die Wärme der Flammen und den Geschmack von Zimt und einem Hauch Muskat auf ihrer Zunge. Das 21. Jahrhundert war plötzlich sehr weit weg. Sie entspannte sich. »Ja, die Kekse schmecken wirklich toll. Besser

als die, für die ich gestern den Teig gerührt habe.« Sie nahm
sich ein weiteres Plätzchen und gähnte. »Jedenfalls bin ich
dafür, dass wir einen Teil der Reliquiengehäuse bei Tag untersuchen. Ich brauche meinen Schlaf und kann mir nicht
jede Nacht um die Ohren schlagen. Ich hätte wirklich nicht
gedacht, dass es den Weihnachtsstress auch schon im Mittelalter gab ... Katrein und die Mägde stellen das ganze Haus
auf den Kopf und wienern jeden Winkel. Unmengen von
Würsten werden gemacht, und die Köchin backt Berge von
Brot und allen möglichen Süßigkeiten. An die toten Gänse
und Hühner, die in der Speisekammer an Haken von der Decke baumeln, darf ich gar nicht denken ...« Jo schüttelte sich.
»Und jeden Tag kommen Scharen von Leuten in den Laden
der Weberei und kaufen ein.«

»Sei doch froh, dass du ein gutes Weihnachtsgeschäft
hast.« Lutz lachte. »Ich werde auch noch speziell gewürzte
Würste machen – Wurst machen wollte ich ohnehin schon
immer einmal. Und Stollen backen und Pfefferkuchen und
Gänsepasteten. Und für den vierundzwanzigsten Dezember
werde ich auf jeden Fall einen Weihnachtsbaum besorgen.«

»Damit bist du ein paar Jahrhunderte zu früh dran. Weih-
nachtsbäume gibt es erst seit achtzehnhundertirgendwas ...«

»Ist mir egal. Kein Weihnachten ohne einen Tannenbaum
voll brennender Kerzen.«

»Ich muss los.« Jo stand auf. »Das Kassenbuch muss ich
auch noch auf den neuesten Stand bringen. Wenigstens gibt
es kein Finanzamt, das meine Buchhaltung überprüfen könnte.
In welcher Kirche sollen wir damit anfangen, die Reliquienschreine zu überprüfen? Und wann?«

Sie beratschlagten kurz und verabredeten dann, sich am
nächsten Morgen den Schrein in der Stephanskirche – das
Gotteshaus war nicht weit von St. Gertrudis entfernt – vorzunehmen. An der Hintertür blieb Jo noch einmal stehen. »Jörg

Schreiber wird wahrscheinlich davon ausgehen, dass du und deine Freunde hinter dem Anschlag auf seinen Geschäftsführer steckt. Pass auf dich auf.«

»Ach, ich glaube eigentlich nicht, dass der feige Muskelprotz Schreiber berichten wird, dass wir ihn gekidnappt haben.« Lutz winkte ab. »Immerhin ist die ganze Sache ja ziemlich peinlich für ihn. Also ich würde keinen Bordellwächter einstellen, der noch nicht einmal sich selbst verteidigen kann.«

»Trotzdem«, beharrte Jo, »gib auf dich acht!« Als sie in den Hinterhof trat, fragte sie sich einen Moment lang, ob sie sich einfach nur um einen Kollegen sorgte oder ob bei der plötzlichen Angst um Lutz mehr mitschwang. *Nein*, sagte sie sich dann energisch, *es ist wirklich nur die Sorge um einen Kollegen.* Sie und Jäger, den sie vor ein paar Wochen noch kein bisschen hatte ausstehen können ... Schon allein die Vorstellung war ja absurd.

Sehnsüchtig schaute der magere Junge, den alle nur Junge oder Bursche oder »du da« riefen – er konnte sich nicht daran erinnern, jemals einen Namen besessen zu haben –, den Spielern zu. Mehr als alles in der Welt wünschte er sich, Teil der Gruppe zu sein. Mit den Jungen und Männern dem Kohlkopf hinterherzurennen, angerempelt zu werden, beschimpft und gelobt zu werden, den Kohlkopf über die verschneite Gasse zu treten und, ja, das Paradies konnte auch nicht schöner sein, ihn durch die Holzstangen zu schießen.

Sollte er es vielleicht doch einmal wagen, sich der Gruppe anzuschließen? Sie schienen alle ganz nett zu sein, vor allem Lutz, der Wirt, der vor einer Weile in der *Grünen Traube* verschwunden war. Kurz nachdem auch Josepha Weber das Haus durch den Hintereingang betreten hatte.

Schrecken und Schuldbewusstsein durchzuckten den Jungen und ließen ihn aufstöhnen, während er schon zu dem engen Durchgang zwischen den Häusern hetzte. Er hätte den Hintereingang bewachen müssen. Stattdessen war er wieder zur Gasse gerannt. Nur für einige Augenblicke hatte er das Spiel beobachten wollen. Aber daraus war eine ganze Weile geworden. Nicht auszudenken, wenn Josepha Weber inzwischen das Wirtshaus verlassen hatte.

Der Junge schluckte schwer, als er das aus Weidenzweigen geflochtene Tor erreichte. Frische Fußspuren zeichneten sich im Schnee ab. Sie führten aus dem Hof auf die Gasse. Der Obergeselle hatte ihn schon einmal ausgeschimpft und ihm eine schallende Ohrfeige verpasst, weil er die Herrin hatte entwischen lassen. Panisch blickte er sich um. Aber da – ein Stück weiter unten in der Gasse erblickte er nun eine mittelgroße Frau, die in einen dunklen Wollmantel gehüllt war und eine Kapuze über ihren Kopf gezogen hatte. Josepha Weber! Er hatte sie doch nicht verloren.

Während er ihr hastig folgte, kamen dem Jungen vor Erleichterung beinahe die Tränen.

»Um es vorwegzunehmen: Ich bin Agnostikerin und außerdem Protestantin. Ich kann mit so abergläubischem Zeugs, wie es Reliquien meiner Ansicht nach sind, nichts anfangen«, sagte Jo am nächsten Nachmittag zur Äbtissin.

Wie bei ihren letzten Besuchen saß ihr die alte Frau wieder an dem wuchtigen Holztisch in ihrem Arbeitszimmer gegenüber. Sie hob unbeeindruckt die Augenbrauen. »Unter dem Wort ›Agnostikerin‹ kann ich mir ja etwas vorstellen. Aber was soll das heißen, dass Ihr ›Protestantin‹ seid? Gegen wen oder was protestiert Ihr denn?«

Natürlich, Luther trat ja erst mehr als hundert Jahre später auf den Plan ... Jetzt mit Äbtissin Agneta über die Entstehung der Reformation zu diskutieren, würde wirklich zu weit führen.

»Ach, vergesst einfach, was ich eben gesagt habe.« Jo schüttelte den Kopf.

»Gut, dann solltet Ihr mir jetzt erzählen, warum Ihr mich eigentlich aufgesucht habt.«

»Der Reliquienschrein der heiligen Gertrudis wurde aufgebrochen.« Jo berichtete ihr rasch, was sie und Lutz Jäger in der Nacht, nachdem Frowin ermordet worden war, herausgefunden hatten. »Und am Schrein des heiligen Stephan befinden sich ebenfalls Spuren, die darauf hindeuten, dass er gewaltsam geöffnet wurde.«

Jo und Lutz hatten dies am Morgen entdeckt. Es war nicht ganz einfach gewesen, sich dem Schrein unbemerkt zu nähern. Denn immer wieder waren Menschen in die romanische Kirche gekommen und hatten Kerzen vor den Heiligenaltären angezündet oder sich auch einfach nur zum Beten hingekniet. Aber schließlich war es ihnen doch gelungen, den Schrein mit dem Lesestein zu untersuchen. Das vergoldete Türchen wies eindeutig tiefe Kratzer um das Schloss herum auf. Auch in diesem Schrein hatte sich ein kleines gläsernes Behältnis mit einem Knochensplitter darin befunden. Die goldene Fassung war kunstvoll gearbeitet gewesen – und ebenfalls mit tiefen Kratzern versehen.

»Was mein Kollege und ich nun einfach nicht verstehen, ist«, schloss Jo, »dass sich jemand die Mühe macht, eine Reliquie zu stehlen. Denn offenbar sind die beiden Reliquien ja gestohlen worden. Warum nimmt der Dieb nicht einfach irgendein Knöchelchen und behauptet, dies sei die Reliquie? Ich weiß von Fällen, in denen Reliquien in meinem Jahrhundert untersucht wurden. Wir verfügen über Apparaturen, die kleinste Dinge so weit vergrößern können, dass ihre Struktur sichtbar wird, und über chemische Analysen ...« Sie stockte kurz und verbesserte sich dann: »Ich meine damit, wir verfügen über Möglichkeiten, Stoffe auf ihre Bestandteile zu überprüfen. Dabei stellte sich heraus, dass manche sogenannte ›Reliquien‹ in Wahrheit Splitter von Tierknochen waren. Ganz zu schweigen davon, dass es bei anderen Knöchelchen menschlicher Herkunft offenblieb, ob sie tatsächlich von dem Heiligen stammten, dem sie zugeschrieben wurden.«

»Euer Zeitalter scheint sehr ernüchternd zu sein. Und bar von Geheimnissen ...«

»Wenn Ihr das so nennen wollt ...« Jo zuckte mit den Schultern. »Ich würde sagen, die Wahrheit ist allemal besser als ein frommer Betrug.«

»Manchmal ist es schwierig, festzustellen, was die Wahrheit ist. Außerdem kann sie manchmal sehr hart sein.« Die Äbtissin wiegte den Kopf. Im Zimmer war es schattig geworden. Mit Hilfe ihrer Krücke stemmte sie sich aus ihrem Lehnstuhl, ging zu dem Kamin, in dem ein großes Holzscheit brannte, und hielt einen Span in die Flammen. Damit entzündete sie die dicke Honigkerze auf ihrem Tisch. Einen Moment lang betrachtete sie nachdenklich das aufflackernde Licht, ehe sie weiterredete.

»Und vielleicht hilft das, was Ihr einen frommen Betrug nennt, in gewissen Fällen den Menschen ja, besser durchs Leben zu kommen. Aber wie auch immer ... Für einen frommen Dieb würde es auf jeden Fall einen Unterschied machen, ob er wirklich die Reliquie besitzt oder nur einen völlig beliebigen Knochensplitter.«

»Aber es ist doch bestimmt eine schwere Sünde, eine Reliquie zu stehlen. Wie könnte also ein frommer Mensch so etwas tun?«

»Da habt Ihr recht.« Die Äbtissin nickte. »Ein solcher Dieb müsste fürchten, sich die ewige Verdammnis zuzuziehen.«

In welch seltsamen Kategorien in dieser Zeit nur immer gedacht wurde ... »Mein Kollege und ich haben den Verdacht, dass Jörg Schreiber hinter dem Reliquiendiebstahl stecken könnte.«

Äbtissin Agneta wirkte nicht überzeugt. »Ich weiß, dass dieser Mann in viele gottlose Geschäfte verstrickt ist. Aber einen Reliquiendiebstahl traue ich ihm eigentlich nicht zu. Im Grunde genommen ist er ein ängstlicher Mann. Wie eigentlich fast alle Menschen, die ihr ganzes Sinnen auf den Erwerb von Macht und Geld richten. Deshalb wird er kaum das Risiko auf sich genommen haben, sein Seelenheil durch einen solchen Diebstahl aufs Spiel zu setzen.«

»Was ist mit der Beichte? Oder einer großen Stiftung für fromme Zwecke?«

»Meine Liebe ...«, die Äbtissin lächelte ein wenig – so kam es Jo vor – wie eine geduldige Lehrerin, die es mit einer etwas begriffsstutzigen Schülerin zu tun hatte, »... für einen derartigen Reliquienfrevel würde ihm kein Priester die Absolution erteilen. Jedenfalls nicht ohne eine wirklich schwerwiegende Buße. Wie etwa eine Pilgerreise ins Heilige Land. Und um sich davon ›loskaufen‹ zu können, wie Ihr es andeutet, müsste Jörg Schreiber schon ein neues Kloster stiften. Wenn er also die Reliquien des Geldes wegen gestohlen hätte, hätte er davon keinerlei Gewinn. Womit sein Tun wiederum jeder Logik entbehren würde.«

Jo musste zugeben, dass die Argumente der alten Frau durchaus stichhaltig waren. »Aber was hat dies alles dann zu bedeuten?«, beharrte sie.

»Ich weiß es nicht.« Die Äbtissin seufzte. »Dieser Reliquienfrevel beunruhigt mich ehrlich gesagt genauso sehr wie die beiden Morde.« Im Licht der Kerzenflamme wirkte ihr raubvogelhaftes Gesicht plötzlich hart und besorgt.

»Nun, meine Prioritäten sind hier eindeutig andere.« Jo schüttelte den Kopf.

Das helle Läuten einer Glocke hallte über das Klostergelände.

Die Äbtissin griff wieder nach ihrer Krücke, die am Tisch

lehnte. »Ihr entschuldigt mich ... Die Vesper beginnt gleich. Wenn Ihr und der Wirt der *Grünen Traube* etwas Neues über die Morde oder über den Reliquienfrevel herausfindet, lasst es mich bitte so bald wie möglich wissen.«

Frustriert lenkte Jo den Schlitten zurück zur Stadt. Über dem Flusstal hing zäher Nebel. Zudem war es dämmrig. Auch als sie den Wald hinter sich gelassen hatte und durch die Weinberge fuhr, konnte sie kaum die Hand vor Augen sehen. Sie ließ die Zügel locker und den Braunen sich selbst seinen Weg suchen. Während er gemächlich ausschritt und dann und wann ein lautes, seufzendes Schnauben ausstieß, hing sie ihren Gedanken nach. Wenn die Äbtissin recht und Jörg Schreiber gar nichts mit dem Diebstahl der Reliquien zu tun hatte, waren sie und Lutz Jäger mit ihren Ermittlungen noch kein Stück weitergekommen.

Oder hatten die Morde und die Diebstähle etwa gar nichts miteinander zu tun, und tatsächlich handelte es sich um zwei völlig getrennte Fälle? Waren Anselm und Frowin etwa doch aus sexuellen Motiven getötet worden? Wie sollte es ihnen nur jemals gelingen, den Mord an den beiden aufzuklären? In einer Zeit, in der die Menschen glaubten, dass sich die Sonne um die Erde drehte, Reliquien anbeteten und ständig mit irgendwelchen Wundern rechneten – die sich in Wahrheit nie ereigneten?

Wenn das so weitergeht, dachte Jo düster, *werde ich die nächsten Jahre als Inhaberin einer Weberei und eines Handelsgeschäfts in zugigen und dämmrigen Räumen verbringen. Bis mich dann eines Tages ein Blinddarmdurchbruch oder eine Blutvergiftung hinwegrafft.*

Endlich hatte sie die Stadtmauer erreicht. Die Fackeln über dem Tor kämpften gegen die feuchte Luft an. Neben der Straße, die ins Zentrum führte, standen überall Menschen in kleinen Grüppchen zusammen. Andere hasteten in Richtung der Stadtmitte. Was für diese Tageszeit ungewöhnlich war. Ob etwas Schlimmes geschehen war?

Jo überlegte noch, ob sie anhalten und jemanden fragen sollte, als sie unter den Menschen ihren Kollegen erblickte. »Lutz!«, rief sie. »He, Wirt der *Grünen Traube*!« Ihre Reputation als achtbare Witwe hatte sie in diesem Moment völlig vergessen.

Lutz hörte sie und bahnte sich durch das Gedränge seinen Weg zu ihr. An seiner finsteren Miene erkannte Jo, dass ihre Ahnung sie nicht getrogen hatte. »Fahr zur anderen Seite der Stadt«, sagte er nur, während er sich neben sie auf den Sitz schwang. »Zur Waidbachgasse.«

»Ein weiterer Mord?«

»Ja.« Er nickte.

5. KAPITEL

Die Waidbachgasse befand sich am Rande der Stadt, wo die enge Bebauung des Zentrums sich ausdünnte. Gehöftartige Anwesen lagen zwischen Wiesen und kleinen Feldern. Auf einer dieser Wiesen war auch die Leiche gefunden worden.

Eine große Menschenmenge umlagerte den Tatort. Die Schaulustigen, die sich nach dem Mord an Frowin bei der Gertrudiskirche versammelt hatten, waren aufgeregt und neugierig gewesen. Hier, an der weitläufigen, verschneiten Fläche zwischen einer hohen, kahlen Hecke schwirrte die Luft von zornigen Stimmen. Fackeln und Lampen warfen zuckende Schatten und verliehen der Szenerie ein zusätzlich unheimliches Gepräge. Jo sehnte sich nach kaltem, klarem Neonlicht.

Lutz steuerte auf einen rundgesichtigen, dicken Mann zu, den Jo – wenn der Anlass weniger ernst und bedrückend gewesen wäre – beinahe komisch gefunden hätte. Er trug einen Schlapphut und ein Lederwams. An seinem breiten Ledergurt baumelte ein Dolch, und in der Rechten hielt er eine Hellebarde – ein Aufzug, mit dem er geradewegs einem mittelalterlichen Jahrmarkt entstiegen zu sein schien. Nur, dass er tatsächlich hierhergehörte. Offenbar war der Mann ein Stadtsoldat.

»Grüß dich, Peter«, wandte sich Lutz an den Dicken. »Kannst

du mir etwas über den Toten sagen?« Anscheinend, konstatierte Jo, kannte ihr Kollege wirklich jeden.

Sie hatte sich einige Schritte hinter Lutz gehalten. Nun trat sie näher, als habe sie die Frage rein zufällig gehört und sei ganz einfach neugierig.

»Nun, es ist kein Er, sondern eine Sie.« Der Stadtsoldat kratzte sich an seinem stoppeligen Kinn.

»Wirklich? Bist du dir sicher?« Lutz' Stimme klang so perplex, wie Jo sich fühlte.

»Ja, ich irre mich nicht. Ich kenne das Mädchen sogar flüchtig. Es ist die Tochter von Conrad Baumgarten, einem Goldschmied, der sein Haus in der Josephigasse hat. Dürfte kaum vierzehn Jahre alt gewesen sein. Das arme Ding.« Peter schüttelte den Kopf.

»Könntest du mir helfen, durch die Menge zu kommen? Ich würde mir die Tote gern einmal ansehen.«

»Klar, mach ich.« Peter, der Lutz' Wunsch einfach für Neugierde und Schaulust zu halten schien, nickte. »He, aus dem Weg. Platz da!«, brüllte er und schob die Leute beiseite, wobei er seine muskulösen Arme einsetzte und auch den Stiel der Hellebarde kräftig gebrauchte. Jo hielt sich im Kielwasser der beiden Männer, bis sie den Rand der Menge erreichten. Rasch nahm sie die Szene in sich auf und zwang sich, nüchtern zu beobachten.

Ein halbes Dutzend weiterer Soldaten stand um den Leichnam. Dahinter wuchsen Sträucher und Bäume, deren vereiste Äste im Flammenschein ein kaltes Glitzern verströmten.

»Lasst Lutz mal durch«, bedeutete Peter seinen Leuten.

»Lutz ...« Sie nickten ihm ernst zu, während sie ihm Platz machten. Jo sah, wie ihr Kollege unwillkürlich zögerte, als ob er überlegte, wie mögliche Spuren am besten zu schützen seien. Dann ließ er sich von einem der Männer eine Fackel geben und beugte sich in einigem Abstand über die Tote.

Die Tote ...? Überrascht trat Jo einen Schritt näher und spähte zwischen den Soldaten hindurch. Nein, sie hatte sich nicht getäuscht. Das Mordopfer trug eindeutig Jungenkleidung. Eine Hose und einen kurzen Wollkittel unter einem dunklen Umhang. Langes blondes, blutbesudeltes Haar quoll unter einer Kappe hervor, als hätte das Mädchen es darunter versteckt. Hatte der Mörder sie für einen Jungen gehalten, und war sie deshalb ermordet worden? War ihre und Lutz' Theorie, dass der Mörder es möglichweise aus sexuellen Motiven auf junge Männer abgesehen hatte, also doch nicht falsch gewesen?

Auch dem Mädchen war die Kehle durchgeschnitten worden. Soweit dies unter all dem Blut zu erkennen war, musste es hübsch gewesen sein. Denn seine Augen waren groß, und die Gesichtszüge wirkten zart.

Jo registrierte plötzlich, dass das Stimmengewirr leiser geworden war. Hinter sich spürte sie eine Bewegung und wandte den Kopf. Bischof Leonard schritt in Begleitung einiger kostbar gekleideter Bewaffneter – sie gehörten wohl zu seiner persönlichen Wache – durch die Menge. Ehrfurchtsvoll bildeten die Leute eine breite Gasse. Auch Lutz und die Stadtsoldaten wichen zurück.

Hatte der Bischof sie mit seinem Blick gestreift, oder hatte der Fackelschein sie genarrt, und sie hatte sich das nur eingebildet? Ein Zittern durchlief Jo.

Einige Momente lang betrachtete Leonard das tote Mädchen. Dann bückte er sich, schloss ihr mit einer beinahe sanften Gebärde die Augen und bekreuzigte sich.

»Anna! Lasst mich zu meiner Tochter ... Anna ...« Die klagenden Schreie drehten Jo fast den Magen um. Trotz der Kälte brach ihr der Schweiß aus. Niemals würde sie sich an das Leid der Angehörigen gewöhnen. Eine Frau stürzte an ihr vorbei. Sie stieß Peter und einen anderen Soldaten, die sie festhalten wollten, zur Seite und warf sich schluchzend über die Tote, als wollte sie ihr Kind mit ihrem Leib schützen.

Eine Berührung an ihrem Arm ließ Jo aufschrecken. Lutz stand neben ihr. Sein Gesicht wirkte ganz grau. »Komm«, sagte er leise.

Sie kämpften sich wieder durch die Menge. Jo schien es, als ob sich mittlerweile noch mehr Menschen auf der Wiese zusammengefunden hätten. Auch die angrenzende Gasse war voll aufgeregter Leute. Rasch gingen sie weiter in Richtung Stadtrand. Noch immer gellten Jo die Schreie der Mutter in den Ohren. Gegenüber einem Gehöft wuchs eine Baumgruppe am Straßenrand. Sie steuerten darauf zu und verbargen sich zwischen den Stämmen.

»Ein ermordetes Mädchen, das Jungenkleidung trug ...« Lutz' Stimme klang ganz rau.

»Ja, ich habe mich auch schon gefragt, ob der Täter sie für einen Jungen hielt und sie deshalb umbrachte.« Sachlich über den Fall zu reden half Jo, ihre Gefühle einigermaßen unter Kontrolle zu bekommen.

»Wahrscheinlich wird ihre Familie sie nach Hause bringen und sie dort aufbahren. Ich schätze, das ist in dieser Zeit so üblich.« Auch Lutz suchte Halt in der Sachlichkeit. »Was es für uns schwierig machen dürfte, den Leichnam zu untersuchen.«

»Ich gehe besser allein dorthin und versuche, mit der Familie zu sprechen. Als Frau dürfte es mir leichter als dir gelingen, einen Zugang zu ihnen zu finden.« Jo graute es vor dieser Aufgabe. *Manches*, dachte sie traurig, *bleibt sich im Laufe der Jahrhunderte immer gleich.* Von dem Gehöft drang das dünne Winseln eines jungen Hundes zu ihnen herüber.

»War Annas Kleidung intakt, oder war sie zerrissen?«, fragte sie.

»Ich glaube intakt.«

»Also wahrscheinlich keine Vergewaltigung ...«

»Nein, wahrscheinlich eher nicht ...« Lutz räusperte sich. »Als ich mir vorhin die Leiche des Mädchens angesehen habe, ist mir etwas anderes aufgefallen. Ein merkwürdiger Schuhabdruck im Schnee. Er könnte natürlich auch von der Person stammen, die das Mädchen gefunden hat. Oder von einem der Stadtsoldaten ...«

»Jetzt sag schon, wie sah der Abdruck aus?«

»Ein Nagel mit einem kreuzförmigen Kopf, der in einem Absatz steckte.«

»Kannst du ihn aufzeichnen?«

»Du kannst es wohl nie lassen, Beweisstücke zu dokumentieren.« Lutz seufzte. Doch er folgte Jo zur Gasse, wo sie ihm eines ihrer Wachstäfelchen und einen Griffel reichte. Im schwachen Licht einer Lampe über einer Hofeinfahrt ritzte er den Abdruck in das Wachs. »Hier«, sagte er schließlich, während er ihr das Täfelchen reichte. »Aber ich muss dich warnen. Im Zeichnen hatte ich immer bestenfalls eine Drei.«

Gelblich und krakelig hoben sich die Umrisse eines eckigen Absatzes und eines umgetretenen Nagels, der etwa zwei Zentimeter lang schräg über der Sohle lag und einen breiten, kreuzförmigen Kopf hatte, von dem braunen Wachshintergrund ab. »Hat was von einer Kinderzeichnung«, konnte Jo sich nicht verkneifen zu bemerken.

»Ich hab's dir ja gesagt.« Er zuckte mit den Schultern.

»Gut, dann schlage ich vor, dass ich morgen die Familie des Mädchens aufsuche und du dich bei deinem Freund Peter und den anderen Stadtsoldaten wegen dieses Schuhs umhörst.«

Sie verabschiedeten sich und gingen getrennt zur Stadt zurück. In der Nacht träumte Jo von der Leiche des Mädchens. Ihr blutverschmiertes Antlitz vermischte sich mit den entstellten Gesichtern junger Frauen. Opfer aus ihrer eigenen

Zeit, deren Mörder sie zu finden versucht hatte. Schweißgebadet und mit wild klopfendem Herzen wachte Jo auf. Einen Moment lang wusste sie in der Dunkelheit nicht, ob sie sich im Mittelalter oder in der Gegenwart befand.

Das Haus in der Josephigasse, in dem Anna Baumgarten mit ihrer Familie gelebt hatte, war ein stattliches, schindelgedecktes Fachwerkgebäude. Sonst hatte es mit seinen grüngestrichenen Fensterläden und dem geschnitzten Hahn oben auf dem Dachfirst sicher anheimelnd und fröhlich gewirkt. Doch als Jo am Tag nach dem Mord darauf zuging, kam es ihr vor, als ob das Gebäude die Trauer seiner Bewohner ausstrahlte. Auch in der Gegenwart hatte sie dieses Gefühl häufig überfallen, wenn sie die Angehörigen von Mordopfern aufsuchen musste. Vielleicht lag es daran, dass diese Häuser oder Wohnungen eine besondere Stille zu umgeben schien.

Jo atmete tief durch und wappnete sich, als sie die Haustür aufzog, die nur angelehnt war. Sie war froh, dass sie nicht die Todesnachricht überbringen musste.

In dem geräumigen Flur stand eine dunkel gekleidete Magd, deren junges Gesicht aufgequollen und rot vom Weinen war. »Wenn Ihr Euch dort bitte einreihen wollt«, sagte sie leise und wies auf eine Reihe von – ebenfalls dunkel gekleideten – Menschen. Jo stellte sich in die Schlange, die sich langsam auf eine offene Tür zubewegte. Aus dem Zimmer dahinter war ein sich rhythmisch wiederholendes Gemurmel zu hören, das Jo an ein dahinplätscherndes Gewässer erinnerte.

Nach einer Weile konnte Jo über die Schultern der Leute vor sich den Sarg sehen. Er stand auf einem mit schwarzen Tüchern verhängten Tisch. Zwei große Kerzen brannten davor. An einer Seite des dämmrigen Raums saßen einige Frauen. Sie murmelten Gebete und ließen die Perlen eines Rosenkranzes durch ihre Finger gleiten. Menschen kamen aus dem

Zimmer, und die Schlange der Kondolierenden rückte weiter vor. Jo wunderte sich über den intensiven Gewürzgeruch in der Luft, bis sie begriff, dass er von einem Bronzebecken hinter dem Sarg herrührte. Die Gewürze verglommen in der Kohlenglut, wohl um den Verwesungsgeruch zu vertreiben.

Als Jo schließlich vor dem Sarg stand, bekreuzigte sie sich und senkte den Kopf, als ob sie ein stilles Gebet spräche, so wie sie es bei den anderen Trauernden beobachtet hatte. Ein fest gewebtes weißes Leinentuch verhüllte Annas Körper bis zur Brust. Ihre Hände hatte jemand gefaltet und ein kleines silbernes Kreuz zwischen die Finger geschoben. Gekleidet hatte man sie in ein dunkles Gewand. Dunkel war auch der Schal, der ihren Hals bis zum Kinn bedeckte und so die klaffende Wunde in ihrer Kehle verbarg. Annas zartes Gesicht war vom Blut gesäubert. Fast wirkte es, als ob sie schliefe. Doch die Augäpfel unter den geschlossenen Lidern waren zu tief in die Höhlen gesunken, und nun konnte Jo auch ganz schwach den Verwesungsgeruch wahrnehmen, der dem Leichnam entströmte.

»Heilige Maria, Muttergottes, steh uns bei, jetzt und in der Stunde unseres Todes«, hörte Jo die Frauen beten. Zorn erfüllte sie. Annas Todesstunde war viel zu früh gekommen. Gott und die heilige Jungfrau hatten den Mord geschehen lassen – wie so unendlich viele andere auch. Sie hielt es nicht länger in dem Raum aus und hastete zur Tür.

Ein Knecht vertrat ihr den Weg. »Meister Baumgarten und seine Gattin findet Ihr in der Stube«, sagte er mit gedämpfter Stimme.

Bedrückt fragte sich Jo, wie man wohl Trauernden im Mittelalter angemessen kondolierte. Doch letztlich war dies ganz einfach. Annas Eltern saßen auf hochlehnigen Stühlen an der Stirnseite eines großen, getäfelten Raums, in dem sich bereits andere Kondolierende aufhielten. Conrad Baumgarten war ein Mann in den späten Dreißigern, der sich sehr gerade hielt und ein markantes, willensstarkes Gesicht besaß. Sicher kein einfacher Ehemann und Vater. Seine zusammengepressten Lippen zeigten, wie zornig er war. Dieser Zorn, vermutete Jo, hielt ihn aufrecht. Seine Frau dagegen – Anna hatte ihre zarten Gesichtszüge geerbt, auch wenn sie fülliger war als ihre Tochter – weinte leise vor sich hin. Alle Lebenskraft schien sie verlassen zu haben.

Jo reichte den Eltern nacheinander die Hand und murmelte: »Mein Beileid.« Conrad Baumgarten nahm ihre Bekundung mit einem kurzen, beinahe schroffen Nicken zur Kenntnis. Seine Frau presste Jos Hand, als wollte sie sich daran festhalten. Jo trat zur Seite, um einem Mann, der hinter ihr wartete, Platz zu machen. *Wie soll es mir nur gelingen, mit den Eltern zu reden, ohne Aufsehen zu erregen?*, überlegte sie. Ob sie besser an einem anderen Tag wiederkam? Aber sie musste doch mit ihren Ermittlungen weiterkommen.

Unschlüssig blieb Jo neben dem wuchtigen Kamin stehen und verwünschte wieder einmal die Rolle, in die das Mittelalter sie zwang. Nun betrat ein Mann, der einen teuren, pelzbesetzten Mantel trug und eine Aura von Wichtigkeit verströmte – wahrscheinlich irgendein hoher Würdenträger der Stadt –, den Raum. Conrad Baumgarten stand auf und ging ihm entgegen. Ihre Einschätzung war anscheinend richtig gewesen.

Rasch sah Jo sich um. Die anderen Trauergäste waren in leise Gespräche vertieft. Auch Conrad Baumgarten und der Amtsträger redeten gedämpft miteinander. Niemand beachtete sie.

Jo huschte zu Annas Mutter und beugte sich zu ihr. »Bitte«, flüsterte sie, »ich möchte mit Euch über Anna sprechen. Es ist sehr wichtig. Können wir uns irgendwo ungestört unterhalten?«

»Warum ...?« Frau Baumgarten sah sie verständnislos an, während ihre Augen sich wieder mit Tränen füllten.

Wie sollte sie sich ihr nur begreiflich machen? Jo entschied sich für die Wahrheit: »Ich möchte Annas Mörder finden.«

»Aber ...«

»Bitte redet mit mir!«

Jo dachte schon, Annas Mutter würde sich wieder in ihre Trauer zurückziehen und sie nicht länger beachten. Doch schließlich nickte sie und flüsterte: »Wartet draußen auf mich.«

Kurz darauf erschien Annas Mutter in dem Flur und bedeutete Jo, ihr zu folgen. Eine Wendeltreppe hinauf und dann in eine Kammer – ganz offensichtlich Annas Zimmer. Keine Poster von Schauspielern oder Popstars hingen an den weiß gekalkten Wänden. Trotzdem war es unverkennbar, dass dieser Raum einer Jugendlichen oder jungen Frau gehört hatte. Eine in fröhlichen Farben gewebte Decke lag über dem Bett. Auf der Truhe saß eine Holzpuppe, die einen bunten Kittel trug. Daneben stand eine kleine Tonvase, in der ein Mistelzweig steckte, und an einem Nagel in der Wand baumelten Holzperlenketten und Armreifen aus Messing und Bronze.

Schwerfällig setzte sich Frau Baumgarten auf das Bett und nahm die Puppe in die Hand, als wollte sie so Anna nahe sein.

»Ihr erlaubt?«, fragte Jo. Als Annas Mutter nickte, zog sie sich einen Schemel heran.

»Josepha Weber, wie kommt Ihr dazu zu sagen, dass Ihr den Mörder meiner Tochter finden wollt?« Frau Baumgartens leise Stimme klang völlig emotionslos. »Das ist doch Sache der Richter und der Stadtsoldaten.«

Jo wollte sich nicht lange mit Erklärungen aufhalten, die

ohnehin nur unbefriedigend sein konnten. »Nein, es ist auch meine Sache«, gab sie entschieden zurück. »Mörder zu finden und dingfest zu machen ist mein Beruf ... Also ich meine gewissermaßen meine Berufung.« Sie beugte sich vor und sah Annas Mutter in die Augen. »Vor kurzem sind zwei andere Morde in der Stadt geschehen. Ich halte es für möglich, dass sie mit dem Mord an Anna in Verbindung stehen. Ich möchte verhindern, dass es weitere Todesfälle gibt. Deshalb bin ich auf Eure Hilfe angewiesen.«

Frau Baumgarten schüttelte den Kopf, und doch erkannte Jo daran, wie sie sich unwillkürlich ein wenig straffte und ihr Blick klarer wurde, dass sie ihr trotz aller Zweifel und ihres Unverständnisses gerne glauben wollte.

»Diese Puppe hat Anna gehört, nicht wahr?«, sagte sie sanft. »Eure Tochter muss das Spielzeug sehr geliebt haben, so abgewetzt wie das Gesichtchen ist.«

»Anna hat sie zu Weihnachten bekommen, als sie sechs Jahre alt war.« Frau Baumgarten lächelte ein wenig. »Sie hat sie Marie genannt und wollte sich nie von ihr trennen. Überall hat sie sie mit hingeschleppt. Noch bis vor zwei Jahren hat sie die Puppe mit ins Bett genommen.« Das Lächeln verschwand von ihrem Gesicht, als sie müde sagte: »Jetzt sprecht schon! Was wollt Ihr wissen?«

Jo stellte die Standardfrage: »Hatte Anna irgendwelche Feinde?«

»Nein, natürlich nicht. Sie war ein liebes Mädchen. Jeder mochte sie.«

Jo beschloss, es vorerst dabei bewenden zu lassen. »Eure Tochter trug Jungenkleidung, als sie ermordet wurde«, tastete sie sich weiter vor. »Habt Ihr irgendeine Ahnung, warum sie sich verkleidete?«

»Nein, ich kann mir überhaupt nicht erklären, warum sie die Sachen ihres Bruders angezogen hat.«

»Anna hat einen Bruder?«, fragte Jo überrascht. Hatte es der Mörder etwa in Wahrheit auf ihn abgesehen?

»Ja, unseren Sohn Johannes. Seit zwei Jahren ist er in der Lehre bei einem Goldschmiedemeister in Regensburg.«

Wenn sich Johannes tatsächlich seit zwei Jahren nicht mehr in Ebersheim aufhielt, hatte sich damit ihre Theorie wohl erledigt. Trotzdem hakte Jo sicherheitshalber noch einmal nach: »Kam Euer Sohn in dieser Zeit nach Hause?«

Frau Baumgarten wirkte irritiert. »Nein, natürlich nicht. Ihr wisst doch, dass es nicht üblich ist, dass ein Junge während seiner Lehre sein Zuhause besucht. Heute Morgen haben wir einen Boten zu ihm geschickt. Ich hoffe, dass er rechtzeitig zu Annas Beerdigung hier ist.« Sie begann zu weinen und presste ihre Hand auf den Mund, um ihr Schluchzen zu unterdrücken.

Jo gab ihr Zeit. Als Frau Baumgarten sich schließlich wieder etwas gefasst hatte, fragte sie behutsam weiter: »Es muss doch einen Grund gehabt haben, warum Anna sich verkleidete. Gab es vielleicht jemanden, mit dem sie sich heimlich traf? Hatte sie einen Freund?«

»Einen Freund? Was meint Ihr damit?«

»Na ja, einen jungen Mann, in den sie verliebt war.«

»Anna war ein anständiges Mädchen!«, fuhr ihre Mutter auf.

»Ja, gewiss war sie das.« Jo nickte besänftigend. »Eure Tochter war vierzehn Jahre alt und somit schon mehr als zwei Jahre heiratsfähig. War sie denn einem Mann versprochen?« *Sehr merkwürdig, dieses niedrige Heiratsalter ... Katrein hatte ihr davon berichtet ...*

»Mein Gatte fand, dass Anna bald heiraten sollte. Aber ich wollte sie gerne noch eine Weile bei mir haben. Anna war zufrieden mit ihren Pflichten im Haus. Sie war glücklich bei uns.«

Jo hatte ihre Zweifel, ob Anna dies auch so empfunden hatte und ob sie sich nicht manchmal nach ein bisschen Spaß und Aufregung gesehnt hatte. Schließlich war sie ja noch so jung gewesen. »Gab es denn Bewerber für Eure Tochter?«

»Jörg Schreiber wollte Anna gern als Ehefrau für seinen zweiten Sohn Constantin gewinnen. Aber mein Gatte schätzt Jörg nicht sehr. Deshalb war er gegen eine Heirat.«

Schon wieder Schreiber ... Jo bemühte sich, ihre Überraschung zu verbergen. »Mochte Anna denn diesen Constantin?« *Ob sie sich etwa heimlich mit ihm getroffen hat?*, ging es Jo durch den Kopf.

»Die beiden haben sich bei Festen gesehen und ein bisschen miteinander geschäkert, wie das so üblich ist. Aber ich bin davon überzeugt, dass es für Anna nichts Ernstes war.«

Frau Baumgarten hatte Anna immer nur als ihr kleines Mädchen gesehen. Von ihr würde sie – was Annas etwaige Ausbruchsversuche und Verliebtheiten betraf – nichts erfahren, das ihr weiterhalf, war Jo überzeugt. Also versuchte sie es anders: »Hatte Anna denn eine gute Freundin? Wenn ja, würde ich mit diesem Mädchen gern einmal sprechen.«

Frau Baumgarten nickte. »Elisabeth, die Tochter von Meister Rudolf in der Blaufärbergasse. Aber sie wird Euch auch nicht mehr erzählen können als ich.«

Das bezweifelte Jo nun doch sehr. Etwas anderes fiel ihr noch ein: »Die Kleider, die Anna trug, als sie ermordet wurde – waren sie intakt? Ich meine, unversehrt?«

»Ja, natürlich.« Frau Baumgarten begriff nicht, worauf sie hinauswollte.

»Ich müsste die Kleider untersuchen.«

»Was soll das? Wie kommt Ihr dazu, nach der Kleidung unserer Tochter zu fragen?« Eine aufgebrachte Männerstimme ließ Jo und Annas Mutter zusammenzucken. Im nächsten Moment trat Conrad Baumgarten in das Zimmer. »Warum bist du aus der Stube verschwunden?«, fuhr er seine Frau an. »Meinst du nicht, dass du es Anna schuldig bist, jetzt für sie da zu sein und die Beleidsbezeugungen unserer Trauergäste entgegenzunehmen?«

Seine Frau sank in sich zusammen. »Ich habe mit Josepha Weber gesprochen, weil sie Annas Mörder finden will«, sagte sie hilflos.

Conrad Baumgarten fuhr zu Jo herum und funkelte sie so wütend an, dass sie schon glaubte, er wolle sie schlagen. »Wie könnt Ihr es wagen, meiner Gattin einen derartigen Unsinn zu erzählen?«, herrschte er sie an. »Habt Ihr denn überhaupt keinen Respekt vor unserem Leid? Verschwindet sofort aus unserem Haus.«

Jo stand auf. »Es tut mir aufrichtig leid. Bitte glaubt mir, ich wollte Eure Gefühle auf keinen Fall verletzen.«

Annas Vater beachtete sie nicht länger und ging auf den Flur hinaus. »Nun komm schon!« Ungeduldig bedeutete er seiner Frau, ihm zu folgen.

Jo wich zurück, um ihr Platz zu machen. Während Frau Baumgarten an ihr vorbeihuschte, hörte sie sie leise sagen: »Beim Abfall hinter dem Haus.« Dann war sie auch schon zur Tür hinaus. Jo benötigte einige Momente, um zu begreifen, was sie ihr hatte sagen wollen.

Am Morgen hatte Lutz Peter in der Wachstube im südlichen Stadtturm gefunden. So, wie der Soldat an dem zerschrammten Tisch saß – den Stuhl zurückgekippt, die Beine auf die Platte gelegt und das schmuddelige Lederwams bis zur Brust aufgeknöpft –, hätte er auch gut als Sheriff in einem Western posieren können. Nur hätte in diesem Fall ein Gewehr statt einem Schwert hinter ihm an der Wand gelehnt, und er hätte keinen Pergamentbogen in der Hand gehalten, sondern ein Blatt Papier oder eine zerknitterte Zeitung.

»Grüß dich, Lutz.« Peter warf das Pergament lässig auf den Tisch. »Ich bin ja im Allgemeinen kein großer Freund der hohen Herren. Aber unser Bischof weiß wenigstens, dass Soldaten hin und wieder neue Waffen brauchen. In dem Schreiben verspricht er uns Geld für neue Kettenhemden und Dolche.«

»Schön.« Lutz setzte sich ihm gegenüber. In die Armlehnen seines Stuhls waren diverse obszöne Zeichnungen eingeritzt. »Habt ihr mittlerweile irgendetwas über den Mord an Anna Baumgarten herausgefunden?«

»Nein, und das macht mir Sorgen.« Peter seufzte. »Der Mord an diesem Jungen, Frowin, hat ja niemanden wirklich gekümmert. Mich ehrlich gesagt auch nicht. Schließlich war der Junge ein Fremder.« Er zog ein Messer aus seinem Gürtel und pulte damit in seinen Zähnen herum. Wieder einmal dachte Lutz, dass er sich, sosehr er auch manches am Mittelalter schätzte, mit diesem seltsamen Rechtsverständnis nie würde anfreunden können. Wie konnte es nur möglich sein, dass in dieser Welt ein Bürger so viel mehr zählte als ein Fremder?

»Aber Anna gehörte zu uns. Sie stammte aus einer alten, angesehenen Handwerkerfamilie. Die Leute haben nun Angst, dass der Mörder es ebenfalls auf sie abgesehen haben könnte. Angst macht die Leute gefährlich. Ich möchte es nicht erleben müssen, dass eine wütende Menge eines Tages Jagd auf Unschuldige macht.«

»Nein, das darf auf keinen Fall geschehen«, stimmte Lutz ihm zu.

Peter bedachte ihn mit einem abwägenden Blick. »Und was dich betrifft: Du solltest auch auf dich aufpassen. Nach allem, was man so hört, ist Jörg Schreiber ziemlich wütend auf dich.«

Lutz fragte sich, ob der *Geschäftsführer* des Männerpuffs

etwa doch geplaudert hatte. »Ist Schreiber wegen etwas Neuem wütend, oder geht es um alte Geschichten?«

»Gäbe es denn etwas Neues?«

Lutz winkte lässig ab. »Wo denkst du hin?«

Die beiden tauschten ein rasches, einvernehmliches Grinsen.

»Weshalb ich eigentlich gekommen bin ...« Lutz beugte sich vor. »Bei Annas Leichnam habe ich einen merkwürdigen Schuhabdruck gesehen. Genau genommen war es der Abdruck eines Absatzes.« Er wünschte sich, Jos Wachstäfelchen zur Hand zu haben. »Hast du mal was, auf das ich schreiben oder malen kann?«

»Bist wohl plötzlich unter die Künstler gegangen?« Peter kniff ein Auge zu, ehe er sich auf dem Tisch umsah, wo sich – neben dem Schreiben des Bischofs – ölgetränkte Lappen, ein Schwertgurt, mehrere Tonhumpen sowie ein Hammer befanden. Schließlich förderte er unter dem Schwertgurt tatsächlich ein Wachstäfelchen und einen Griffel zutage und schob sie Lutz zu. »Hier ...«

Amüsiert verfolgte er, wie Lutz den Abdruck in das Wachs ritzte. »Nee, habe ich noch nie gesehen«, sagte Peter dann, als dieser fertig war.

»Ich denke, es wäre eine gute Idee, wenn du dich einmal unter deinen Soldaten umhören würdest, ob einem von denen, die sich bei Annas Leiche aufgehalten haben, dieser Schuh gehört. Oder ob einer deiner Soldaten jemanden kennt, der einen solchen Schuh besitzt.«

Peter ließ sich Lutz' Worte durch den Kopf gehen. »Du willst doch hoffentlich nicht darauf hinaus, dass einer meiner Jungs Annas Mörder ist?«, sagte er schließlich.

»Nein, ich will nur darauf hinaus, dass es erst einmal wichtig ist zu wissen, wem der Schuh gehört. Ist das geklärt, müssen wir ... ich meine, solltest du unbedingt weiter forschen.

Kannten sich Anna und der Schuhbesitzer? Und wenn ja, in welcher Beziehung standen sie zueinander? Wo hielt sich der Schuhbesitzer zur Tatzeit auf? Verfügt er über ein Alibi?« Lutz hatte vergessen, dass er keinen Polizeischüler vor sich hatte, und sich in Fahrt geredet.

Peter musterte ihn zunehmend konsterniert und kratzte sich am Kinn. »Ich habe dich noch nie so krauses Zeug reden hören«, meinte er, als Lutz verlegen abbrach. »Aber ja, wenn du meinst, es könnte helfen, den verdammten Mörder aufzuspüren, höre ich mich einmal um.«

»Danke ... Wer hat eigentlich Anna gefunden?«

»Ortwin, der Leinenweber. Ihm gehört das Gut rechter Hand von der Wiese, wo ihre Leiche lag. Er war auf dem Nachhauseweg mit seinem Hund ...«

»Zu Fuß oder zu Pferd?«

Peter seufzte. »Zu Fuß, wenn du es ganz genau wissen willst. Jedenfalls begann der Hund, als sie an der Wiese vorbeigingen, plötzlich wie wild zu bellen und raste los. Da der Hund sich nicht zurückpfeifen ließ, ging Ortwin nachschauen, was los war. Und entdeckte Anna vor dem Gebüsch ...« Peter schwieg einen Moment. Dann deutete er auf das Wachstäfelchen und grinste. »Ortwin gehört dieser Schuh jedenfalls nicht. Er ist über sechs Fuß groß und hat Latschen vom Ausmaß eines Kindersargs.«

»Oh, gut zu wissen ...« Lutz hatte sich in der Tat schon gefragt, wie er es wohl fertigbringen sollte, im Schuhschrank der Person herumzustöbern, die das tote Mädchen gefunden hatte. »Um wie viel Uhr hat dieser Ortwin Anna denn gefunden? Weißt du das?«

»Kurz nach sechs. Er sagte, er sei an der Gertrudiskirche vorbeigekommen, als es dort zur Andacht geläutet habe.«

»Aber wie kann er, wenn er um sechs bei dieser Kirche war, kurz nach sechs schon mit seinem Hund bei der Wiese gewesen sein? Für diesen Weg braucht er doch mindestens eine Viertelstunde.«

»In welch sonderbaren Zeiteinheiten denkst du denn auf einmal, Lutz?« Peter schüttelte den Kopf. »Außerdem solltest sogar du wissen, auch wenn du wahrhaftig kein eifriger Kirchgänger bist, dass es immer schon eine Weile *vor* dem Beginn einer Messe oder einer Andacht das erste Mal läutet.«

»Oh, ja, natürlich.« *Zeit, aufzubrechen ...* Lutz klopfte auf den Tisch. »Sei so gut, wenn du etwas herausgebracht hast, dann komm zur *Grünen Traube* und teile es mir mit! Ich möchte einfach helfen, dass der Mörder gefasst wird.«

Peter blinzelte ihm zu. »Krieg ich dann ein Freibier?«

»Auf jeden Fall.« Lutz grinste. Das waren nun wieder Möglichkeiten, die Bevölkerung zur Mitarbeit zu bewegen, die ihm als Polizist im 21. Jahrhundert nicht zur Verfügung standen.

Suchend blickte Jo sich hinter dem Gebäude um. Der Magd im Flur hatte sie erklärt, dass sie austreten müsse. In der Nähe der Tür stand das ihr mittlerweile nur zu gut bekannte, windschiefe Holzhäuschen. *Sobald ich in die Gegenwart zurückgekehrt bin – was hoffentlich bald der Fall sein wird –*, dachte sie, *werde ich bei jedem Toilettenbesuch dem Universum oder Gott oder welchem höheren Wesen auch immer dafür danken, dass mittlerweile so etwas wie Heizung, Porzellanbecken und eine automatische Wasserspülung existieren.*

Außer dem Holzhäuschen gab es die üblichen Schuppen. Irgendwo gackerten Hühner. Schweine grunzten. Hinter einem niedrigen Weidenzaun erstreckten sich verschneite Beete. Daran schloss sich ein Obstgarten an. Eine vorbildlich sich selbst versorgende Gesellschaft. Aber wo fand sie hier nur den Abfallhaufen? Denn sicher waren Annas blutdurchtränkte Kleider weggeworfen worden.

Noch einmal blickte Jo sich um. Am Rand des Obstgartens, verdeckt von einigen Büschen, stieg eine dünne Rauchsäule in die Luft. *O Mist ...!* Sie rannte zu den Büschen. Tatsächlich – hinter den Sträuchern schwelte ein Feuer, in dem unverkennbar halbverkohlte Kleidungsstücke lagen. An einem der Bäume lehnte eine Holzstange. Jo griff sie sich und stocherte damit in der Glut herum. Sie erwischte Stoffteile und zerrte sie auf den Schnee. Zischend erloschen Funken. Jo streifte ihre Lederhandschuhe über und zog die Kleiderreste vorsichtig auseinander.

Ein etwa fünfzig auf fünfzig Zentimeter großes, grob gewebtes Tuchstück war alles, was von dem Mantel noch übrig war. Der Hose hatte das Feuer dafür nicht so schlimm zugesetzt. Sie war zwar völlig von Asche und Schmutz verschmiert, aber nur der Teil unterhalb des rechten Knies war verbrannt. Ansonsten war sie intakt. Dafür hatten die Flammen von dem Kittel nur Fetzen und einen Ärmel verschont.

Super Ausbeute ... Der Wunschtraum jedes Spurensicherers ... Jo murmelte einen Fluch, während sie ein sauberes Leinentuch aus ihrem Bündel nahm und die Kleiderreste darin einpackte.

Zu Hause in ihrem Schlafzimmer schob Jo vorsorglich den Riegel vor – Katrein hielt ihren Geisteszustand mittlerweile wieder für einigermaßen normal, was sich jedoch schlagartig ändern würde, sollte die Magd sie mit diesen Relikten erwischen. Danach zündete sie sämtliche Kerzen an, die sie auf die Schnelle im Haus hatte finden können, breitete das Leinentuch auf den Dielen aus und legte die Reste von Annas Kleidung darauf. Sie versuchte, sich nicht aufs Neue von dem traurigen Anblick deprimieren zu lassen, und machte sich an die Arbeit.

Eine gute Stunde später war Jo wirklich deprimiert. Obwohl sie jedes Stofffitzelchen mit diesem verdammten Lesestein mehrmals abgesucht hatte, hatte sie rein gar nichts entdeckt, was ihr und Lutz weiterhelfen würde. Sicher, Anna war auf die gleiche Weise umgebracht worden wie Anselm und Frowin. Auch ihr hatte der Mörder die Kehle durchgeschnitten. Aber vielleicht hatte der Täter sie ja gar nicht für einen Jungen gehalten. Vielleicht hatte er im Gegenteil gewusst, dass sich unter der Kleidung ein Mädchen verbarg, und hatte es vergewaltigen wollen. Er war gestört worden und hatte sie getötet, damit sie ihn nicht verraten konnte. Was bedeuten würde, dass der Mord an Anna überhaupt nichts mit den anderen beiden Verbrechen zu tun hätte.

Aber sowohl Lutz als auch Frau Baumgarten hatten gesagt, dass die Kleidung des Mädchens nicht zerrissen war. Was wiederum gegen eine versuchte Vergewaltigung sprach.

Frustriert fasste Jo das Leinentuch an den Ecken und wollte es über die verkohlte Kleidung schlagen, als sie plötzlich innehielt. Was lag da auf den Dielen? Hastig schnappte sie sich den Lesestein und hielt ihn über das winzige Ding. Durch das geschliffene Glas sah sie eine Fluse. Sie war etwas angesengt, aber dennoch war die Farbe unverkennbar. Es handelte sich eindeutig um das leuchtend blaue Garn, von dem sie auch Teilchen auf Anselms und Frowins Kleidung entdeckt hatten.

Die Blaufärbergasse war im Mittelalter keine ganz so angesagte Wohngegend wie die, in der Jo oder Annas Familie wohnten. Tatsächlich stank der Bach, der in der Mitte der Gasse verlief, durchdringend. *Eindeutig ein Fall für den Umweltschutz*, dachte Jo, während sie durch das Tor von Meister Rudolfs Anwesen schritt. Auf dem mit Stroh bestreuten Hof standen zwei große, im Inneren blau verfärbte Holzzuber, die wohl gereinigt werden sollten. Am Wohngebäude öffnete sich gerade die Tür. Ein Mädchen, das in der einen Hand einen Korb trug und an der anderen einen kleinen Jungen führte, kam heraus und ging auf einen Schuppen zu. Rasch folgte ihr Jo.

Der Schuppen entpuppte sich als Hühnerstall. Wild gackerndes Federvieh rannte um das Mädchen herum und balgte sich um die Körner, die es und der Kleine verstreuten.

»Kann ich Euch helfen?« Das Mädchen wandte sich zu Jo um. Eine rote Haarsträhne lugte unter seinem groben Kopftuch hervor. Es hatte ein eckiges, aber dennoch hübsches sommersprossiges Gesicht und war älter, als Jo eben aus der Ferne gedacht hatte. Seine Augen waren rot geweint.

»Ich suche Elisabeth, Meister Rudolfs Tochter.«

»Das bin ich.« Das Mädchen bestätigte Jos plötzliche Vermutung.

»Lisabeth …«, wiederholte der Junge, dessen Nase und Wangen ebenfalls von Sommersprossen gesprenkelt waren und der ihr auch sonst sehr ähnlich sah.

»Dein Bruder?«

»Ja.« Abwartend blickte das Mädchen Jo an.

»… arl«, krähte der Kleine.

»Ja, Karl ist schon gut.« Das Mädchen strich ihm über die rotblonden Haare. Jo hasste es, Zeugen zu vernehmen, wenn kleine Kinder anwesend waren. »Annas Mutter schickt mich«, griff sie zu einer Notlüge. »Sie möchte wissen, mit wem ihre Tochter sich heimlich traf und warum sie Jungenkleidung trug.« Das Federvieh schien begriffen zu haben, dass es keinen Nachschub mehr an Körnern gab, und beruhigte sich etwas.

Elisabeth schüttelte heftig den Kopf. »Es tut mir leid. Aber dazu kann ich Euch nichts sagen.«

»Ach, lüg mich nicht an. Du und Anna wart gute Freundinnen. Ganz sicher hat sie dir ihre Geheimnisse anvertraut.«

Karl nahm die Schärfe in Jos Stimme wahr und begann zu weinen.

»Ich kann Annas Mutter wirklich nicht helfen.« Elisabeth fasste ihren Bruder an der Hand und wollte aus dem Hühnerstall eilen. Doch Jo stellte sich ihr in den Weg. »Du bist es deiner Freundin schuldig, mit mir zu reden«, sagte sie bestimmt. »Ich sehe es dir doch an, dass du um sie geweint hast. Ganz sicher wünschst du dir doch auch, dass Annas Mörder aufgespürt wird.«

Elisabeths Augen füllten sich mit Tränen. Sie ließ sich auf eine Futterkiste sinken und hob den Kleinen auf ihren Schoß. »Natürlich will ich das«, sagte sie und schluchzte. »Ich will nur ihr Andenken nicht beschmutzen.« Karl klammerte sich an seiner Schwester fest und brüllte noch lauter.

Herr im Himmel ... Jo unterdrückte einen Fluch. Wenn das so weiterging, musste sie schreien, um sich mit Elisabeth zu verständigen. Lutz wäre sicher etwas eingefallen, um das Kind zu beruhigen. Wahrscheinlich hätte er irgendein Spielzeug herbeigezaubert. *Spielzeug ...* Sie griff in ihr Bündel und holte den Lesestein hervor. »Hier, sieh mal«, sagte sie so freundlich wie möglich.

Das Weinen verstummte schlagartig. »Haben!« Gebieterisch reckte sich der Junge.

Dem Kind ihr einziges Mittel, Spuren zu untersuchen, in die Patschhand zu drücken, das ging nun doch nicht!

»Nein, aber schau doch mal.« Ein Sonnenstrahl fiel durch eine Luke im Giebel. Jo fing ihn mit dem Lesestein auf und ließ ihn über die Bretterwände tanzen. Zu ihrer Erleichterung verfolgte der Junge gebannt den Weg des Lichtflecks. Sie wandte sich wieder Elisabeth zu. »Traf Anna sich heimlich mit Constantin Schreiber?«, setzte sie die Befragung fort.

Elisabeth schüttelte den Kopf. »Nein, Anna mochte Constantin zwar. Aber sie war nicht in ihn verliebt. Sie liebte Bernward, einen Töpfer. Ihre Eltern wären außer sich gewesen, wenn sie davon gewusst hätten.«

Jo benötigte einige Augenblicke, ehe sie begriff: Natürlich, Töpfer hatten im Mittelalter zu den Underdogs gehört. »Und um sich mit diesem Bernward zu treffen, verkleidete sie sich?«

»Ja, Anna behauptete ihren Eltern gegenüber immer, sie würde zu mir kommen. Was auch insofern der Wahrheit entsprach, als sie sich in einem der Ställe schnell umzog. Aber dann ging sie zu Bernward. Sie wollte in dem Töpferviertel nicht erkannt werden. Und auch nicht, wenn sie sich manchmal mit ihm an abgelegene Orte in der Stadt wagte. Deshalb kleidete sie sich in die Sachen ihres Bruders.«

Jo besann sich einen Moment. »Anna war also in diesen Bernward verliebt. Was war mit Constantin? Lag ihm viel an Anna? War er wütend, weil sie seine Gefühle nicht erwiderte?«

»Soviel ich weiß, erging es ihm mit Anna so wie ihr mit ihm. Er mochte sie. Und sie wäre eine gute Partie gewesen. Aber er war nicht in sie verliebt. Nein, Constantin hat sie ganz bestimmt nicht getötet.«

»Wann hast du deine Freundin das letzte Mal lebend gesehen?«

»An dem Abend ...«, Elisabeth stockte kurz, »... an dem sie umgebracht wurde. Ich schloss die Läden im oberen Stockwerk und sah sie in den Hof huschen.«

»Du hast nicht mit ihr geredet?«

»Nein, denn Karl schrie. Er musste frisch gewindelt werden.«

»Kannst du mir sagen, wann genau du Anna gesehen hast?«

»Kurz vorher hatten die Kirchturmglocken fünf Uhr geläutet.«

Immerhin einmal eine halbwegs präzise Zeitangabe ... »Anna hatte vor, sich mit Bernward zu treffen?«

»Das nehme ich doch an. Warum hätte sie sonst hierherkommen und sich verkleiden sollen?« Elisabeths Lippen zitterten.

»Ich muss dringend mit diesem Bernward sprechen. Wo finde ich ihn?«

»Ihm gehört das vorletzte Haus in der Töpfergasse. Über der Tür hängt ein Schild mit einem großen gemalten Tonkrug.« Elisabeth schluchzte wieder. »Müsst Ihr denn Annas Mutter wirklich seinen Namen nennen? Ihr Vater lässt bestimmt seinen Einfluss spielen und bringt Bernward vor Gericht. Ganz sicher behauptet er, Bernward habe Anna verführt. Aber so war es nicht. Anna wollte Bernward. Sie hat um ihn geworben ...«

»Mach dir keine Sorgen. Irgendwie werde ich es hinbekommen, seinen Namen gegenüber Annas Eltern zu verschweigen«, versuchte Jo, das aufgelöste Mädchen zu beruhigen. Sie bemerkte, dass die Sonne verschwunden war und der Lesestein kein Licht mehr einfing. Karl verzog weinerlich seinen Mund und quengelte.

Jo berührte Elisabeth am Arm. »Ich danke dir«, sagte sie schnell, ehe sie sich verabschiedete.

»Wer von uns beiden ist der gute, wer der böse Cop?«, fragte Jo, als sie und Lutz am Nachmittag auf Bernwards Haus zugingen. Wie Elisabeth es ihr beschrieben hatte, hing ein Schild über der Haustür: ein grüner Tonkrug vor einem leuchtend roten Hintergrund. Da Bernward gewissermaßen zu den *Outsidern* gehörte, hatten sie sich dafür entschieden, das Risiko einzugehen und ihn gemeinsam zu vernehmen.

»Ich schlage vor, dass ich mich opfere und freiwillig die Rolle des Bösen einnehme«, bemerkte Lutz und bedachte

Jo mit einem tugendhaften Augenaufschlag. »Den Töpfer dürfte es zu sehr durcheinanderbringen, wenn er es plötzlich mit einer aggressiven Frau zu tun hat. Schließlich ist er ja noch nie einer Feministin begegnet.«

»Ha, ha«, knurrte Jo und riss die Haustür auf.

Wie immer benötigten ihre Augen eine kurze Weile, bis sie sich an das dämmrige Licht gewöhnt hatten. Ein Raum tat sich vor ihr auf, der sowohl Arbeits- als auch Wohnstube war. Im hinteren Teil befanden sich ein Bett, auf dem Felle und Decken lagen, sowie eine Feuerstelle. Die Regale im vorderen Teil waren mit Töpferwaren gefüllt. Recht dünnwandige Keramik, wie Jo zu erkennen glaubte, die vorwiegend grün und ockerfarben glasiert war.

An einer Töpferscheibe saß ein junger Mann, der vielleicht zwanzig Jahre alt sein mochte. Sein dichtes blondes Haar hatte er zu einem Zopf geflochten. Seine Hände waren von getrocknetem Ton überkrustet, und auch der Ton der Ware vor ihm auf der Scheibe – eine in sich zusammengesunkene Schüssel – wirkte hart und rissig. Er musste seit Stunden so dagehockt und vor sich hingestarrt haben. Sein Gesicht war bleich und hohläugig, als wenn er seit Tagen nicht mehr geschlafen hätte. Trotzdem war zu erkennen, dass er, mit seinen ebenmäßigen Zügen und den blauen Augen, normalerweise ein gutaussehender Bursche war. Obwohl es in der Stube eisig kalt war, trug er über seiner Hose nur einen Kittel, und seine Füße waren nackt.

Nun erst schien der junge Mann zu registrieren, dass jemand zu ihm gekommen war, und sah Jo und Lutz an. »Ich habe geschlossen und verkaufe nichts«, sagte er matt.

Lutz stellte sich breitbeinig vor ihn. »Ihr seid Bernward?«

»Ja, natürlich ...«

»Wir wollen nichts von Euch kaufen. Wir wollen mit Euch über Anna reden.«

Etwas Farbe kehrte in die Wangen des jungen Töpfers zurück. »Wer seid Ihr – und wer schickt Euch?«, fuhr er auf.

»Das tut nichts zur Sache«, sagte Jo besänftigend, die sich neben ihm platziert hatte. »Beantworte bitte einfach nur unsere Fragen.«

»Ich denke überhaupt nicht daran!« Bernward wollte aufspringen. Doch Lutz packte ihn an den Schultern und drückte ihn grob auf den Schemel. Übertrieben langsam blickte er sich in der ärmlichen Stube um. »Anna war wohl ziemlich über Eurem Stand, hm? Ihr habt wohl gehofft, durch die Heirat mit ihr den großen gesellschaftlichen Aufstieg zu schaffen und das alles hier hinter Euch zu lassen?«

»Nein, das stimmt nicht.« Bernward schüttelte schwerfällig den Kopf. »Ich habe Anna geliebt. Sie hat die Sonne in mein Leben gebracht. Aber ich habe niemals geglaubt, dass ich sie heiraten könnte.«

Lutz stieß ein verächtliches Lachen aus. »So, Ihr habt sie also geliebt, aber um sie kämpfen wolltet Ihr nicht?«

»Was hätte ich ihr denn zu bieten gehabt im Vergleich mit einem Leben, das sie als Frau eines reichen Händlers oder Handwerkers geführt hätte?« Bernward stöhnte auf. »Ich wollte, dass Anna glücklich ist. Früher oder später hätte sie es bestimmt bereut, sich für mich entschieden zu haben.«

»Und was war mit Anna?«, schaltete Jo sich wieder ein. »Wie hat sie das gesehen?«

»Manchmal hat sie gesagt, dass sie mit mir weglaufen wolle. Aber sie war ja noch so jung. Sie wusste nicht, wie das Leben ist.«

Der Altersunterschied zwischen ihm und Anna hat bestimmt wenig mehr als sechs Jahre betragen, dachte Jo. Aber wahrscheinlich ist Bernwards Leben sehr viel härter als ihres verlaufen.

Lutz blickte ihn nachdenklich an. »Soll ich Euch sagen, was ich glaube? Ich glaube, Anna hatte Euch satt. Sie hatte begriffen, dass sie mit Euch keine Zukunft haben würde. Vielleicht wart Ihr ja auch von Anfang an nur ein Spiel für sie. Ihr konntet es nicht ertragen, dass sie Euch verlassen wollte und dass sie bald einem anderen Mann gehören würde. Ihr seid völlig ausgerastet ... Ähm, Ihr habt völlig den Verstand verloren und sie getötet.«

»Nein, nein ...« Bernward schrie gequält auf und begann zu zittern. Seine Verzweiflung wirkte echt. »Ich hätte Anna niemals etwas antun können. Eher hätte ich mich selbst getötet.«

Jo legte ihm die Hand auf die Schulter. »Beruhigt Euch. Habt Ihr irgendeine Idee, wer Anna umgebracht haben könnte?«

»Seit ich von Annas Tod gehört habe, zermartere ich mir darüber ständig den Kopf. Ich habe keine Ahnung.«

»Habt Ihr Anselm gekannt, den jungen Mann, der manchmal für die Töpferin Gwendolin arbeitete?«

»Anselm?« Bernward starrte Lutz verblüfft an. »Nur vom Sehen. Aber ich mochte seine Arbeit. Gwendolin hat mir einmal Sachen gezeigt, die er getöpfert hat.«

Ihm mitzuteilen, dass auch Anselm ermordet worden war, würde sie kaum weiterbringen, sondern Bernward nur noch zusätzlich verwirren. Deshalb fragte Jo: »Könnte Jörg Schreiber hinter dem Mord an Anna stecken?«

Bernward fuhr sich erschöpft über das Gesicht. »Ich glaube nicht, dass er von unserer Liebe wusste. Außerdem – warum hätte er Anna töten sollen und nicht mich?«

»Hätte er Euch verwechselt haben können? Ihr seid beide blond. Anna trug Jungenkleidung ...«

»Ich bin größer als Anna.« Bernward schien noch etwas hinzufügen zu wollen, doch er brach plötzlich ab.

»Was habt Ihr?«

Er schüttelte den Kopf. »In den letzten Wochen, als Anna und ich zusammen waren, hatte ich ein-, zweimal das Gefühl, dass uns jemand beobachtete. Anna hat mich ausgelacht. Sie war so viel mutiger als ich.«

Jo tauschte einen raschen Blick mit Lutz. »Könnt Ihr Euch noch erinnern, wo Ihr diesen Eindruck hattet?«

Bernward runzelte nachdenklich die Stirn. »Einmal in der Nähe meines Hauses. Und einmal auf der Wiese, wo Anna schließlich ...« Seine Stimme versagte.

»Habt Ihr beide Euch denn öfter auf dieser Wiese getroffen?«, übernahm Lutz nach einigen Momenten wieder das Gespräch.

»Ja, gelegentlich, denn sie ist nicht weit entfernt von der Blaufärbergasse, wo Annas Freundin Elisabeth wohnt. Dort hat Anna sich immer umgezogen«, bestätigte Bernward, was Elisabeth Jo bereits anvertraut hatte. »Wir waren einfach glücklich, zusammen auf den Wiesen in der Nähe der Stadtmauer herumzustreifen. Einmal haben wir gemeinsam eine Schneelaterne gebaut ...« Wieder brach er ab.

»Habt Ihr Euch immer zur selben Uhrzeit verabredet?«

»Nein, und an dem Tag, an dem Anna getötet wurde, waren wir überhaupt nicht verabredet.«

»Was?«, fuhr Jo auf.

»Warum habt Ihr uns das nicht gleich gesagt?«, knurrte Lutz.

»Verzeiht, ich bin einfach völlig durcheinander.« Bernward stieß ein trockenes Schluchzen aus. »Ich dachte, Anna hätte sich einfach im Tag geirrt. Denn wir wollten uns erst am darauffolgenden Tag auf der Wiese treffen.«

»Wie habt Ihr Euch verabredet?«, warf Jo ein. »Habt Ihr Euch Nachrichten geschickt?«

»Meistens verabredeten wir einfach, wann wir uns das nächste Mal treffen wollten. Aber hin und wieder hat Anna mir ein Wachstäfelchen zukommen lassen oder ich ihr ein gebranntes Tonstück mit ein paar Worten darauf.«

»Anna muss zwischen fünf und sechs Uhr getötet worden sein«, übernahm erneut Lutz. »Wo wart Ihr da?«

»Hier ...«

»Kann das jemand bestätigen?«

Bernward blickte ihn verwirrt an. »Kurz nachdem die Uhr der Georgskirche fünfmal schlug, kam Stefan, der Wirt des *Roten Ochsen* aus der Martinigasse, zu mir. Er orderte eine größere Menge Becher, und außerdem ließ er sich von mir Teller und Schüsseln zeigen. Wir plauderten ein bisschen über dies und das. Er muss gegen sechs Uhr wieder gegangen sein.« Seine Augen weiteten sich, als er begriff, was Lutz' Frage zu bedeuten hatte. »Ich sagte Euch doch schon, ich habe Anna nicht getötet. Ich weiß noch genau, dass ich mir, als Stefan bei mir war, plötzlich Sorgen um Anna machte. O Gott, hätte ich doch nur auf meine innere Stimme gehört und wäre ich zu der Wiese gegangen. Dann wäre Anna wahrscheinlich jetzt noch am Leben.« Er vergrub sein Gesicht in den Händen und brach schluchzend zusammen.

Wahrscheinlich hätte ihr Mörder dann auch Bernward umgebracht, dachte Jo. Doch was auch immer sie jetzt zu ihm sagen würde, sie würde nicht zu ihm durchdringen. Sie ging zum Bett, nahm eine der Decken und legte sie ihm um die Schultern. Doch noch nicht einmal ihre Berührung schien er zu bemerken.

»Lass uns gehen.« Jo bedeutete Lutz, ihr zu folgen. Sie war schon bei der Tür, als sie bemerkte, dass ihr Kollege in den hinteren Teil der Stube gegangen war und sich dort zu etwas hinabbückte.

»Nach was hast du denn gesucht?«, fragte Jo, als Lutz kurz darauf zu ihrem Schlitten kam.

»Ich habe mir Bernwards Schuhe angesehen. Es war keiner dabei, der diesen merkwürdigen Nagel im Absatz hat. Von ihm stammt der Abdruck im Schnee also nicht.« Lutz schwang sich neben sie auf den Sitz.

»Auf mich wirkte seine Verzweiflung echt. Ich kann mir nicht vorstellen, dass er Anna umgebracht hat.«

»Da stimme ich mit dir überein.« Lutz nickte. »Obwohl ich sicherheitshalber noch einmal mit diesem Stefan vom *Roten Ochsen* reden werde. Ich schätze, die Sache hat sich so abgespielt, dass Anna eine Nachricht erhielt – angeblich natürlich von Bernward –, die sie an jenem Abend zur Wiese bestellte. Und dort wartete dann ihr Mörder auf sie.«

Eine Gänsehaut überlief Jo. Bestimmt war das junge Mädchen erwartungsvoll und voller Vorfreude zu dem Treffpunkt gekommen. Hoffentlich war alles schnell gegangen und Anna hatte nicht viel Entsetzen und Furcht spüren müssen. »Aber warum nur wurde sie getötet? Wenn Anna in eine Falle gelockt wurde – was ich annehme –, dann hat der Mörder sie gekannt und sie nicht versehentlich für einen Jungen gehalten.«

»Nein, auch wenn wir es – da du ja den blauen Flusen an Annas Sachen gefunden hast – eindeutig mit ein und demselben Mörder zu tun haben.« Lutz hob die Hand. »Immerhin haben wir ein Bindeglied: nämlich Jörg Schreiber. Er wollte, dass sein Sohn Anna heiratete. Anselm und Frowin arbeiteten in seinem Bordell, und er handelt mit Reliquien.«

»Falls die Reliquiendiebstähle mit den Morden zu tun haben«, stellte Jo klar.

Lutz seufzte. »Ja, falls ...«

»Außerdem, warum hätte Jörg Schreiber Anna töten sollen?«

»Weil sie von Constantin etwas wusste, das Schreiber schaden konnte?« Er klang selbst nicht recht überzeugt.

»Aber nach dem, was Annas Mutter und ihre Freundin Elisabeth sagten, hatten die beiden nun wirklich kein enges Verhältnis. Und oft gesehen haben sie sich auch nicht.«

»Ja, ja, schon gut«, knurrte Lutz. »War bloß eine Überlegung.«

Jo hob resigniert die Schultern. »Ich sehe auch überhaupt keinen vernünftigen Ansatzpunkt mehr. Alle Spuren scheinen irgendwie ins Leere zu laufen.«

»In diesem Fall ist es doch am besten, Routinearbeiten durchzuführen.« Lutz grinste schief. »Wir sind noch nicht damit durch, alle Reliquienschreine in den Kirchen zu überprüfen. Bevor du jetzt aber in übermäßige Euphorie ausbrichst: In den nächsten Tagen dürfte das schwierig werden, denn wegen Weihnachten wird in der Stadt und in den Kirchen die Hölle los sein.«

»Morgen ist schon der vierundzwanzigste.« Jo stöhnte. »Das habe ich tatsächlich völlig verdrängt.«

»Na, vielleicht komme ich ja mit einem Geschenk bei dir vorbei.«

»Lieber nicht.« Jo lächelte. »Das wäre nicht gut für meine Reputation.«

Lutz blickte zu Bernwards Haus. Es war das einzige in der Gasse, aus dessen Schornstein kein Rauch drang. Seine Miene wurde ernst. »Mir ist nicht wohl dabei, Bernward allein zu lassen. Schließlich haben wir ihm beide ziemlich zugesetzt.«

»Ich kann eine Weile bei ihm bleiben«, bot Jo an, der bei dem Gedanken an die eisig kalte Stube ganz trostlos zumute wurde.

»Lass nur!« Lutz schüttelte den Kopf. »Ich werde einmal zu Gwendolin gehen und sie bitten, nach Bernward zu sehen. Ich glaube, sie bemuttert ganz gern einsame junge Männer.«

Während er vom Schlitten sprang, hörte Jo auf der nahen Wiese Kinder lärmen. Das fröhliche Geschrei machte sie noch trauriger.

Am nächsten Morgen wurde Jo von einem kratzenden Geräusch geweckt: Die Mägde scheuerten die allerletzten Winkel des Hauses blitzblank. *Weihnachten mit der Belegschaft eines mittelständischen Unternehmens zu feiern – wie absurd!*, ging es ihr durch den Kopf. Trotzdem war sie ein bisschen aufgeregt. Zum letzten Mal hatte sie sich als Kind am Weihnachtstag so gefühlt.

Die lange Tafel in der Küche war mit Tannenzweigen geschmückt, und zur Feier des Tages gab es Hefezopf zusätzlich zur Morgensuppe, weshalb Jo auf ihren üblichen angekokelten Toast verzichtete.

Danach half sie im Laden aus. Was dringend nötig war, denn auch im Mittelalter schienen die Menschen ihre Weihnachtseinkäufe in der letzten Minute zu erledigen. Scharen von Menschen drängten sich vor der Theke, und Jo und die Mägde kamen kaum damit nach, Stoffe abzumessen und Schals, Mützen und Umschlagtücher zu verkaufen. Wenigstens entfiel – mangels Papier – das Einpacken der Geschenke.

Gegen Mittag half Jo einem Kunden, seine Einkäufe zu seinem Schlitten zu tragen, der vor der Haustür parkte. Nachdem der letzte Stoffballen verstaut war, blieb sie einen Moment auf der Gasse stehen. Es war klirrend kalt, aber die Sonne schien von einem wolkenlosen Himmel. Rauch stieg in großen Dampfschwaden von den Kaminen auf. In der Nacht hatte es ein wenig geschneit. Frischer Schnee lag auf den Dächern und glitzerte in dem klaren Licht. Ein Lächeln breitete sich auf Jos Gesicht aus. Ja, sie empfand Trauer über die Morde, und sie würde in diesem verwünschten Zeitalter niemals heimisch werden. Trotzdem war es einfach schön, am Leben zu sein.

In der gegenüberliegenden Hofeinfahrt nahm Jo eine Bewegung wahr. Dort stand der magere blonde Junge, den sie schon öfter in der Stadt gesehen hatte. Seine nackten Beine steckten in Holzpantinen und waren ganz blaugefroren, und sein einziger Schutz gegen die Kälte bestand in einer fadenscheinigen Decke, die er um sich gewickelt hatte. Schon sein Anblick genügte, um Jo frieren zu lassen.

»Komm her!«, rief sie dem Jungen zu. Er zuckte zusammen und zog sich tiefer in die Hofeinfahrt zurück. Jo ging einige Schritte über die Gasse. »Nun komm schon«, lockte sie. »Ich will dir nichts Böses. Wenn du magst, kannst du in der Küche eine heiße Suppe bekommen.«

Einige Momente lang regte der Junge sich nicht. Dann tappte er zögernd, wie ein wildes Tier, das nach einer Fluchtmöglichkeit Ausschau hielt, auf sie zu.

»Ja, gut so. Hier hinein …« Jo redete beruhigend auf ihn ein, wie sie es auch bei einem scheuen Pferd getan hätte. Als er an ihr vorbeihuschte, sah sie erst richtig, wie hohläugig sein Gesichtchen war. Der Kleine musste halb verhungert sein. Um zu verhindern, dass er ihr doch noch davonlief, fasste sie ihn bei den Schultern und schob ihn vor sich her, durch die Halle und dann zur Küche.

Die Köchin, die Bratenfleisch in einer Beize wendete, bedachte den Kleinen mit einem misstrauischen Blick. »Bettlerpack …«, murmelte sie.

»Magdalena«, Jo hob ein wenig die Stimme, »die Mittagssuppe ist doch bestimmt schon fertig. Gib dem Kind davon zu essen!«

Missmutig watschelte die Köchin zu dem Bronzekessel in der Feuerstelle. Nachdem sie von der Suppe in eine Holzschale geschöpft hatte, deutete sie erst mit dem Zeigefinger auf den Jungen und dann auf das äußerste Ende einer Bank. »Du setzt dich dorthin und isst und bewegst dich nicht von der Stelle. Andernfalls setzt es was!«

Wortlos schlüpfte der Junge auf die Bank und begann, gierig zu essen.

»Bin gleich wieder da«, sagte Jo an Magdalena gewandt und hastete in den Laden, wo sie eine Decke und ein Paar Strümpfe von einem der Regale nahm. Als sie wieder in die Küche zurückkehrte, verzog die Köchin das Gesicht und deutete mit einem Nicken auf den Jungen. »Der Bengel vertilgt schon seine dritte Schale Suppe.«

Jo holte einen Laib Brot und eine Wurst aus der Speisekammer und packte die Nahrungsmittel zusammen mit der Decke, den Strümpfen und einem Geldstück in einen Korb, den sie neben dem Jungen auf die Bank stellte.

»Hier, das ist für dich. Und wenn du wieder einmal Hunger hast oder nach einem Schlafplatz suchst, dann komm zu meinem Haus.« Der Junge schnappte sich den Korb und wetzte zur Tür.

»He«, rief die Köchin ihm nach. »Wie wär's mit einem Dankeschön?«

»Ach, lass ihn«, wehrte Jo ab.

Schon dicht bei der Tür blieb er plötzlich wie angewurzelt stehen und starrte sehnsüchtig auf einige Kohlköpfe, die in einer Schütte lagen. Jo tauschte einen verwunderten Blick mit der Köchin. »Du kannst dir gern einen davon nehmen«, sagte sie.

Mit einer fast andächtigen Bewegung griff der Junge nach einem der Kohlköpfe und legte ihn in den Korb.

»Willst du das Gemüse deiner Familie mitbringen?«, meinte die Köchin etwas besänftigt.

»Nein, ich will damit Fußball spielen«, hauchte der Junge, ehe er endgültig davonrannte.

»Was hat der Bengel gesagt?« Irritiert sah die Köchin Jo an.

»Ähm, ich glaube, ich habe ihn auch nicht richtig verstanden«, murmelte Jo.

Spät am Abend lehnte sich Jo in ihrem Stuhl am Kopfende der Tafel zurück und trank noch einen Schluck Rotwein. Sie fühlte sich angenehm müde und zufrieden. Von der Küchendecke baumelte der Adventskranz, an dem alle vier Kerzen brannten – die einzige Beleuchtung in der Küche, denn Jo hatte schon alle Kerzen auf dem Tisch gelöscht. In den Schatten bei der Feuerstelle stapelte sich noch schmutziges Geschirr, da alle Bediensteten – darunter auch Katrein – zur Mitternachtsmette in der Gertrudiskirche gegangen waren. Jo hatte dankend darauf verzichtet mitzukommen, als sie erfahren hatte, dass Pater Lutger die Predigt halten würde.

Ja, alles in allem war es ein richtig netter Abend gewesen. Die Köchin hatte die Schleusen ihrer Speisekammer geöffnet und die Vorräte aufgefahren, die sie dort seit Wochen gehortet hatte – Ente, Gans und Huhn, Forelle und Karpfen, Braten, Würste, Gemüse und diverse Kuchen. *Wahrscheinlich habe ich allein an diesem Abend mindestens zwei Kilo zugelegt*, dachte Jo. Und während der nächsten beiden Tage würde die Völlerei noch weitergehen. Ach egal, das Leben war so kurz ... Sie trank noch einen Schluck Wein.

Nach dem Essen hatte sie zusammen mit den Knechten und Mägden Weihnachtslieder gesungen, der alte Heinrich, der Jo damals zum Kloster gefahren hatte, hatte dazu auf seiner Fiedel gespielt, und anschließend hatte die Bescherung stattgefunden. Jos Geschenke hatten alle guten Anklang gefunden. Ihr selbst hatte Katrein im Namen aller Bediensteten eine fein geschmiedete goldene Kette geschenkt und ihr dafür gedankt, dass sie eine so gute Herrin sei. Was Jo nun doch sehr gerührt hatte, auch wenn der Löwenanteil daran natürlich ihrer Ahnin gebührte.

Tatsächlich war der Abend unvergleichlich viel netter verlaufen, als wenn sie ihn mit ihrer Mutter und Großmutter verbracht hätte. Und auch viel schöner als das letzte Weih-

252

nachten, das sie zusammen mit Friedhelm in einem Fünf-Sterne-Wellness-Hotel auf Sylt verlebt hatte. Wer von ihnen beiden hatte damals eigentlich dieses yuppie-spießige Haus mit seinen geleckten Stein- und Edel-Parkettböden, den Designer-Möbeln und den langweilig dezenten Farben ausgesucht? *Yuppie-spießig, langweilig ...?* Jo erinnerte sich plötzlich daran, dass sie das Hotel im vergangenen Jahr noch »zeitlos elegant« gefunden hatte.

Draußen auf der Straße pfiff jemand »Stille Nacht«. Jo gähnte. Allmählich sollte sie wohl ins Bett gehen. *»Stille Nacht« ...?* Sie stieß den Stuhl zurück und öffnete den nächstgelegenen Fensterladen. Tatsächlich, vor dem Haus zwischen wirbelnden Schneeflocken stand Lutz Jäger. Er nahm seine Mütze ab und verneigte sich. »Ich hab dir doch gesagt, dass ich dir ein Geschenk vorbeibringen würde. Ich kann es dir natürlich auch durchs Fenster geben.«

»Nein, schon gut, komm rein. Die Knechte und Mägde sind alle in der Kirche.« *Irgendwie war sie ein bisschen beschwipst ...* Jo eilte in die Halle, schob den Riegel zurück und ließ ihren Kollegen ein. »Geh schon einmal da den Gang entlang in die Küche. Ich komme gleich nach«, sagte sie rasch, ehe sie die Treppe zu ihrem Schlafzimmer hinaufrannte und dort in ihrer Truhe herumkramte.

Als sie wieder in die Küche kam, hatte Lutz es sich schon an der Tafel bequem gemacht. Vor ihm lag ein kleines Päckchen, in Wachspapier eingeschlagen und mit einer roten Kordel verschnürt.

»Für dich.« Er stand auf und reichte es ihr.

»Danke!« Hastig und auf einmal neugierig wie ein kleines Kind zerrte Jo an der Schnur. Ein gelbes Stück Seife, das intensiv nach Orangen roch, kam zum Vorschein.

»Du findest das hoffentlich nicht blöd?« Lutz räusperte sich und sah sie ein wenig ängstlich an. »Ich meine, Seife als Geschenk … Aber du hasst Pottasche doch so. Und als ich diese Seife bei einem arabischen Händler auf dem Markt entdeckte …«

Jo schnupperte an ihrem Geschenk. »Die Seife duftet ganz wunderbar«, sagte sie und lächelte. »Ich freue mich sehr darüber.«

»Wirklich?«

»Ja. Und ich habe auch etwas für dich.«

»Oh …«

Unter ihrer Schürze holte Jo den Lederball hervor, den sie dort verborgen hatte.

»Wo hast du den denn her?« Lutz machte große Augen.

»Hab ich bei einem Sattler machen lassen. Ich hoffe, er ist gut geeignet als Fußball …« Plötzlich war Jo aufgeregt.

Lutz ließ den Ball auf den Küchenboden springen, nahm ihn dann mit seinem rechten Fuß auf und kickte ihn quer durch den Raum. »Einfach perfekt!«

»Da bin ich aber froh …«

»Ja, mit diesem Ball werden meine Jungs erst so richtig begreifen, was Fußballspielen eigentlich ist …«

Eine etwas verlegene Stille breitete sich zwischen ihnen aus, bis Lutz in seiner Manteltasche herumzukramen begann und sagte: »Würdest du einen Joint mit mir rauchen?«

»Wie bitte?«

»Ich feiere doch sonst Weihnachten mit meinen Schwestern und ihren Familien. Wenn die Kinder im Bett sind, gehen wir immer auf die Terrasse und genehmigen uns einen Joint. Alte Familientradition.«

Jo stöhnte. »Und das bei einem Polizisten …«

»Jetzt hab dich nicht so. In anderen Ländern ist es völlig legal, Cannabis zu konsumieren. Nur Deutschland muss da mal wieder den Hardliner geben. Außerdem war das Rauchen von Hanf im Mittelalter garantiert nicht verboten.«

»Die wussten ja noch nicht mal, was Zigaretten sind ...« Andererseits ... *Das Leben war wirklich kurz* ... Jo streckte die Hand aus. »Ach, gib schon her. Wer war denn dein *Dealer*?«

»Ein Kräuterhändler.« Lutz grinste.

»Und ich dachte, das sei ein ehrbarer Beruf ...«

Nachdem Lutz den Joint an der Glut in der Feuerstelle angezündet hatte, nahmen sie beide einen tiefen Zug. »Hast du wirklich einen Weihnachtsbaum in deiner Kneipe aufgestellt?«, fragte Jo.

»Klar, die Jungs waren begeistert. Und ›Stille Nacht‹ und ›Kling Glöckchen‹ habe ich ihnen auch beigebracht.« Er begann, vor sich hin zu singen, und Jo stimmte in »Kling Glöckchen« ein.

Sie fühlte sich plötzlich angenehm unbeschwert. In der Ferne schlug es dumpf zwei Uhr. Als ihr ein Gedanke durch den Kopf schoss, richtete sie sich abrupt auf. »Sag mal, bald sind doch alle Mitternachtsmessen zu Ende und die Leute wieder zu Hause. Was hältst du davon, wenn wir noch heute Nacht einen weiteren Reliquienschrein untersuchen?«

»Na ja, ich weiß nicht«, meinte Lutz zweifelnd, während er einen Rauchkringel in die Luft blies. Interessiert verfolgte er, wie der Qualm sich langsam unter den Küchenbalken verflüchtigte.

»Aber so hätten wir wieder einen Schrein auf unserer Liste abgehakt«, beharrte Jo.

Lutz zog noch einmal an dem Joint und inhalierte tief. »Okay«, sagte er dann mit John-Wayne-Stimme. »Let's do it.«

»Jetzt halt doch mal die Lampe ruhig!«, zischte Lutz. »Ich kann das Schloss nicht sehen, wenn du ständig so wackelst.« Sie hatten Jos Anwesen durch den Garten verlassen. Auf dem Weg zur *Grünen Traube*, wo er seine Dietriche geholt hatte, und dann zur Christ-König-Kirche hatte Jo immer wieder das unbezähmbare Bedürfnis überfallen, haltlos vor sich hinzukichern. Es war ihr vorgekommen, als schwebte sie über den Boden, und jede einzelne Schneeflocke war ihr wie ein Wunder an Schönheit erschienen.

»Ich halte die Lampe still. Die Kirchentür bewegt sich«, widersprach Jo, während sie sich breitbeinig postierte, die Arme ausstreckte und die Klinke fest mit den Augen fixierte. Tatsächlich, die Bewegung hörte auf.

Lutz knurrte etwas Unverständliches, während er weiter den Dietrich vorsichtig im Schloss bewegte. Nach ein paar Drehungen sprang die Tür auf.

Ein Schwall Weihrauch schlug Jo entgegen und brannte in ihren Lungen. *He, hatten sich etwa die Gottesdienstbesucher daran bekifft ...?* Wieder musste sie kichern. Im Altarraum blinkte ein rötliches Licht. Eine Warnleute in einer mittelalterlichen Kirche? Sie blinzelte. Nein, es war nur die brennende Kerze über dem Tabernakel.

»Jetzt komm schon!« Lutz fasste sie am Arm und zog sie mit sich. Die Steinfliesen fühlten sich weich wie ein Teppichboden an. Der Lichtstrahl aus ihrer Lampe strich über einige Säulen und dann über das Jesuskind, das pausbäckig in seiner Krippe lag. Die Lippen des Säuglings bewegten sich.

»Sieh doch, das Christkind lächelt uns zu!« Jo hielt Lutz fest und deutete auf die Krippe.

Er seufzte. »Du bist wirklich total stoned, was?«

»Bin ich nicht.«

»Hast du eigentlich jemals in deinem Leben, vor heute Nacht, einen Joint geraucht?«

Jo runzelte die Stirn. »Ich glaube einmal, als ich achtzehn war. Aber da habe ich den Rauch nicht inhaliert.«

»Ich werde niemals wieder Leute, die in Bezug auf Suchtmittel jungfräulich sind, zum Drogenmissbrauch verleiten. Die Statue der heiligen Annunciata befindet sich übrigens dort drüben.« Er deutete auf einen dunklen Umriss in der Nähe der Altarstufen. »Wir beide gehen jetzt ganz langsam dorthin.« Jo winkte dem Jesuskind noch einmal zu und ließ sich von Lutz weiterführen.

Die Statue der Heiligen bildete eine rundliche Matrone ab, ihr kleiner Mund war zu einem süßlichen Lächeln gespitzt. *Nicht sympathisch ...*

»Gibst du mir mal den Lesestein?«, hörte Jo Lutz wie aus weiter Ferne sagen. Sie wühlte in ihrem Bündel herum. Wo war nur das verflixte Ding?

»Lass mich mal.« Er griff selbst in das zusammengeschnürte Tuch. Sehr deutlich fühlte Jo durch das Bündel und durch ihren Mantel die Berührung seiner Hand. Sie wurde ein wenig nüchterner.

»Ich hab ihn.« Lutz seufzte erleichtert auf. Der Strahl der Lampe brach sich in dem geschliffenen Kristall und versprühte Lichtfunken über den Boden.

»Stell dich hierhin.« Er dirigierte Jo um die Statue herum. »Und bitte – halt die Lampe ruhig.«

»Schon gut, ich hab verstanden.« Jo richtete den Strahl auf das kleine Metalltürchen in der Rückseite der Statue. Lutz beugte sich vor und ließ den Lesestein darüber wandern. *Er sah eigentlich wirklich attraktiv aus, auf diese piratenhafte Weise. Und der Dreitagebart stand ihm auch ...* Jo ertappte sich bei dem Wunsch, sanft über seine Stoppeln zu streichen.

»Herrgott, Weib, nicht wackeln! Komm ein bisschen näher.« Lutz' Miene war plötzlich angespannt. »Ja, gut so.« Seine Hand mit dem Lesestein verharrte oberhalb des kleinen Schlosses. Nach einigen Sekunden murmelte er: »Also doch ...«

»Lass mich auch mal.« Jo drückte ihm die Lampe in die Hand und blickte ihrerseits durch den geschliffenen Kristall. Zuerst sah sie nur ein goldenes Gefunkel. Doch dann erkannte auch sie die kleine, aber tiefe Schramme über dem Schloss.

Der Obergeselle Georg hatte die Mitternachtsmette kurz vor dem Schlusssegen verlassen. Einige Häuser vom Anwesen seiner Herrin entfernt, passte er den Betteljungen in einer Hofeinfahrt ab.

»Und, hast du etwas beobachtet?«, fragte er hastig. Als der Junge schwieg, schüttelte er ihn grob. »He, bist du taub?«

Der Junge schluckte. »Der Wirt der *Grünen Traube* ist gegen ein Uhr zum Haus Eurer Herrin gekommen«, flüsterte er dann. »Er hat eine seltsame Melodie gepfiffen. Daraufhin hat Eure Herrin ihn eingelassen. Eine ganze Weile konnte ich noch Licht hinter den Küchenläden sehen.«

Ganz bestimmt ist diese Melodie ein verabredetes Zeichen gewesen, dachte Georg. »Endlich hast du dir wieder einmal einen Lohn verdient.« Er drückte dem Jungen eine Münze in die Hand.

Durch den Hintereingang schlich er ins Haus, dann zur Küchentür. Er lauschte. Nichts war zu hören. Vorsichtig zog er die Tür auf. Die Glut in der Feuerstelle verbreitete einen schwachen Lichtschein. Nein, niemand hielt sich hier auf. Plötzlich schnupperte Georg. Ein merkwürdig süßlicher Geruch lag in der Luft. *Irgendwie moschusartig ...* Als er begriff, huschte ein Grinsen über sein Gesicht. Höchstwahrscheinlich hatten es seine Herrin und dieser Mistkerl Lutz auf der Tafel miteinander getrieben. Zeit genug hatten sie ja während der Mette gehabt.

Nun, dies waren Neuigkeiten, die Meister Kurt und Meister Albrecht bestimmt sehr interessieren würden.

Wo Lutz nur blieb? Schon vor einer ganzen Weile hatte es vier Uhr geschlagen. In letzter Zeit war er eigentlich doch immer recht pünktlich gewesen. Automatisch blickte Jo auf ihr linkes Handgelenk, wo sie *in der Gegenwart* ihre Armbanduhr trug. Ungeduldig begann sie, vor dem Portal der Sebastianskirche auf und ab zu gehen. Ein trister, wolkenverhangener Himmel spannte sich über der Stadt, und die feuchte Kälte schnitt unangenehm durch ihre Kleidung.

Nachdem die Weihnachtsfeiertage nun vorbei waren, fühlte Jo sich ein wenig verkatert. Kein Wunder, bei all dem, was sie an Essen in sich hineingestopft und an Wein und Bier getrunken hatte. Von dem Joint gar nicht zu reden. Angespornt von ihrer Entdeckung in der Christ-König-Kirche, hatten sie und Lutz Jäger auch die frühen Morgenstunden des Zweiten Weihnachtsfeiertags genutzt, um den Reliquienschrein in einer weiteren Kirche zu untersuchen – den des heiligen Petrus, eines bärtigen, rundlichen Patrons, der einen großen Schlüsselbund in der Hand hielt. Wobei sich diese Suche als vergeblich entpuppt hatte, denn der Schrein war unangetastet gewesen.

Für heute stand nun die Reliquie des heiligen Sebastian auf ihrer Liste. Noch einmal blickte Jo über den Platz. Eine rundliche Frau fegte den Eingang ihrer Bäckerei mit einem Reisigbesen vom Schnee frei. Zwei Männer luden Baumstämme von einem Schlitten, und ein anderer Mann, der ein Kind auf dem Arm trug, beide waren dick in Mützen und Mäntel vermummt, tappte durch den Matsch. Doch weit und breit kein Lutz.

Jo seufzte gereizt. Nun, dann würde sie den Reliquienschrein eben allein in Augenschein nehmen.

»Noch ein letzter Sturm aufs Tor!«, hatte Lutz Jäger den beiden Mannschaften vor der *Grünen Traube* zugebrüllt. »Dann ist Schluss für heute.« Er passte den Lederball – Jos Weihnachtsgeschenk – zu seinem Freund Herbert. Dieser umkurvte elegant einen gegnerischen Abwehrspieler und gab den Ball an Totnan, einen drahtigen Zwölfjährigen, weiter.

»Schieß!«, schrie Lutz. Totnan schoss – vorbei an dem bedröppelten Keeper, zwischen die krummen Stangen des feindlichen Tors.

»Super!« Lutz klatschte erst Totnan, dann Herbert ab.

»Ach, ihr habt einfach nur Glück gehabt«, maulten der ausmanövrierte Abwehrspieler und der Keeper.

»Von wegen, so was nennt man echte Klasse.« Lutz grinste. Er wollte noch hinzufügen: Man muss auch gönnen können, als hinter ihm ein wüstes Geschrei losbrach. Die Tonpfeife des Schiedsrichters gellte schrill. *Ein Foul ...?* Er wirbelte herum.

Für einen Moment stockte ihm der Atem. Ein gutes Dutzend Vermummter hatte sich auf die Männer und Jungen der beiden Mannschaften gestürzt. Einer von ihnen hielt eine brennende Fackel an das Strohdach der *Grünen Traube*. Eine Flamme züngelte auf.

»Die Jungen verschwinden und holen Hilfe«, schrie Lutz und riss Totnan zurück, der sich auf einen mindestens doppelt so großen und schweren Angreifer stürzen wollte. Dann schnappte er sich den Ball und schleuderte ihn gegen den Arm des Mannes, der versuchte, seine Kneipe abzufackeln.

Er sah nicht, ob er den Kerl getroffen hatte, denn nun stürmte einer der Vermummten, einen Dolch in der Hand, auf ihn zu. Herbert tauchte neben ihm auf. Gemeinsam versetzten sie dem Burschen einen Hieb in den Magen, der ihn zusammensacken ließ. Aber schon drangen weitere Angreifer auf sie ein. Lutz zerrte das Messer aus seinem Gürtel. Wie aus weiter Ferne hörte er die Pfeife des Schiedsrichters weiter gellen. *Da soll doch noch mal einer behaupten, Bundesligaspiele seien gefährlich*, schoss es ihm durch den Kopf.

Ständig hatte sich jemand in der Kirche aufgehalten, hatte sich vor einen der Altäre in den Seitenschiffen oder vor die Statue des heiligen Sebastian gekniet. Wobei Jo diesen Heiligen nicht unbedingt um Hilfe gebeten hätte. Er war ein zierlicher Jüngling, der gewisse Ähnlichkeiten mit Johnny Depp aufwies, und wirkte ganz und gar nicht wie jemand, auf den man in schwierigen Lebenslagen bauen konnte.

Allmählich war Jo unruhig geworden, denn um fünf fand eine Messe statt, und kurz vorher würde sich das Gebäude wieder füllen. Aber nun endlich schien sie in dem großen, dämmrigen Raum mit den hohen Fenstern allein zu sein. Rasch spähte sie um sich. Ja, außer ihr befand sich niemand im Hauptschiff, und auch in den Seitenschiffen konnte sie keinen Menschen entdecken.

Jo hastete die Altarstufen hinauf und entzündete den Docht ihrer Lampe an der brennenden Kerze über dem Tabernakel – hoffentlich galt dies nicht als Sakrileg, aber in der Kirche war es mittlerweile viel zu dunkel, um Feinheiten erkennen zu können –, dann eilte sie zu der Statue des hübschen Jünglings. Es war schwierig, die Lampe in der einen und den Lesestein in der anderen Hand zu halten, aber sie schaffte es, den Lichtstrahl auf das Türchen im Sockel des Heiligen zu richten und gleichzeitig durch den geschliffenen Kristall zu blicken.

Tatsächlich, sie sah es ganz deutlich – neben dem Schloss befanden sich eindeutig zwei tiefe Kratzer, die nicht von einem Schlüssel herrühren konnten. Jo schloss den Schieber der Laterne und steckte sie in ihr Bündel. Nachdenklich blieb sie vor der Statue stehen. Dies war der vierte Reliquienschrein, der manipuliert worden war. Der heilige Sebastian blickte sie wissend an. »Ach, wenn du doch nur reden könntest«, murmelte sie.

»Was macht Ihr hier?« Eine keifende Stimme ließ Jo zusammenfahren. Pater Lutger stand neben ihr und starrte sie aufgebracht an.

»Oh, ich bete«, stotterte Jo.

»Ihr lügt. Ihr habt irgendetwas mit der Statue gemacht. Da!« Anklagend deutete er auf ihre linke Hand. »Gebt mir sofort dieses brennende Zaubermittel!«

Jo bemerkte, dass sie immer noch den Lesestein festhielt. Das Licht der Kerze auf dem Tabernakel brach sich in ihm und ließ ihn rötlich funkeln. *Oh, verdammt ...* Hastig stopfte sie den geschliffenen Kristall in ihre Manteltasche. »Beruhigt Euch, das ist ein völlig harmloses Ding, eine Art Sehhilfe«, versuchte sie zu erklären.

Doch jedes Wort an den zornigen Pater war verschwendet. »Gebt es mir, damit Ihr nicht noch mehr Unheil damit anrichten könnt! Bestimmt habt Ihr versucht, die Statue des Heiligen in ein heidnisches Götzenbild zu verwandeln.«

Ihm den Lesestein überlassen – niemals ...! Jo sprintete an ihm vorbei in Richtung des Portals.

Eigentlich wäre Jo viel schneller gewesen als der Pater, denn auch in ihrem mittelalterlichen Körper hatten sich das Joggen und das Krafttraining angespeichert, das sie jahrelang als Polizistin praktiziert hatte. Doch am Haupteingang drängte sich ihr eine Gruppe von Kirchgängern entgegen. Bis sie sich durch die Leute hindurchgeschoben und den Vorplatz erreicht hatte, hatte sie der Pater eingeholt.

»Das Zauberding, gottloses Weib! Auf der Stelle händigt Ihr es mir aus«, kreischte er und versuchte, Jos Arm zu packen.

Ganz automatisch wandte sie einen Aikido-Griff an. Sie wich dem Pater aus, dann fasste sie nach seiner Hand, unterlief ihn und ließ ihn wieder los. Von seinem eigenen Schwung getragen, taumelte er einige Meter weiter und stürzte in den Schneematsch.

Erst jetzt bemerkte Jo die gut zwei Dutzend Menschen auf dem Kirchplatz. Alle waren stehen geblieben und starrten sie verblüfft und entsetzt an. *Zeit, schleunigst das Weite zu suchen ...* Während Jo losrannte, hörte sie Pater Lutger hinter sich herschreien: »Ihr alle seid meine Zeugen! Dieses Weib ist eine Hexe. Sie hat einen Zauberspruch angewendet und mich durch die Luft geschleudert. Auch das heilige Gotteshaus hat sie mit ihren dämonischen Kräften in einen Ort des Bösen verwandelt.«

»Was wirst du jetzt machen? Jörg Schreiber eins auf die Nase geben?«, fragte Herbert. Er trug einen schmuddeligen Verband um seinen Kopf. Lutz saß zusammen mit ihm, einigen anderen Kumpels und Peter, dem Stadtsoldaten, in der *Grünen Traube*. Fast alle hatten sie bei dem Kampf Blessuren erlitten. Schnittwunden und Prellungen – Lutz hatte ein Messer am Oberschenkel gestreift –, aber gottlob war keinem etwas Schlimmeres zugestoßen.

Schreibers Leute hatten wohl nicht mit der entschiedenen Gegenwehr der beiden Fußballmannschaften gerechnet und auch nicht damit, dass Peter mit seinen Stadtsoldaten Lutz und dessen Kumpels zu Hilfe eilen würde. Deshalb hatten sie bald das Weite gesucht.

»Meine Unterstützung hast du, wenn du es Schreiber heimzahlst«, bemerkte Peter und genehmigte sich einen weiteren Schluck Bier. »Natürlich – was für ein merkwürdiges Wort hast du kürzlich benutzt? – inoffiziell ...«

»Ich muss mir die Sache einmal in Ruhe durch den Kopf gehen lassen«, erwiderte Lutz. Höchstwahrscheinlich hatte dieser Feigling von *Geschäftsführer* doch geplaudert. Ihm war schon bewusst, dass es nicht gerade zur Deeskalation der Situation beitragen würde, wenn er sich nun seinerseits wieder mit Schreiber anlegte. Andererseits musste er nur an das gut zehn Meter große Loch im Strohdach der *Grünen Traube* denken, um eine kalte Wut zu verspüren. Wäre das Stroh nicht feucht vom Schnee gewesen, wäre seine Kneipe wahrscheinlich bis auf die Grundmauern niedergebrannt. Und schließlich hatte noch nicht einmal das Wort Deeskalation im Mittelalter existiert – geschweige denn, dass sie praktiziert worden wäre.

»Hilft mir jemand, das Loch im Dach mit Brettern zu schließen?« Lutz stand auf, wobei er sich bemühte, das verletzte Bein nicht zu belasten. Mit dieser Wunde würde er in der Gegenwart für mindestens einen Monat dienstunfähig geschrieben.

»Klar, wenn du uns sagst, wo wir Bretter, Werkzeug und eine Leiter finden.« Herbert und die anderen nickten.

Kurz darauf hallten Hammerschläge durch die Gasse. Peter balancierte auf einer Leiter, während Herbert ihm Holzbohlen hochreichte. Vier weitere Kumpels hockten oben auf dem Dach und nagelten die Bretter fest. Lutz wollte eben ins Haus gehen und Nachschub an Nägeln holen, als er den blonden mageren Jungen entdeckte, der sich mit einem zerfledderten Kohlkopf abmühte. So wie es aussah, versuchte er, das Gemüse dicht am Fuß zu halten und mit gleichmäßigen Bewegungen durch den Schnee zu dribbeln, was ihm aber völlig misslang.

Lutz ging zu ihm und nahm den Kohlkopf mit dem linken Fuß auf. Seine Laune besserte sich schlagartig. »Ich zeig dir, wie du es machen musst«, sagte er. »Eigentlich ist das Dribbeln ganz leicht, wenn du ein paar Grundregeln beachtest.«

Kurt Weber hatte eben sein Pferd in den Stall gebracht und es einem Knecht anvertraut, als ihm sein Bruder entgegeneilte. Obwohl die Fackel an der Stallwand unruhig brannte und ein zuckendes Licht über den Hof warf, konnte er erkennen, dass Albrecht äußerst gut gelaunt war.

»Gibt es weitere Neuigkeiten über unsere Schwägerin?«, fragte Kurt Weber hoffnungsvoll. »Hat der Obergeselle sie endlich zusammen mit diesem Lutz Jäger im Bett erwischt?«

»Ach, es ist viel besser gekommen.« Albrecht winkte ab. »Meine Gattin hat vorhin die Messe in der Sebastianskirche besucht. Alle Leute haben davon geredet, dass Josepha Pater Lutger angegriffen und ihn durch die Luft geschleudert hat.«

»Wie – durch die Luft geschleudert?« Kurt glaubte, sich verhört zu haben.

»Ja, sie soll einen Zauberspruch gesagt haben, dann wurden dem Pater die Beine unter dem Leib weggerissen, und dämonische Kräfte hoben ihn hoch und trugen ihn von Josepha weg. Der Pater ist davon überzeugt, dass unsere Schwägerin eine Hexe ist.«

»Tatsächlich ...?«, Kurt Weber schluckte. Ihm wurde es etwas mulmig zumute. Was, wenn Josepha ihre Kräfte auch gegen ihn und Albrecht anwendete?

Doch sein Bruder redete schon weiter: »Bis morgen früh weiß die ganze Stadt von diesem Vorfall. Meine Gattin sagte, dass alle Leute, mit denen sie gesprochen hat, sehr erbost waren. Gegen den Zorn der ganzen Bürgerschaft wird sich auch Bischof Leonard nicht stellen wollen.«

Kurz vor Anbruch der Morgendämmerung trat der Pförtner des Dominikanerklosters, wie immer im Winter, bewaffnet mit Schaufel und Besen vor das Hauptportal. Eigentlich wäre es Aufgabe eines Novizen gewesen, die Stufen von Schnee und Eis zu säubern. Aber der Pförtner übernahm diese Tätigkeit gern selbst, denn die körperliche Anstrengung machte ihn wach für den Tag.

An diesem Morgen jedoch stutzte er. Unterhalb der Stufen

lag ein Mann. Wahrscheinlich ein Bettler, der dort die Nacht verbracht hatte. Ein eisiger Wind wirbelte den frisch gefallenen Schnee auf und zerrte an seinen Gewändern. Der Pförtner hastete zu dem Bettler und rüttelte ihn an der Schulter. »Steht auf, Mann, und lasst Euch in der Küche eine warme Suppe geben.«

Der Bettler rührte sich nicht. Hatte die Kälte ihn etwa besinnungslos gemacht, oder war er gar erfroren? Der Pförtner legte die Arme um ihn, um ihn hochzuziehen. Doch etwas Warmes, Klebriges bedeckte die Brust des Bettlers. Erschrocken ließ der Pförtner ihn los und wich zurück. Im spärlichen Licht, das durch den Türspalt nach draußen fiel, erkannte er, dass der Mann gar kein Bettler war, sondern die Kutte eines Dominikaners trug.

6. KAPITEL

Jo verbrachte eine unruhige Nacht. Immer wieder gellte ihr das Geschrei Pater Lutgers in den Ohren: »Diese Frau ist eine Hexe.« Wenn sie einmal kurz einschlief, suchte jener Albtraum sie heim, in dem sie als Hexe auf dem Scheiterhaufen geendet war.

Außerdem erinnerte sie sich nur zu gut daran, wie sie von der wütenden Menge auf dem Markt angegriffen worden war. Und überteuerte Preise und schlechte Ware galten ja im Mittelalter, verglichen mit dem Vorwurf der Hexerei, nur als Kinkerlitzchen.

In den frühen Morgenstunden kam ein starker Wind auf. Die Fensterläden klapperten, und das Gebälk des Hauses ächzte, was zusätzlich an Jos Nerven zerrte. Noch vor Anbruch der Morgendämmerung schleppte sie sich schließlich aus dem Bett und klopfte an Katreins Tür.

»Herrin«, die Magd erschien verschlafen mit einer Nachthaube auf dem Kopf im Flur, »ist etwas geschehen? Ihr seid doch hoffentlich nicht krank?«

»Nein, nein, es geht mir gut«, beruhigte Jo sie hastig. Wobei ... gut war für ihren momentanen Zustand doch eine eindeutig zu positive Bezeichnung ... »Ich habe mir überlegt, dass ich mich für ein paar Tage in das Kloster Waldungen zurückziehen möchte, um wieder zu mir selbst zu finden. Also ich meine, um Einkehr zu halten und Buße zu tun. Würdest du mir bitte etwas Brot rösten und einen Tee kochen? Ich möchte so bald wie möglich aufbrechen.«

»Gewiss, Herrin.« Katrein nickte. »Ich werde auch Heinrich wecken, damit er den Schlitten für Euch anspannt.«

Der Schlitten war zu gut bekannt in der Stadt ... »Lass nur, das ist nicht nötig«, wehrte Jo ab. »Ich habe beschlossen, zu Fuß zu gehen. Ähm ... um sozusagen gleich mit meiner Buße zu beginnen.«

Wieder einmal schluckte die Magd die aberwitzige Erklärung. »Wie Ihr wünscht, Herrin. Ich bringe Euch die Mahlzeit auf Euer Zimmer. Kleidet Euch inzwischen ruhig schon einmal an.«

»Und würdest du bitte Lutz Jäger benachrichtigen, dass ich mich in dem Kloster aufhalte?«

»Den Wirt der *Grünen Traube*?« In dem dämmrigen Flur konnte Jo Katreins Gesicht nicht richtig sehen, aber das plötzliche Misstrauen in der Stimme der Magd war unüberhörbar. »Verzeiht, Herrin, aber Ihr müsst doch nicht etwa wegen diesem Mann Buße tun?«

»Nein, Katrein, ganz und gar nicht. Es besteht keinerlei sündiges Verhältnis zwischen uns.« *Was ja nun wirklich der Wahrheit entsprach ...* Jo klopfte der Magd beruhigend auf den Arm. »Und nun beeil dich bitte.«

Jo schenkte sich die Morgenwäsche, auch wenn es viel angenehmer war, die nach Orangenöl duftende Seife zu benutzen als die widerliche Pottasche-Pampe.

Als sie ihre Kleider übergestreift hatte, kam Katrein auch schon mit dem Frühstückstablett in ihr Zimmer.

Jo aß hastig und ließ die Hälfte der gerösteten Brotscheibe übrig. Nachdem sie ihren Mantel angezogen und ihr Bündel umgehängt hatte, begleitete die Magd sie in die Halle – nicht ohne sie zu ermahnen, langsam zu gehen, um nicht ins Schwitzen zu geraten, ja ihre Mütze und ihre Handschuhe anzuziehen und es mit den Bußübungen nicht zu übertreiben.

»Ach, Katrein«, auf der Türschwelle umarmte Jo sie impulsiv und gab ihr einen Kuss auf die Wange, »danke für alles! Du warst mir eine große Hilfe. Ich weiß nicht, wie ich ohne dich in dieser Zeit zurechtgekommen wäre.«

»Herrin, was redet Ihr da schon wieder?« Die Magd schüttelte verwundert den Kopf. »Ihr tut ja gerade so, als ob Ihr für immer fortginget.«

Der Himmel allein wusste, wie sie aus dieser Hexerei-Kiste wieder herauskam ... Jo schluckte. »Ich bin nur ein bisschen gefühlsduselig. Das ist alles.«

Das Licht draußen auf der Gasse war bleiern. Der Wind war eher noch stärker geworden und trieb die tiefhängenden Wolken rasend schnell vor sich her. Jo hielt die Kapuze ihres Mantels fest und kämpfte sich gegen die Böen voran. Sie wünschte, sie hätte den Schlitten nehmen können, denn der Weg zum Kloster würde bei diesem Wetter anstrengend werden.

Sie war nicht mehr weit vom südlichen Stadttor entfernt, als sie den Platz vor der Sebastianskirche queren musste. An die hundert Menschen hatten sich dort versammelt. Instinktiv spürte Jo die Wut, die von der Menge ausging, so wie sie es als Polizistin bei gewaltbereiten Demonstranten kennengelernt hatte. Mit gesenktem Kopf ging sie weiter.

»Josepha Weber ... Hexe ... Pater Lutger wurde mit durchgeschnittener Kehle vor dem Dominikanerkloster gefunden«, redeten die Leute erregt durcheinander. *Was ... Der Pater ist ermordet worden? Noch dazu auf die gleiche Weise wie Anselm, Frowin und Anna?* Gedanken wirbelten durch Jos Kopf. Das warf nun endgültig alle Theorien über den Haufen, die sie und Lutz bisher entwickelt hatten.

Jo war versucht, umzukehren und zur *Grünen Traube* zu

eilen, um die neue Entwicklung mit ihrem Kollegen zu besprechen, als sie wieder die Worte »Josepha Weber« und »Hexe« hörte. Nun erst begriff sie: Die Leute dachten, dass sie den Pater umgebracht hatte! *Nur nicht auffallen ... Langsam weitergehen ... Ich bin eine ganz gewöhnliche Frau, die wegen irgendwelcher Besorgungen unterwegs ist ...*

Endlich hatte sie die andere Seite des Platzes erreicht. Jo atmete auf. Das Stadttor war nicht mehr weit entfernt. Sie war eben in die schmale Straße eingebogen, die direkt dorthin führte, als ein Mann aus einem Fachwerkhaus trat und den Weg in Richtung der Sebastianskirche einschlug. *Auch das noch ... Ihr Schwager Kurt ...* Vorsichtig schielte Jo zu ihm hin. Sein aufgedunsenes Gesicht trug einen sehr zufriedenen Ausdruck. Bestimmt hatte er die Neuigkeiten schon vernommen. Sollte sie umkehren? Nein, damit würde sie nur erst recht seine Aufmerksamkeit auf sich ziehen. *Langsam weitergehen und zu Boden sehen ...*

Jo war fast auf einer Höhe mit ihrem Schwager, als eine besonders heftige Böe durch die Gasse wehte. Der Wind riss ihr die Kapuze aus der Hand. Jo griff sofort nach ihr, doch wieder fuhr der Wind in den Stoff und drückte die Kapuze auf ihren Rücken.

»Schlimmes Wetter, nicht wahr ...«, setzte Kurt an. Dann weiteten sich seine Augen perplex.

Jo wartete nicht ab, bis die Erkenntnis zu seinem Gehirn durchdrang, sondern raste los. Sie hatte etwa vier Meter zurückgelegt, als sie ihn hinter sich schreien hörte: »Da ist Josepha, die Hexe! Haltet sie fest!« *Super Verwandtschaft ... Gut, dass sie Einzelkind war ...*

Nun hörten die Menschen auf dem Kirchplatz Kurts Geschrei. Die Menge stieß ein wütendes Brüllen aus, das Jo den Magen umdrehte. Weiter vorn luden zwei Männer Säcke von einem Karren. Die beiden merkten auf und verstellten ihr breitbeinig den Weg. An den Kerlen würde sie auch mit Hilfe von Aikido nicht vorbeikommen.

Linker Hand erspähte Jo einen Durchgang. Sie hetzte hinein und glitt fast auf einer Eisplatte unter dem Schnee aus.

»Bleib sofort stehen, du verdammtes Weib!«, brüllte Kurt dicht hinter ihr.

Niemals ...! Im letzten Moment gelang es Jo, ihr Gleichgewicht zurückzugewinnen. Während sie rasch über die Schulter blickte, sah sie, wie ihr *Schwager* stolperte und im Matsch hinschlug. *Weiter! Nur weiter ...* Jo hatte das Ende des schmalen Wegs erreicht. Schräg gegenüber tat sich ein anderer Durchgang auf. Sie rannte auch ihn entlang. Von überallher meinte sie, das Geschrei: »Hexe! Hexe!« zu hören. So musste sich also ein Fuchs fühlen, der von einer Meute gejagt wurde.

Die Gasse, in der sie sich jetzt befand, war nicht weit entfernt vom Fluss. *Vielleicht, wenn es ihr gelang, sich* zur Grünen Traube *durchzuschlagen ...* Hinter sich hörte sie plötzlich Hufschläge. *Oh, nein ...* Gegen einen Verfolger zu Pferde besaß sie keine Chance. Jo rannte noch schneller, glitt wieder fast aus im Schnee. Verzweiflung erfasste sie.

»Josepha ...« Nun war das Pferd neben ihr. Ein riesiger Rappe. Sie spürte den heißen Atem des Tiers in ihrem Nacken.

»Josepha, lauft doch nicht vor mir weg!« Als Jo die samtige Stimme erkannte, blieb sie stehen und schluchzte vor Erleichterung. »Ihr seid es ...«

»Ja, ich habe nach Euch gesucht.« Leonard beugte sich vor und zog sie auf sein Pferd. Zitternd schmiegte sich Jo an ihn. Bei ihm war sie sicher.

Schon bei Anbruch der Dämmerung, als der Junge durch die Gassen gestreift war, um nach essbaren Abfällen zu suchen, hatte er das Gerücht gehört, Josepha Weber sei eine Hexe und habe einen Geistlichen umgebracht. Der Junge konnte das

Gerede nicht recht glauben. Denn Josepha Weber war doch einer der wenigen Menschen, die gut zu ihm gewesen waren.

Ziellos stromerte er weiter durch die Stadt. Seinen Hunger hatte er vergessen. Als er sich in der Nähe der Sebastianskirche aufhielt, hörte er plötzlich das wütende Gebrüll: »Hexe, Hexe! Fangt die Zauberin!« Eine große Menschenmenge musste Josepha Weber entdeckt haben und sie jagen. Der Junge wusste, wie es war, verfolgt zu werden, und dass es besser war, zornigen Menschen nicht in die Quere zu kommen. Hastig wich er in eine der Seitenstraßen aus. *Nur weg von dem Aufruhr, sich irgendwo verkriechen ...*

Der Junge hatte sich eben einen schmalen Durchgang entlanggedrückt und spähte um eine Hausecke, als er weiter unten in der Gasse Josepha Weber entdeckte. Sein Herz zog sich vor Schrecken zusammen. Ein Mann auf einem riesigen schwarzen Pferd verfolgte sie. Da – nun hatte der Mann sie eingeholt und zerrte sie zu sich, auf den Rücken des Tiers.

Gleich darauf sprengte der Mann mit Josepha Weber in seinen Armen an ihm vorbei. Der Reiter war Bischof Leonard. Ohne nachzudenken rannte der Junge ihm nach, um eine Wegbiegung herum, bis seine Seiten vor Schmerzen brannten und er kaum noch atmen konnte. Keuchend blieb er stehen. Seine Augen füllten sich mit Tränen. Als er schniefend den Kopf hob, sah er, dass er sich auf dem Platz vor dem Bischofspalast befand. Die mächtigen Torflügel schlossen sich hinter dem Bischof und Josepha Weber. Was würde nun mit ihr geschehen?

»He, wach auf!«

Stöhnend wälzte sich Lutz auf die andere Seite. Jemand rüttelte an ihm. Sein Schädel dröhnte, und seine Augenlider fühlten sich an, als ob auf ihnen bleischwere Gewichte lasteten. »Noch zehn Minuten«, murmelte er.

»Aufwachen!«

Er blinzelte. Das Licht, das durch einen Spalt in dem hölzernen Fensterladen fiel, bohrte sich schmerzhaft in seinen Schädel. Am vergangenen Abend hatten er und seine Freunde die Instandsetzung des Daches ausgiebig gefeiert. *Wahrscheinlich zu ausgiebig ...* Nun sah er, dass Herbert vor seinem Bett stand. Trotz seiner Benommenheit erkannte Lutz, dass der Freund völlig aufgelöst wirkte. »Was ist denn los?«, krächzte er. »Doch hoffentlich nicht schon wieder dieser verdammte Schreiber?«

»Nein, Pater Lutger wurde umgebracht. Es heißt, Josepha Weber habe ihn ermordet.«

»Was?« Lutz setzte sich abrupt auf und hoffte, dass er sich nur in einem wirren Albtraum befand.

»Ja, die Leute halten sie für eine Hexe. In der Stadt wird überall Jagd auf sie gemacht.«

»Ach du Scheiße ...« Er fuhr sich über das stoppelige Gesicht. »Seit wann weißt du das?«

»Seit Stunden ...« Herbert fuhr ihn gereizt an. »Nein, Herr im Himmel, ich hab's gerade eben auf der Straße gehört.«

»Scheiße ...«

»Ja, Scheiße ...«

Torkelnd erhob sich Lutz, dann wankte er die Treppe hinunter. In der Küche goss er sich einen Eimer kaltes Wasser über den Kopf. Endlich konnte er wieder klar denken. Herbert war ihm gefolgt. Ebenso ein paar Kumpels, die während der Nacht die *Grüne Traube* bewacht hatten, für den Fall, dass Schreibers Leute noch einmal angreifen sollten. Seine Freunde blickten ihn erwartungsvoll an.

»Wir müssen sofort nach Jo ... Josepha suchen«, bestimmte Lutz. »Am besten wir verteilen uns in der Stadt.« Kein wirklich ausgereifter Plan, aber etwas Besseres fiel ihm nicht ein.

»Gut, aber du solltest darauf achten, dass dich Schreibers

Kumpane nicht erkennen«, bemerkte Herbert trocken. »Es nutzt Josepha nichts, wenn sie dich zusammenschlagen oder gar töten.«

»Ich pass schon auf mich auf«, wehrte Lutz ab und überprüfte, ob sein Messer im Gürtel steckte – seine Dienstwaffe wäre ihm viel lieber gewesen. Im Schankraum zerrte er seinen Mantel vom Haken neben der Feuerstelle. Er hatte eben die Kapuze übergeschlagen, als der magere blonde Betteljunge sich in den Schankraum schob und unsicher neben der Tür stehen blieb.

»Tut mir leid, Kleiner.« Lutz schüttelte den Kopf. »Ich habe jetzt keine Zeit für dich.«

»Ihr ... Ihr kennt doch Josepha Weber ...«, stammelte der Junge. »Die Leute glauben, dass sie eine Hexe ist.«

»Ja, ich weiß.«

»Ich ... ich habe sie vorhin gesehen.«

»Wo?« Lutz fasste ihn ungeduldig bei den Schultern. »Nun sag schon!«

Der Junge sah ihn aus großen Augen an. »Bischof Leonard hat sie auf sein Pferd gehoben und ist mit ihr davongeritten.«

Wie Ivanhoe und Marian – oder waren es Robin Hood und Marian gewesen? – war Leonard mit ihr durch das Tor des Bischofspalasts gepresckt. Dann hatte er sie in seine Gemächer getragen und seinen Medicus beauftragt, nach ihr zu sehen. Gregorius war Jo, wie schon das letzte Mal, als sie mit ihm zu tun gehabt hatte, ein bisschen unheimlich gewesen. Aber wichtig war nur, dass Leonard ihr zugeflüstert hatte, er werde bald bei ihr sein. Seine sachte Berührung hatte ausgereicht, ihren Körper in Flammen zu setzen.

Jo hielt es nicht mehr aus, untätig auf dem breiten, mit Samtdecken und Seidenkissen bestückten Bett zu liegen, und stand auf. Nervös begann sie, in dem Raum auf und ab zu gehen. Die Sonne blitzte durch die Wolken. Da ihr Strahl nahezu senkrecht durch die bleigefassten Fenster fiel, bemerkte Jo, dass es fast Mittag war. Das Geschrei »Hexe, Hexe!« begann wieder, in ihren Ohren zu dröhnen. Sie zitterte. Sicher eine posttraumatische Reaktion. Wenn Leonard nicht gewesen wäre ... Sollten ihre Beine doch unrasiert und Leonard über sechshundert Jahre älter sein als sie – egal, sie würde mit ihm schlafen.

Wieder fiel die Sonne gleißend hell durch die Fenster und ließ die farbigen Steine in den Wandgemälden aufleuchten. Die Bodendielen schimmerten in einem warmen Braunton. Vor der Türschwelle zum Nachbarraum hatte sich ein wenig Staub auf den Brettern abgesetzt. Jo lächelte. Katrein wäre entsetzt, wenn sie das sähe. Zumal in den Räumen eines Bischofs.

Staub? Nein, die Stelle wirkte eher wie ein Fleck. Fast wie ein schwacher Abdruck. Neugierig bückte sich Jo. Der Fleck sah aus wie ein Absatz, in dem ein Nagel mit einem kreuzförmigen Kopf steckte. *Das ist nicht möglich ... Bestimmt narrt mich das Sonnenlicht ...*, dachte sie. Trotzdem zog Jo ihr Büchlein aus Wachstäfelchen aus ihrem Bündel und blätterte es durch. Da – das Täfelchen, in das Lutz den Schuhabdruck geritzt hatte, den er im Schnee bei Annas Leiche entdeckt hatte. Die geritzte Zeichnung und der Fleck auf dem Boden ähnelten einander wie ein Ei dem anderen.

Sie musste Gewissheit haben. Jo fühlte sich sehr wach und gleichzeitig unnatürlich ruhig. Sie stand auf und ging in den angrenzenden Raum. Rasch blickte sie sich um. Ein Tisch, auf dem eine Waschschüssel und ein Krug aus feinziseliertem Silber standen ... Eine große Truhe mit Goldbeschlägen ... Ein Schrank aus dunklem, fast schwarzem Holz, der fast die gesamte Rückwand einnahm. Eine der Türen war nur angelehnt. Jo öffnete sie. Mehrere Mäntel, die aus kostbaren

Stoffen gefertigt waren, hingen in dem Fach. Schwarzer, blauer und roter Samt. Pelzbesetzte und bestickte Kragen ...

Jo zerrte die Kleidungsstücke auseinander. Hinter ihnen hing noch ein Gewand. Sie fasste danach, um es nach vorn zu ziehen. Der schwarze Stoff fühlte sich seltsam steif an. Als sei er von etwas verkrustet. Sie kannte solche Stoffe ... Ihr wurde übel, aber sie zwang sich, weiterzumachen. Nun hielt sie den Mantel in den Händen. Ja, seine Vorderseite war von einer getrockneten Flüssigkeit bedeckt. Sie schlug ihn auseinander. Licht fiel auf das Futter. Es bestand aus einer sehr feinen, leuchtend blauen Seide.

Ihr Instinkt übernahm die Führung. Sie musste schleunigst hier weg! Jo stopfte den Mantel zurück in den Schrank, als sie hinter sich ein leises Geräusch hörte. Sie wollte herumwirbeln. Doch zu spät. Ein heftiger Schlag traf sie am Kopf, so dass sie ohnmächtig zu Boden stürzte.

Zusammen mit Herbert und einigen anderen Freunden war Lutz zum Bischofspalast geeilt. Nun standen sie inmitten einer großen Menschenmenge vor dem geschlossenen Tor. Darüber befand sich ein steinernes Relief. Es zeigte einen Mann, der einem Drachen die Lanze in den Schlund rammte. Eben war ein bischöflicher Soldat vor dem Tor erschienen, der verkündet hatte, dass Bischof Leonard gleich zum Volk sprechen würde.

Die Worte »Josepha«, »Hexe« und »Pater Lutger« schwirrten durch die Luft. Lutz wurde es allmählich schlecht, sie nur zu hören. Aber warum nur war er so besorgt? Dieser Leonard hatte Jo doch schon einmal vor dem Mob gerettet. Außerdem schien er ein besonnener und liberaler Kerl zu sein, nach allem, was Lutz über ihn wusste. Bestimmt würde er die Menge beruhigen.

Lutz zog sich die Kapuze noch ein wenig tiefer ins Gesicht.

Eine Schlägerei mit Schreibers Kumpanen war wirklich das Letzte, was er nun gebrauchen konnte.

Er verwünschte sich dafür, dass er nicht da gewesen war, um Jo zu beschützen. Sie musste eine entsetzliche Angst ausgestanden haben, als der Mob sie durch die Gassen jagte. Was, wenn sie schwer verletzt oder gar getötet worden wäre? Der Gedanke war einfach unvorstellbar. Nie mehr von ihr zurechtgewiesen zu werden ... Zu sehen, wie ein Lächeln ihr gerade noch so strenges Gesicht erhellte ... Keine ihrer Marotten mehr zu erleben, wie diese bescheuerte Idee, die Fahndungsergebnisse ausgerechnet auf Wachstäfelchen zu notieren ... Sie war so hübsch gewesen, als das Dope sie ganz locker gemacht hatte. Ja, wenn er nicht das Gefühl gehabt hätte, die Situation auszunutzen, hätte er sie eigentlich gerne geküsst ... Lutz schluckte, als ihm dies plötzlich bewusst wurde.

»He ...« Herbert stieß ihn in die Rippen und nickte in Richtung des Tors, das nun aufschwang. Lutz reckte sich und spähte über die Köpfe der vor ihm Stehenden. Begleitet von einem Dutzend Soldaten erschien Bischof Leonard vor der Menge. Ein Wink von ihm – und das Stimmengewirr erstarb.

Gut, dachte Lutz erleichtert, *der Mann versteht es, eine große Menschenansammlung zu bändigen.*

»Bürger dieser Stadt«, der Bischof sprach nicht besonders laut, und trotzdem schien seine Stimme bis in die hintersten Winkel des Platzes zu dringen, »wie Ihr alle wisst, hat sich in dieser Stadt ein schreckliches Verbrechen ereignet. Pater Lutger, den ihr alle geliebt und respektiert habt, ein Geistlicher, der weit über die Grenzen dieses Landstrichs hinaus hochgeachtet war, wurde ermordet.«

Die Menge brach in ein wütendes Geheul aus, das Lutz erschauern ließ.

Als Bischof Leonard die Hände hob, verstummte der Lärm

wieder schlagartig. »Ich kann Euch nicht sagen, warum Gott diesen Mord geschehen ließ. Denn die Ratschlüsse des Herrn sind für uns Menschen oft nicht zu verstehen. Zu begrenzt ist unser Geist. Zu kurzsichtig unser Denken. Aber die Vorsehung spielte mir die Mörderin Pater Lutgers in die Hände. Es gelang mir, Josepha Weber gefangen zu nehmen.«

»Was!?« Lutz hoffte, sich verhört zu haben. Das Geschrei auf dem Platz war viel zu laut, als dass er Herbert hätte verstehen können, doch er fühlte, dass der Freund erschrocken zusammenzuckte.

»Tötet die Hexe!«

»Josepha Weber muss sterben.«

»Lasst nicht zu, dass sie unsere Stadt noch länger mit ihrem teuflischen Tun verpestet.«

Der Bischof gab den Menschen eine ganze Weile Zeit, ihren Hass hinauszubrüllen. Als er erneut das Wort ergriff, verschwand Lutz' letzte Hoffnung, dass sich alles als ein großes Missverständnis erweisen würde.

»Ja, ihr sagt es ganz richtig!«, rief der Bischof. »Josepha Weber ist eine Hexe, und sie wird den Tod erleiden, den eine Hexe verdient. Am Tag des heiligen Odilo wird sie auf dem Scheiterhaufen verbrannt werden.«

Das ist nicht nur ein Albtraum, durchfuhr es Lutz. Das ist schlimmer, als je ein Albtraum sein könnte. Er hatte keine Ahnung, warum der Bischof so handelte, aber ihm war klar, dass er irgendein perfides Spiel trieb. Als die Menge sich endlich zu zerstreuen begann, beugte er sich zu Herbert: »Wann in drei Teufels Namen ist der Tag des heiligen Odilo?«

»Na ja, das weißt du doch.« Der Freund musterte ihn verwundert, als hätte er den Verstand verloren. »In fünf Tagen.«

Nicht sehr viel Zeit, um Jo aus ihrem Gefängnis herauszuholen ... Lutz ballte die Hände zu Fäusten. Und herausholen würde er sie, und wenn es ihn selbst den Kopf kosten sollte. Er musste unbedingt mit Äbtissin Agneta reden. Vielleicht wusste sie einen Rat.

Als Jo zu sich kam, dröhnte ihr wieder einmal der Kopf, als wollte er zerspringen. *Weiterschlafen, diesen hämmernden Schmerz nicht mehr fühlen ...* Sie versuchte, sich umzudrehen, und spürte, dass sie ihre Arme und Beine nicht mehr bewegen konnte. Der Autounfall ... War sie etwa aus dem Mittelalter-Albtraum erwacht und befand sich in der Gegenwart in einem Krankenhaus? War sie so schwer verletzt worden, dass sie gelähmt war?

Panisch riss sie die Augen auf. Nein, keine Decke mit Neonröhren tat sich über ihr auf. Stattdessen blickte sie auf einen Baldachin aus rotem, mit Goldfäden besticktem Samt. Sie kannte diesen Baldachin. Er gehörte in Leonards Schlafzimmer. Benommen versuchte Jo, sich aufzurichten, was ihr wieder misslang. Was war nur mit ihr los? Sie schielte an sich hinab. Nun sah sie, dass ihre Arme und Beine mit Stricken gefesselt waren. Wie eine alles außer der Angst auslöschende Schockwelle suchte sie die Erinnerung an den Fund im Nebenraum heim: *der blutverkrustete, mit blauer Seide gefütterte Mantel. Der Mantel des Mörders ...* Sie bäumte sich auf und zerrte an ihren Fesseln.

»Lasst das sein. Ich habe die Stricke sehr sorgfältig verknotet. Ihr werdet sie nicht aufbekommen«, vernahm sie nun eine vertraute, samtige Stimme. Jo begriff. Sie zwang sich, ihren Kopf zu wenden. Wie damals, als sie nach ihrem Anfall in diesem Raum zu sich gekommen war, saß Leonard neben dem Bett. An jenem Tag hatte er sie teilnahmsvoll angesehen. Jetzt betrachtete er sie kühl und distanziert, als hätte er ein interessantes Insekt vor sich, das er gleich aufspießen würde. Wie hatte sie diesen Mann nur jemals anziehend finden können? Jo hätte es unbedingt vorgezogen, gelähmt, statt ihm ausgeliefert zu sein. Irgendwie musste sie es schaffen, ihm zu entkommen.

Als hätte Leonard ihre Gedanken gelesen, sagte er gelassen: »Das Schreien könnt Ihr Euch übrigens auch sparen. Meine Bediensteten werden sich darum nicht scheren. Also schont mich und Eure Stimme und lasst es bleiben. Andernfalls werde ich Euch knebeln.«

Jo zweifelte keine Sekunde daran, dass er seine Drohung wahr machen würde. *Sie musste Zeit gewinnen, mit ihm reden ...* »Ihr habt also all die Morde begangen«, brachte sie mühsam über die Lippen.

»Ja, und es war recht erheiternd zu verfolgen, wie Ihr Leichen untersucht, Leute befragt und in zig Kirchen die Reliquienschreine untersucht habt.« Leonard lächelte. »Nun, es war ganz in meinem Sinne, dass Ihr Jörg Schreiber verdächtigt habt, all diese Taten begangen zu haben.«

»Warum ...?« Jos Mund war ganz trocken.

Leonard beugte sich vor und sagte langsam und überdeutlich, als habe er es mit einem begriffsstutzigen Kind zu tun: »Ganz einfach, zwei Männer und zwei Frauen ergeben das Blut von vieren.«

»Weshalb sprecht Ihr von zwei Frauen?«

»Es gab noch eine Tote, vor Anselm, eine Bettlerin. Ich muss zugeben, ich habe Äbtissin Agneta unterschätzt. Ich hatte nicht damit gerechnet, dass sich jemand um den Tod dieses armseligen Töpfers und Lustknaben kümmern würde.«

Jo erinnerte sich daran, wie Lutz und sie Anselms Leichnam in der Klosterscheune untersucht hatten. Noch im Tod hatte Anselm empfindsam gewirkt. Er hatte die junge Schwester geliebt, war Frowin gegenüber freundlich und großzügig gewesen und hatte eine wunderschöne Keramik geschaffen. Zorn erfasste sie. »Anselm war nicht armselig«, sagte sie heftig. »Ganz im Gegensatz zu Euch.«

Leonard schien ihre Worte nicht wahrzunehmen. Stattdessen redete er weiter, wieder auf diese übertrieben geduldige Weise. »Zwei Reliquien von einem männlichen und zwei Reliquien von einer weiblichen Heiligen, auch das ergibt vier. Und vier plus vier sind acht. Acht – das ist die Zahl der Unendlichkeit.«

Er war ja noch irrer, als sie befürchtet hatte ... »Und um auf die Zahl Acht zu kommen, habt Ihr vier Menschen getötet?«

Leonard betrachtete sie nachdenklich. »Ihr seid eine seltsame Frau. Zum ersten Mal traf ich Euch ja, als mich Euer Gatte Gerhardt in Eurem Beisein bat, Euch zu unterstützen, falls seine Brüder sein Testament nicht akzeptieren sollten. Ich fand Euch schön und erotisch stimulierend. Aber als ich Euch dann das nächste Mal begegnete – auf dem Markt, als die Leute Euch angriffen –, hattet Ihr Euch auf eine schwer fassbare Weise verändert. Als hättet Ihr plötzlich eine andere Aura. Ja, als würdet Ihr nicht aus dieser Zeit stammen, sondern aus einer fernen Zukunft kommen. Dabei wart Ihr eher noch schöner und erotischer als zuvor.«

Nicht, dass dies etwas ändern würde – aber sollte dieser Psychopath doch ruhig die Wahrheit wissen. »Ja, ich komme tatsächlich aus einem anderen Jahrhundert«, erwiderte Jo rau.

Leonard nickte, er wirkte nicht besonders beeindruckt, eher so, als hätte Jo ihm damit eine langgehegte Ahnung bestätigt. »Also ist es tatsächlich möglich, zwischen den Zeiten zu reisen. Ich nehme an, jener liederliche Wirt, mit dem Ihr den Morden nachgespürt habt, ist ebenfalls in Eurer eigentlichen Zeit beheimatet?«

Was ist mit Lutz?, durchfuhr es Jo. Hat Leonard ihn etwa ebenfalls gefangen genommen?

Leonard erriet ihre Gedanken. Lächelnd sagte er: »Ich werde diesen Kerl natürlich auch aus dem Verkehr ziehen. Jörg Schreiber, dem er schon lange ein Dorn im Auge ist, wird mir sicher mit Vergnügen dabei behilflich sein.«

»Lasst Lutz in Ruhe!« Jo bäumte sich auf und zerrte an ihren Fesseln. *Sie musste aus diesem Raum entkommen und Lutz warnen ...*

»Hört sofort auf zu schreien und liegt still. Sonst werde ich Euch weh tun.« Leonards Stimme klang leise und drohend.

Jo ignorierte ihn. »Mieses Schwein ...«

Leonards Schlag erfolgte so schnell und war so hart, dass Jo das Gefühl hatte, ihr Gesicht würde explodieren. Blut schoss aus ihrer Nase. Der Schmerz ließ sie für einige Sekunden erneut fast ohnmächtig werden. Als sie zu sich kam, konnte sie ihre Lider nur mit Mühe öffnen. Wahrscheinlich hatte er ihr das Nasenbein gebrochen.

»Schade um Euer hübsches Gesicht. Aber Ihr habt es ja nicht anders gewollt.«

»Ich verstehe immer noch nicht ...«, röchelte Jo. »Warum all die Morde ...« Sie versuchte, tief und gleichmäßig durch den Mund Luft zu holen und dabei das Blut nicht einzuatmen. *Sie musste ruhig werden, sich konzentrieren ...*

»Wie ich Euch schon sagte, die Zahl Acht steht für die Unendlichkeit. Sie setzt sich zusammen aus der Eins und der Sieben. Die Zahl Eins entspricht der Allmacht Gottes, die Sieben symbolisiert die Schöpfung. Die Vier – wovon die Acht das Doppelte ist – ist die vollendete Harmonie, in der alle Gegensätze aufgehoben sind. Die Drei und die Fünf hingegen ...«

»Ach, jetzt hört doch endlich mit diesem Unsinn auf«, unterbrach Jo ihn. »Und eine Mathematikstunde für Grundschüler benötige ich auch nicht.«

Leonards Augen verengten sich gefährlich, doch dann

lachte er auf. »Immerhin seid Ihr mutig. Ich hoffe, Ihr begreift mich jetzt: Das Blut von zwei Männern und zwei Frauen, gemischt mit den zerkleinerten Reliquien je zweier männlicher und weiblicher Heiliger, wird mir Unsterblichkeit verschaffen. Ich muss es nur während einer heiligen Messe, vermischt mit dem Blut des Herrn, trinken. Mein Medicus Gregorius, der auch Astrologe ist, hat den Termin berechnet, wann die Planeten für mein Vorhaben am günstigsten stehen. Am Fest der Heiligen Drei Könige, wenn Merkur am stärksten auf die Erde wirken wird, wird dies der Fall sein.«

Einige Momente schien er tief in Gedanken versunken. Ihre Hände waren vor ihrem Körper gefesselt. Er trug ein Messer oder einen Dolch in seinem Gürtel. *Vielleicht, wenn es ihr gelang, die Waffe zu fassen ...* Vorsichtig versuchte Jo, sich anzuspannen und die Entfernung abzuschätzen. Die Möbel warfen lange Schatten. Es musste auf den Abend zugehen. Irgendwo im Palast schlug eine Tür. Stimmen erklangen und entfernten sich wieder. Wo war Lutz? Ahnte er, dass er in Gefahr war? *Konzentrier dich ...,* ermahnte sie sich.

Wieder schenkte Leonard Jo dieses Lächeln, das ihr schier den Magen umdrehte. »Eines Tages werde ich also Eure Zeit kennenlernen. Erzählt mir davon.«

»Nein, das werde ich nicht. Ich will von Euch wissen: Warum mussten ausgerechnet diese vier Menschen sterben?«

Leonard lehnte sich in seinem Stuhl zurück. Wie so vielen Mördern, die Jo kennengelernt hatte, war es auch ihm ein Bedürfnis, sich zu erklären. »Nun, die Bettlerin und Anselm waren Menschen, die nicht zählten. Niemand würde sich darum kümmern, wenn ihre verstümmelten Leichen gefunden würden. Die Bettlerin tötete ich in einem Feld vor der Stadt. Ich nehme an, wilde Tiere haben sich ihren Körper geholt. Jedenfalls wurde ihr Tod gar nicht in der Stadt bekannt. Im Falle von Anselm habe ich jedoch – wie ich Euch bereits sagte – Äbtissin Agneta unterschätzt. Ich dachte, sie würde allenfalls dafür sorgen, dass er ein christliches Begräbnis erhält. Und nicht, dass sie Nachforschungen anstellen lassen würde.«

»Woher habt Ihr gewusst ...?«

»Oh, ich habe meine Informanten, und ich halte auch selbst meine Augen und Ohren offen.« Er vollführte eine großzügige Handbewegung, wie ein Schauspieler, der sich für Applaus bedankte.

»Und warum habt Ihr Frowin getötet? Und Anna?«, flüsterte Jo.

Leonard zuckte mit den Schultern. »Frowin gehörte ebenfalls zu den Menschen, die nicht zählten. Außerdem meinte ich, er hätte mich einmal beobachtet, als ich Anselm auskundschaftete. Ich konnte nicht das Risiko eingehen, dass Ihr und der Wirt davon erfuhrt. Denn noch waren meine Vorbereitungen nicht abgeschlossen. Was Anna betrifft – nun ja, auf meinen nächtlichen Streifzügen entdeckte ich, dass sie sich als Junge verkleidete, um sich im Geheimen mit ihrem Geliebten zu treffen. Ich benötigte noch das Blut einer Frau. Außerdem hätte sich mir keine bessere Gelegenheit bieten können, um Euch und den Wirt gehörig zu verwirren.«

Jo schmeckte das Blut in ihrer Kehle, während ein heftiges Zittern sie durchlief. Nur mit Mühe konnte sie die Tränen zurückhalten. Ihre Nachforschungen hatten zu Annas Ermordung geführt. Wieder war sie an einem Menschen schuldig geworden.

»Der Tod der kleinen Baumgarten scheint Euch sehr nahezugehen.«

Leonards amüsierte Stimme half Jo, ihre Fassung wiederzugewinnen. Sie wollte ihm gegenüber keine Schwäche zeigen. »Und warum habt Ihr Pater Lutger umgebracht? Wie passte er in Euren Plan?«

»Er schnüffelte zu viel herum. In seiner langweiligen, verklemmten Rechtgläubigkeit interessierte er sich zu sehr für meinen Medicus. Er hielt ihn für einen Heiden und verdächtigte ihn, Schwarze Magie zu praktizieren. Womit er natürlich nicht unrecht hatte«, erklärte Leonard gelassen. »Jedenfalls hätte es meine Pläne empfindlich gestört, wenn der Pater Gregorius vor ein Inquisitionsgericht gebracht hätte. Und ich hatte noch einen weiteren Grund, ihn zu töten. Denn dadurch hatte ich die Möglichkeit, Euch als Hexe jagen zu lassen und Euch vor Euren Verfolgern zu retten. Ach, Ihr hättet sehen sollen, wie Euer Antlitz in Dankbarkeit erstrahlte, als Ihr mich erkanntet.« Er lachte auf.

Jo zitterte erneut. Jetzt vor Selbstverachtung. Ja, wie ein dummes, gutgläubiges Schaf war sie ihm in die Falle gegangen.

»Durch den Streit, den Ihr mit Pater Lutger vor der Sebastianskirche hattet, habt Ihr mir jedenfalls wunderbar in die Hände gespielt.« Leonard betrachtete sie wieder nachdenklich. »Sagt, Eure beeindruckende Art zu kämpfen, die die Leute für Hexerei halten ... Ich habe gelegentlich Händler davon reden hören. Stammt sie tatsächlich aus dem Osten?«

Jo schwieg.

»Ich hätte Euch gerne einmal auf diese Weise kämpfen gesehen.« Leonard beugte sich vor. Er tauchte einen Finger in das gerinnende Blut auf ihrer Wange und strich damit langsam ihren Hals hinab. Sie schauderte unter seiner Berührung. »Ihr seid schön ... schön und faszinierend ...«

Oh, Gott, er wollte doch nicht etwa ... Jo versteifte sich.

Wieder gelang es ihm spielend, ihre Gedanken zu lesen. Er winkte ab. »Davor müsst Ihr keine Angst haben. Zu einem anderen Zeitpunkt, ja, da hätte ich Euch genommen. Aber vor jener Messe am Dreikönigstag muss ich meine Kräfte sammeln. Das bedeutet, fasten und enthaltsam sein.«

Noch immer saß er vornübergebeugt. Der Knauf der Waffe in seinem Gürtel ragte in ihre Richtung. Sie würde nur einen Versuch haben ... Jo schnellte vor. Ihre gefesselten Hände berührten das Metall. Doch ehe sie ihre Finger darumlegen konnte, hatte Leonard sie schon mit einem Wutschrei gepackt und zurückgeschleudert. Ihr Gesicht knallte gegen das hölzerne Kopfende des Betts.

Jo hörte ein hässliches Krachen, während sich ihr der Schmerz wie ein gleißender Blitz ins Gehirn bohrte. *Wenn meine Nase vorhin noch nicht gebrochen war, ist sie es jetzt*, dachte sie. Dann wurde ihr schwarz vor Augen.

Lutz sprang von der Mauer in den verschneiten Küchengarten des Klosters. Die Sonne stand schon tief im Westen. Vor dem rötlich überhauchten Himmel hoben sich die Silhouette der Kirche mit ihren beiden gedrungenen Türmen sowie die Dächer der Wohn- und Wirtschaftsgebäude wie ein schwarzer Scherenschnitt ab. Er hatte es geschafft, die Stadt ohne Schwierigkeiten zu verlassen. Danach war er einen weiten Umweg gelaufen und hatte mehrmals die Richtung gewechselt, um etwaige Verfolger abzuschütteln.

Während er auf eine stämmige Schwester zulief, die am anderen Ende des Gartens nach Gemüse im Schnee grub, fragte er sich wieder einmal, was der Bischof mit seinem hinterhältigen Spiel bezweckte und wie es Jo wohl gehen mochte. Auch wenn sie ihn für diesen Gedanken steinigen würde, wünschte er, er wäre an ihrer Stelle gewesen. Er war zwar wahrhaftig nicht Luke Skywalker. Trotzdem war es auf jeden Fall eher ein Männerding, sich mit einem undurchsichtigen Bösewicht herumzuschlagen. Ach, verdammt, in was für einen Schlamassel waren sie da nur hineingeraten? Allmählich sehnte er sich nach einer ruhigen, soliden, langweiligen Polizei-Routinearbeit.

Lutz hatte eben erkannt, dass es sich bei der kräftigen Benediktinerin um Schwester Constantia, die Köchin, handelte, als sie auch ihn entdeckte. Sie sprang überraschend behände auf und ergriff ihren kleinen Spaten mit beiden Händen wie eine Streitaxt. »Bleibt mir vom Leib«, schrie sie, »sonst ziehe ich Euch eins über.«

Ach, herrje, er hatte ja immer noch seine Kapuze auf dem Kopf. Lutz streifte die Haube ab und hob die Hände. »Schwester Constantia«, sagte er beruhigend. »Erkennt Ihr mich denn nicht wieder? Anselm ... Euer wunderbares Plätzchenrezept ...«

»Ach, Ihr seid es«, sie schnaufte immer noch etwas aufgebracht, »sich aber auch anzuschleichen, dass einem fast das Herz stehenbleibt ...«

»Wo finde ich Eure Äbtissin? Ich muss sie sofort sprechen.«

»Wahrscheinlich in ihren Gemächern. Aber die Vesper beginnt gleich.«

»Die wird Eure Äbtissin heute ausfallen lassen müssen«, versetzte er grimmig.

Die Äbtissin hatte tatsächlich schon ihre Räume verlassen und war auf dem Weg zur Kirche. Lutz traf sie vor der Sakristei. Doch als er ihr rasch berichtete, dass der Bischof Jo gefangen genommen hatte und sie als Hexe verbrannt werden sollte, kehrte sie sofort um. Lutz schilderte ihr, was sich in der Stadt und vor dem Bischofspalast zugetragen hatte. Außerdem legte er ihr dar, was er und Jo in den letzten Tagen herausgefunden hatten.

Als er geendet hatte, sah ihn die Äbtissin aufmerksam an. Im Licht der Kerzen, die auf dem Tisch in ihrem Arbeitszimmer brannten, wirkte ihr faltiges Gesicht mehr denn je raubvogelhaft. »Ihr denkt also, dass Bischof Leonard hinter all den Morden steckt«, fasste sie knapp zusammen.

»Ja, denn warum sollte er sonst behaupten, Jo sei eine Hexe? Er muss von unseren Ermittlungen erfahren und uns nachgespürt haben«, erwiderte Lutz entschieden. »Auch wenn ich ehrlich gesagt nicht die geringste Ahnung habe, was sein Motiv ist. Und ich weiß immer noch nicht, ob die Reliquiendiebstähle mit den Morden zusammenhängen und Leonard auch sie zu verantworten hat oder ob Jörg Schreiber dahintersteckt.«

»Allen Opfern wurde die Kehle durchgeschnitten«, meinte die Äbtissin nachdenklich. »Das bedeutet, es gab viel Blut. Der Mord an Anselm geschah ja höchstwahrscheinlich während einer unserer nächtlichen Gebetszeiten, unter den erleuchteten Kirchenfenstern. Lasst uns einmal annehmen, Leonard benötigte das Licht, um eine bestimmte Menge an Blut in ein Gefäß zu füllen.« Sie schwieg und sann einige Momente lang vor sich hin. Funkensprühend zerbarst ein dickes Holzscheit in dem Kamin. »Blut ist der Sitz des Lebens«, sprach sie dann mehr wie zu sich selbst weiter. »Es besitzt eine große Kraft, auch im magischen Sinne. Reliquien sind ebenfalls sehr machtvoll. Wenn es Leonard nun darum ging, diese beiden Kräfte zusammenzubringen ...«

»Ja, und ...?« Lutz hatte nicht die geringste Vorstellung, worauf sie hinauswollte.

»Junger Mann, dies könnte darauf hindeuten, dass Leonard einen Zauber ausheckt. Dass wir es – auf welche Weise auch immer – mit schwarzer Magie zu tun haben. Sein Medicus steht in einem gewissen Ruf. Bisher habe ich dies immer für böswillige Gerüchte gehalten. Aber nun ...« Sie vollführte eine vielsagende Handbewegung.

»Schwarze Magie ...?« Langsam hatte Lutz diese Zeit wirklich satt.

Äbtissin Agneta lehnte sich in ihrem Stuhl zurück. »Als Anselms Leichnam gefunden wurde, hatte ich jene Vision, in der schwarze Sterne vom Himmel stürzten und sich die Ordnung der Dinge verkehrte. Wenn Leonard oder sein Medicus tatsächlich Schwarze Magie praktizieren, erklärt sich meine Schau. Denn Schwarze Magie bringt die Ordnung der Welt durcheinander. Deshalb ist sie auch so gefährlich.«

Lutz hatte genug von diesem Gerede. Ungeduldig schüttelte er den Kopf. »Das mag ja alles sein. Aber mir ist es erst einmal nur wichtig, Jo rechtzeitig zu befreien, bevor dieser Irre sie auf den Scheiterhaufen bringt.«

»Ihr habt Josepha sehr gern, nicht wahr?« Die alte Frau betrachtete ihn mit einem leichten Lächeln.

Lutz spürte, wie er errötete. »Jo ist eine Kollegin«, erklärte er hastig. »Ich stehe für sie ein – so wie Jo im umgekehrten Fall, wenn ich in Gefahr wäre, auch für mich einstehen würde.« *Genau so war es. Nicht weniger, aber auch nicht mehr ...*

»Oh, nur eine Kollegin.« Zu Lutz' Unbehagen wirkte die Äbtissin nicht überzeugt. »Übrigens ein merkwürdiges Wort ...«

Er räusperte sich. »Um wieder auf das zurückzukommen, was wirklich zählt ... Dieser Psychopath – also dieser Irre – hat gesagt, Jo würde im Bischofspalast gefangen gehalten. Meine Kumpels werden mir sicher helfen, Jo zu befreien, und ein Teil der Stadtsoldaten bestimmt auch. Das Problem ist nur, es muss schnell gehen. Sonst tut Leonard Jo möglicherweise etwas an.«

»Ja, ich verstehe Euch ganz und gar.« Äbtissin Agneta nickte. »Ihr werdet die bischöflichen Soldaten am Tor überwältigen müssen und dann die, die den eigentlichen Palast bewachen. Wahrscheinlich werden weitere Bewaffnete im Keller postiert sein.«

Für eine alte Frau, die noch dazu Nonne war, bewies sie wirklich einen verblüffenden Realitätssinn.

»In meiner Zeit würde mir dafür ein Sondereinsatzkommando zur Verfügung stehen. Also Männer, die eine Art Panzer tragen und Helme auf dem Kopf. Wir könnten Blendgranaten und Tränengas benutzen, um uns einen Weg in das Gebäude zu bahnen und unsere Gegner außer Gefecht zu setzen.« Aus Hilflosigkeit wurde Lutz immer wütender. »Ach Scheiße, und alles, was wir hier haben, sind Messer und Schwerter. Noch nicht einmal so etwas wie ein lumpiges Vorderladergewehr ist bisher erfunden.«

»Junger Mann«, die Äbtissin klopfte energisch auf den Tisch, »lasst das Fluchen in meiner Gegenwart! Was genau sind denn diese Blendgranaten und das Tränengas?«

Lutz stöhnte frustriert. »Na ja, Blendgranaten sind so eine Art gewaltiger Blitz. Um es in Eurer Sprache zu sagen ... Und Tränengas brennt wie Zwiebeln in den Augen. Nur viel stärker.«

»Als ob man gemahlenen Pfeffer in die Augen bekäme?«, erkundigte sich die Äbtissin interessiert.

»Ja, so ähnlich ...«

Sie versank wieder in Gedanken, dann hellte sich ihr Gesicht auf. »Nun, mit einer Art Blitz könnte ich vielleicht dienen.«

Lutz seufzte. »Ehrwürdige Mutter, bei allem Respekt, es wäre natürlich schön, wenn Ihr ein Wunder bewirken könntet, aber ich glaube ehrlich gesagt nicht, dass Euch das gelingen wird.«

»Von einem Wunder spreche ich nicht.« Äbtissin Agneta winkte ab. »Vor einigen Wochen kam ein Händler in unser Kloster, der ferne Länder bereist hatte. Er führte eine Holztruhe mit sich, die mit langen, stabförmigen Dingen gefüllt war. Er meinte, wenn man diese Stäbe anzündete, würden sie zum Himmel aufsteigen und sich in Blitze verwandeln. Der Händler hielt diese Dinge für verflucht. Einige seiner Reisegefährten waren gestorben, seit er sie in seinem Besitz hatte, und er selbst war krank geworden. Deshalb ließ er jene Stäbe hier.« Und nach einer kurzen Pause fügte sie hinzu: »Das Land, das er bereiste, war, glaube ich, China ...« Ihre bernsteinfarbenen Augen blinzelten. »Nun, ich gehe eigentlich davon aus, dass nur sehr wenige Dinge tatsächlich verflucht sind. Meistens macht nur die Angst die Menschen das glauben. Deshalb behielt ich jene Kiste und ihren Inhalt.«

Anfangs hatte Lutz ihr verständnislos zugehört. Doch nun sagte er langsam: »Ich schätze, Ihr sprecht von Feuerwerkskörpern. Kann ich diese *Stäbe* einmal sehen?« Eine vage Idee begann, sich in ihm zu formen.

Die Truhe mit den Feuerwerkskörpern befand sich in der Scheune, in der Lutz und Jo Anselms Leichnam untersucht hatten. Während die Äbtissin das Schloss an der Truhe mit einem kleinen Schlüssel öffnete, hoffte er, dass die Raketen nicht im Laufe der Wochen feucht geworden waren. Doch als er einen der *Stäbe* in die Hand nahm, stellte er zu seiner Erleichterung fest, dass sich das verdickte Ende – dort, wo unter einem bräunlichen Papier das Schwarzpulver angebracht war – trocken anfühlte.

Draußen vor der Scheune warteten bereits alle Nonnen des Klosters in der nasskalten Nacht. Schwester Constantia hatte einen Feuertopf mitgebracht. Lutz hielt einen Kienspan in die Glut. Mit der Flamme entzündete er danach das Papierband, das an der Spitze der Rakete hing. Das Papier begann zu brennen, Schwefelgeruch drang in seine Nase. Er schleuderte den Feuerwerkskörper hoch in die Luft. Erst einmal geschah nichts. Dann stob ein goldgelber Funkenregen auf und verglomm, nachdem er noch eine Schleife gebildet hatte, am diesigen Nachthimmel.

Lutz rieb sich das Kinn. Na ja, das war aber eine Silvesterrakete der billigsten Sorte gewesen.

»Was für ein Wunder«, hörte er Schwester Constantia neben sich murmeln.

»Ja, ein Wunder«, erscholl es rings um ihn. Manche Nonnen bekreuzigten sich, einige hatten sich sogar in den Schnee gekniet und starrten ergriffen in den Nebel.

»Wirklich beeindruckend!« Äbtissin Agneta stützte sich mit beiden Händen auf ihren Stock. Im Licht der Fackeln leuchteten ihre Augen wie die eines Kindes.

»Ähm, findet Ihr tatsächlich?« Lutz kam zu dem Schluss, es wäre taktlos, ihr zu sagen, dass im 21. Jahrhundert noch nicht einmal ein Dreijähriger von diesem Feuerwerkskörper zum Staunen gebracht würde.

»Ja, ein Zeichen für die Schöpfungsmacht Gottes.«

Lutz räusperte sich. »Es ist gut, dass Ihr das so seht. Denn ich dachte, die Feuerwerkskörper ließen sich vielleicht als eine Art Blendgranaten vor dem Bischofspalast einsetzen, um Verwirrung zwischen den Soldaten zu stiften.«

»Diese Wirkung werdet Ihr ganz sicher erzielen.« Nachdrücklich stieß die Äbtissin ihren Stock in den Schnee. »Sie werden denken, Blitze und Feuergarben führen auf sie nieder, und werden die Flucht ergreifen.«

»Mir ist nur leider gerade eingefallen, dass es da noch ein Problem gibt. Jörg Schreiber hat es auf mich abgesehen, und Leonard wird inzwischen bestimmt auch nach mir suchen lassen. Wie komme ich also unbemerkt in die Stadt, um meine Kumpels zu treffen und den Sturm auf den Bischofspalast zu planen?«

»Das ist allerdings eine Schwierigkeit.« Äbtissin Agneta nickte. Doch plötzlich erhellte ein Lächeln ihr faltiges Gesicht, während sie Schwester Constantia abschätzend betrachtete. »Ich glaube, mir ist da gerade eine Lösung eingefallen«, sagte sie langsam.

Jo versuchte, sich notdürftig mit Stroh zuzudecken. Durch die Gitterstäbe ihres Gefängnisses zog es erbärmlich. Ihr war eiskalt. Ihre Nase war mittlerweile so geschwollen, dass sie dadurch überhaupt nicht mehr atmen konnte, und noch immer hatte sie das Gefühl, als würde sich ein Messer in ihr Gehirn bohren. Zudem war sie durch eine schwere Eisenkette, die um ihren Knöchel lag, an einen Ring in der Steinwand gefesselt.

Es liegen ja schon einige gescheiterte Beziehungen und nicht sehr ergiebige Affären hinter mir, dachte sie düster. *Aber von allen Männern, die ich jemals anziehend gefunden habe, hat sich Leonard nun wirklich als der größte Tiefschlag erwiesen.* Immerhin würde dieses Erlebnis – sollte es ihr jemals gelingen, in ihre eigene Zeit zurückzukehren – nicht mehr zu toppen sein. Erst zusammenschlagen und dann auf den Scheiterhaufen bringen würde sie dort wenigstens kein Kerl.

Hätten Lutz und ich eine Chance gehabt, früher zu erkennen, dass Leonard hinter den Morden und den Reliquiendiebstählen steckt? Haben wir uns zu sehr auf Jörg Schreiber versteift? Jos Kopf dröhnte so sehr, dass sie keinen klaren Gedanken mehr fassen konnte.

Ich muss hier raus! Raus, raus, raus ...! Dieser Psychopath soll mich nicht umbringen! Jo richtete sich auf und begann verzweifelt, an der Kette zu zerren und auf die Wand einzuschlagen, bis ihre Kräfte sie verließen. Irgendwann fiel sie in einen unruhigen Schlaf.

Die beiden Stadtsoldaten starrten die große, massige Nonne verblüfft an, die zielstrebig und mit weit ausholenden Schritten auf den Eingang der *Grünen Traube* zusteuerte. »Ähm, seid Ihr Euch sicher, dass Ihr Euch nicht im Haus geirrt habt?«, brachte einer von ihnen schließlich hervor.

»Ich bin hier genau richtig, denn gerade an diesem Ort gibt es genug Sünder, die der christlichen Unterweisung bedürfen«, herrschte ihn die Nonne mit tiefer Stimme an. Gebieterisch hob sie die Hand, als wollte sie ihm eine Ohrfeige verpassen. »Und nun lasst mich vorbei, ihr Tölpel!«

»Wie ... wie Ihr meint.« Die beiden stoben auseinander und machten ihr den Weg frei.

Im Schankraum verteilte Herbert frischen Sand auf dem Boden. Auch ihm fielen fast die Augen aus dem Kopf, als er die Nonne sah. Seine Entgeisterung wuchs noch, als sich die Schwester auf eine Bank sinken ließ und brummte: »Einen Krug Bier, aber schnell!«

»Na ... natürlich, ganz wie Ihr wünscht.« Herbert nahm hastig einen Krug von einem Regal. Während er das Gefäß unter den Zapfhahn des Fasses hielt, schielte er vorsichtig über die Schulter. Nein, er war keiner Halluzination erlegen. Die Nonne saß immer noch breitbeinig auf der Bank. Jetzt zerrte sie gar ihren Schleier vom Kopf!

»He, pass auf, du verspritzt ja das ganze Bier«, sagte Lutz mit seiner normalen Stimme.

»Du bist das ...« Herbert drehte hastig den Zapfhahn zu.

»Ja, die Äbtissin dachte, dass ich als Nonne verkleidet gute Chancen hätte, unerkannt in die Stadt zu kommen. So wie es aussieht, hat die Maskerade ja funktioniert. Auch wenn es schade um meinen Bart ist. Allerdings frage ich mich schon, wie Frauen es unter diesen Schleiern aushalten und wie sie es fertigbringen, sich nicht ständig in ihren Röcken zu verheddern.« Lutz grinste, wurde dann aber gleich wieder ernst. »Gibt es etwas Neues von Schreiber?«, fragte er.

Herbert zapfte sich auch ein Bier und setzte sich zu Lutz. »Einige Male sind ein paar von seinen Burschen durch die Gasse geschlichen, aber sie haben sich nicht getraut, uns anzugreifen.«

»Gut, die Sache mit Schreiber muss ohnehin erst einmal warten.« Lutz trank einen großen Schluck. *Allmählich höre ich mich an wie das Haupt eines Mafiaclans*, dachte er. »Wir müssen es schaffen, die Jungs unauffällig zusammenzutrommeln. Ich habe nämlich einen Plan, wie wir Jo ..., ich meine Josepha, befreien können.«

Ein Fieberschauer erfasste Jo. Da ihr unerträglich heiß war, stieß sie die Strohbüschel weg.

Sie war wieder Leiterin des Sondereinsatzkommandos. »Los!«, schrie sie, nachdem der Sprengsatz die Wohnungstür aufgedrückt hatte. Mit entsicherter Pistole stürmte sie in den Flur. Das Adrenalin ließ sie alles überdeutlich wahrnehmen. Den schwachen Geruch von Kaffee und gebratenem Fleisch, der durch den Schutzschild ihres Helms drang. Den billigen, abgewetzten Teppichboden. Das Puzzlebild einer Berglandschaft an der Wand.

Drei Türen zweigten von dem Flur ab. Alle waren geschlossen. Jo hörte, wie ihre Kollegen hinter ihr die Türen auftraten. Sie selbst rannte auf die dritte zu, die sich am Ende des Gangs befand. Vor ihr knallte ein Schuss. Das Echo hallte zwischen den Wänden wider. Nun war sie endlich an der Tür, trat sie auf. Ein fetter, ungepflegter Mann glotzte ihr entgegen. In der rechten Hand hielt er eine Waffe. Die rauchende Mündung zeigte zu Boden. »Waffe fallen lassen! Sofort!«, brüllte Jo.

Der Mann lockerte seine Finger. Mit einem dumpfen Laut schlug der Revolver auf den Teppich. Jo stieß ihn mit dem Fuß außer Reichweite des Mannes. Nun erst hörte sie das Stöhnen. In einer Zimmerecke lag eine Frau, deren Hand- und Fußknöchel mit Paketklebeband gefesselt waren.

Jo rannte zu der Frau, drehte sie vorsichtig auf den Rücken. Sie registrierte nur – wie in großer Ferne –, dass ihre Kollegen nun im Zimmer waren und den Mann auf den Boden warfen und fesselten.

»Es wird alles gut«, hörte Jo sich sagen. »Halten Sie durch. Gleich kommt Hilfe.« Auch der Mund der jungen Frau, aus dem das qualvolle Röcheln drang, war mit Klebeband verschlossen. Ihre weit aufgerissenen Augen blickten glasig. Blut strömte aus einer Schusswunde in ihrer Brust. Als Jo das Klebeband abriss, drang ein Blutschwall zwischen den Lippen der Frau hervor und spritzte auf ihren Kampfanzug.

Während Jo sich auf den Steinplatten ihrer Zelle herumwälzte, meinte sie wieder, den metallischen Geruch des Bluts wahrzunehmen, der sich mit dem Rauch des Revolvers mischte. Panisch tastete sie über ihre Arme, um die Spritzer wegzuwischen.

Sie waren zu spät gekommen. Und dies war allein ihre Schuld gewesen, weil sie zu lange eine falsche Spur verfolgt hatte. Noch im Krankenwagen war die junge Frau – sie hatte Maja geheißen – gestorben. Auch an Annas Tod war sie schuld. Viel früher hätte sie die Zusammenhänge zwischen den Morden bemerken und entdecken müssen, dass Leonard der Täter war.

Jo fing an zu weinen. Im Grunde genommen hatte sie es verdient, dass Leonard nun auch sie bald töten würde.

»Mutter, Mutter!« Schreiend rannten die beiden Kinder in die Stube.

Die Töpferin Gwendolin, die gerade einen Kunden bediente, fuhr herum. »Nun, macht doch nicht so einen Lärm«, sagte sie ärgerlich. »Ihr seht doch, ich habe zu tun.«

»Mutter«, die Stimme des Mädchens überschlug sich, während sich ihr jüngerer Bruder ängstlich an ihrem Arm festklammerte, »Hans, der Sohn von Meister Alwin, hat beim Schlittenfahren einen Toten entdeckt. Er lag unter dem Schnee.«

»Und Hans hat sich das nicht nur ausgedacht, um euch zu

erschrecken?« Die Töpferin blickte ihre Kinder forschend an. *Wenn der Junge das bezweckt haben sollte, dachte sie, war er erfolgreich gewesen.* Sowohl ihr Sohn als auch ihre Tochter wirkten völlig verstört.

»Nein«, das Mädchen schluckte, »wir haben den Toten ja selbst gesehen. Also nicht ganz. Aber seine Hand ...«

»In der Stadt hat es in der letzten Zeit ja schon einige Todesfälle gegeben«, mischte sich der Kunde ein. Er war ein Apotheker, der bei der Töpferin eine größere Anzahl Tongefäße für seine getrockneten Kräuter bestellt hatte. »Meint Ihr nicht, Gwendolin, Ihr und ich sollten uns diesen Toten einmal ansehen?«

Nachdem die Töpferin ihre Kinder angewiesen hatte, sich ans Feuer zu setzen, machten sie und der Apotheker sich auf den Weg zur Schlittenbahn. Mittlerweile hatte die Abenddämmerung eingesetzt. Bevor sie die Stelle am Berg erreichten, sahen sie schon den Fackelschein. Einige von Gwendolins Nachbarn hatten sich bei der Leiche versammelt. Miteinander tuschelnd starrten sie den Toten an, der nun gänzlich aus dem Schnee gegraben war.

Gwendolin sah einen dunklen Mantel und ein hageres Gesicht, das ein langer grauer Bart umrahmte. »Kennt Ihr den Toten?«, fragte sie einer der Nachbarn.

»Nein, ich habe den Mann noch nie gesehen.« Sie schüttelte den Kopf.

»Haltet einmal eine der Fackeln so, dass der Schein direkt auf das Gesicht des Leichnams fällt«, sagte der Apotheker. Einer der Töpfer trat vor. Während das Licht über das starre Antlitz zuckte, beugte sich der Apotheker über den Toten.

»Ich weiß, wer der Mann ist«, sagte er schließlich, »Gregorius, der Medicus unseres Bischofs. Hin und wieder hat er bei mir Kräuter und andere Heilmittel gekauft.«

»Hat er einen Unfall gehabt und ist erfroren?«, fragte

Gwendolin bang. Ihre Kinder spielten so oft an dem Berg. Hier sollte kein Mord geschehen sein.

Aber der Apotheker schüttelte den Kopf und deutete auf die Brust des Arztes, wo nun auch die Töpferin eine fingerbreite Wunde in dem Mantel sah. »Ich schätze, der Medicus wurde erstochen«, meinte er.

Normalerweise wären sie mit einer ganzen Armada von Polizeimannschaftswagen angerückt. Sie hätten die Fahrzeuge in den Nebengassen des Bischofspalasts abgestellt und sich dann strategisch verteilt. Dabei hätten sie ständig in Funkkontakt miteinander gestanden. Ihre Ausrüstung hätte aus Sprengsätzen, Blendgranaten, Tränengas und automatischen Handfeuerwaffen bestanden.

Lutz unterdrückte ein melancholisches Seufzen. Sein Fahrzeug war ein von einem Esel gezogener Schlitten. Darauf waren die Feuerwerkskörper, einige Äxte und andere archaische Waffen unter Säcken versteckt. Seine Kumpels sowie Peter und eine Truppe von dessen Stadtsoldaten hatten sich zwar in der Nähe zwischen den Häusern verteilt. Aber er konnte nur hoffen, dass sie rechtzeitig das verabredete Zeichen, die aufstiebenden Funken der Rakete, sehen und losstürmen würden.

Immerhin war Herbert, der neben ihm herging und den Esel führte, um einige Ecken mit einem Bediensteten des Bischofs verwandt. Unter reichlich Alkohol gesetzt, hatte der Mann ihnen am Vorabend beschrieben, wo Jos Kellergefängnis lag. Außerdem hatte er ihnen verraten, dass Leonard für einige Tage außerhalb der Stadt weilte. Worüber Lutz froh war, denn er hatte seine Zweifel, ob sich der Bischof so leicht von einem kümmerlichen Feuerwerk hätte beeindrucken lassen. *Jedenfalls ist das der irrwitzigste Polizeieinsatz, den ich jemals durchgeführt habe*, dachte er. Dabei war ihm nur zu bewusst, dass sie lediglich diesen einen Versuch haben würden, um Jo zu befreien.

Hinter einer Kurve tauchte nun der Platz auf, an dem der Bischofspalast lag. Sie hatten ihr Ziel erreicht. »Bring das Vieh zum Halten«, raunte Lutz seinem Freund zu.

Herbert schnalzte mit der Zunge, und der Esel blieb stehen, wobei er ein konsterniertes »Iah!« ausstieß. Wie sie es verabredet hatten, bückte Herbert sich und machte sich an einem der Hinterbeine zu schaffen, als hätte sich der Esel einen Stein in den Huf getreten.

Unterdessen beugte sich Lutz über den Schlitten und bemühte sich, so unauffällig wie möglich eine Rakete und einen Tontopf voller Glut unter den Säcken hervorzuziehen. Dabei schielte er zum Tor. Einer der mächtigen Flügel stand offen. Die vier Soldaten, die den Eingang bewachten, wirkten nicht übermäßig aufmerksam. Eher wie Männer, die notgedrungen eine langweilige Zeit abrissen. Na ja, er kannte das selbst von seinen Monaten bei der Bundeswehr. Wahrscheinlich würden sie sich leicht überrumpeln lassen. Von ihrer Seite aus war kaum mit einer energischen Gegenwehr zu rechnen.

Lutz hatte eben den Papierstreifen an der Raketenspitze entflammt, als er einen Mann über den Platz brüllen hörte.

»Los Leute, erteilt diesem Mistkerl eine Lektion, die er nicht mehr vergessen wird!«

Herbert fluchte. Jörg Schreiber und ein halbes Dutzend seiner Gefolgsleute schritten breitbeinig auf sie zu. Die wenigen Passanten suchten schleunigst das Weite. Froh über die Abwechslung blickten die Soldaten interessiert zu ihnen herüber. Von der blöden Rakete stieg nur ein dünner Rauchfaden auf.

Absolut mieses Timing ...

»Tja, Lutz Jäger, jetzt wollen wir doch einmal sehen, wie du zurechtkommst, ohne deine Freunde, die deine verlotterte Schenke bewachen.« Jörg Schreiber grinste höhnisch.

Jetzt brenn schon ... »Ich verstehe ja, dass Ihr sauer auf mich seid. Aber auch wenn Ihr fast so fies ausseht wie Henry Fonda in *Spiel mir das Lied vom Tod* – allerdings hatte der mehr Stil als Ihr –, könnten wir unseren Streit nicht vielleicht zu einem späteren Zeitpunkt austragen? Ich habe nämlich gerade etwas wirklich Wichtiges zu tun ...« Lutz schwenkte die Rakete, während Herbert sein Schwert aus der Scheide zog.

Verächtlich lächelnd drehte sich Jörg Schreiber zu seinen Kumpanen um. »Seht Ihr, vor lauter Angst redet der Feigling schon ganz irre.«

»Nein, das war nur ein kurzer Ausflug in die Westerngeschichte.« An der Spitze der Rakete zischte es, eine Flamme züngelte auf. Mit aller Kraft schleuderte Lutz den Feuerwerkskörper gegen Schreiber. Der wich zurück. Eine Handbreit vor ihm schoss der Feuerwerkskörper in den bewölkten Himmel. Ein roter Funkenregen stob auf.

»Der Himmel sei uns gnädig, das Ende der Welt ist gekommen!«, schrie jemand am Rand des Platzes.

»Oh Herr, erbarme dich«, jammerte ein anderer. Jörg Schreiber und seine Helfer sackten in die Knie. Ihre Gesichter spiegelten tiefes Entsetzen.

»Los, komm!«, brüllte Lutz Herbert über das Krachen der Rakete hinweg zu. Er fasste den panisch wiehernden Esel am Halfter und zerrte ihn in Richtung des Tores. Zwei der Soldaten hatten die Flucht ergriffen, zwei knieten im Matsch. Sie hielten sich ihre Schilde über den Kopf und schielten ängstlich gen Himmel.

Drinnen im Hof zündete Lutz eine weitere Rakete. Sie brannte sofort und zog eine grüne Funkenbahn über den Himmel. Hastig stopfte er sich ein Bündel Raketen unter den Arm und schnappte sich den Topf mit der Glut. »Nimm die

Äxte!«, rief er Herbert zu, während er sich rasch orientierte. Der Eingang zu dem Keller lag auf der rechten Seite des Palasts. Die Tür war mit breiten Eisenbändern beschlagen, so hatte es der Bedienstete beschrieben. Ja, dort drüben in dem steinernen Sockel befand sich der Eingang! Lutz spurtete los.

Nun hatte er die Tür erreicht. Sie war mit einem schweren Schloss gesichert. Lutz ließ noch eine Rakete in den Himmel steigen. Wo blieben Herbert und die anderen? Irritiert blickte er sich um. Herbert war mitten im Hof stehen geblieben und verfolgte fasziniert den blauen Kringel, den der Feuerwerkskörper in die Luft malte. Peter und einige der Stadtsoldaten, die mittlerweile im Hof eingetroffen waren, hatten sich zu ihm gesellt und verfolgten ebenfalls staunend die Erscheinung.

»Seid ihr verrückt geworden! Nun macht schon!«, brüllte Lutz. Herbert rannte zu ihm, während Peter und ein Teil der Soldaten das Tor sicherten, so wie sie es vereinbart hatten.

»Tut mir leid, aber ich habe so etwas noch niemals gesehen«, verteidigte sich Herbert. »Man stelle sich vor, künstliche Blitze ...« Er strahlte verzückt.

»Ja, ja schon gut ... Jetzt hilf mir lieber, das Schloss zu bearbeiten«, knurrte Lutz.

Der Freund reichte ihm eine der Äxte. Abwechselnd hieben sie damit auf das Eisen ein. »Wirt der *Grünen Traube*«, hörte Lutz plötzlich jemanden rufen. Hatten es Schreiber und seine Gesellen etwa doch wieder in den Hof geschafft? War denn auf Peter und seine Bande überhaupt kein Verlass? Ärgerlich fuhr er herum. Nein, der Mann, der vor dem Haupteingang des Palasts, umgeben von Raketenqualm, mit einem von Peters Stadtsoldaten rang, gehörte nicht zu Schreibers Leuten. Sein schmales Gesicht kam Lutz vage bekannt vor.

»Lass ihn los!«, rief er dem Soldaten zu. Als der Mann auf

ihn zueilte, erkannte er den Steinmetz Mattis. »Hört zu«, begann Lutz. »Ich habe es gerade sehr eilig, in diesen Keller zu kommen ...«

»Da will ich auch hin«, unterbrach ihn der Steinmetz keuchend. »Das heißt, ich will Josepha befreien. Ich wollte mit unserem Bischof über sie sprechen und ihn bitten, ihr Gnade zu gewähren. Sie ist keine Hexe. Niemals hat sie diese furchtbaren Morde begangen.« Seine Miene drückte Entschlossenheit aus. Gleichzeitig hatten seine Augen jenen beseelten Schimmer, den Lutz nur zu gut kannte. Er spürte eine Regung von Eifersucht.

»Die Josepha, die in diesem Keller gefangen ist, ist nicht die Frau, in die ihr verliebt seid«, meinte er spröde.

»Das mag ja sein. Josepha hat mir einmal so wirres Zeug erzählt. Aber das ist mir egal«, versetzte der Steinmetz heftig. »Wenn auch nur ein Funken von jener Frau in ihr ist, die ich kenne, ist sie es wert, dass ich ihr helfe.« *Den Kerl hatte es wirklich ziemlich erwischt ...*

»Könntet ihr vielleicht eure Unterhaltung beenden und mir stattdessen helfen.« Herbert stöhnte gereizt. »Außerdem wäre es, glaube ich, Zeit für eine neue Rakete.«

Lutz drückte Meister Mattis seine Axt in die Hand. Während er den Feuerwerkskörper in den Himmel schleuderte, hieb der Steinmetz mit einem gezielten Schlag das Schloss entzwei.

»Gut, kommt mit!«, rief Lutz ihm zu. Zu dritt rannten sie nun durch einen langen, von Fackeln erhellten Kellergang.

Als ein Trupp bischöflicher Soldaten um eine Ecke geschossen kam, zückte Lutz sein Messer, während seine beiden Begleiter ihre Äxte hoben. Doch die Männer schrien nur: »Das Ende der Welt, das Ende der Welt ...«, und stürmten an ihnen vorbei.

Beim zweiten Quergang nach rechts, hatte ihnen der betrunkene bischöfliche Bedienstete erklärt ... Lutz schwenkte in den Gang ein. An seinem Ende befand sich eine mit einem breiten Riegel versehene Tür. Dies musste Jos Gefängnis sein. Niemand hielt davor Wache. Lutz rüttelte an dem Riegel. Kein zusätzliches Schloss sicherte ihn, und er ließ sich leicht zurückschieben. Während Lutz die Tür aufriss, fürchtete er sich einen Moment vor dem, was ihn dahinter erwarten mochte.

Seine Augen benötigten einen Moment, bis sie sich an das Dämmerlicht gewöhnt hatten. Der Gestank von Urin und Kot stieg ihm in die Nase. Jo lag mit dem Rücken zur Tür auf Strohbüscheln. Sie rührte sich nicht.

»Jo ...« Er stürzte zu ihr und kniete sich neben sie. Vorsichtig drehte er sie zu sich. Ihr Gesicht, das erkannte er selbst in dem Zwielicht, war völlig zerschlagen. »Jo ...«, rief er erneut. Als sich ihre Lider hoben, wurde ihm ganz schwach vor Erleichterung. Gleichzeitig spürte er, wie ihm die Augen feucht wurden. *Auch das noch ...* Herbert und der Steinmetz waren bei der Tür stehen geblieben. Gott sei Dank hielt sich dieser Mattis im Hintergrund.

»Du bist es, Lutz ...«, murmelte Jo.

Er schluckte. »War doch klar, dass ich mit der Kavallerie kommen würde, um dich hier herauszuholen ...« Seine Stimme hörte sich ziemlich zittrig an.

Ein Lächeln huschte über Jos Gesicht. »Seit wann reitest du?«

»War nur bildlich gemeint ...«

»Leonard hat Anselm, Frowin und Anna umgebracht«, flüsterte sie. »Er ist völlig verrückt. Er ...«

»Ja, ich weiß, beziehungsweise haben die Äbtissin und ich uns das meiste zusammengereimt.« Er streckte die Arme aus, um Jo hochzuheben.

»Die Kette ...«

Nun erst bemerkte Lutz die Fessel. Eine Welle von Hass gegen Leonard stieg in ihm auf. »Das bekommen wir auch noch geregelt«, erklärte er viel fröhlicher, als ihm zumute war.

Während Herbert und Meister Mattis die Kette mit den Äxten entzweihieben, stützte er Jo. »Wie sehe ich aus?«, hörte er sie murmeln.

»Oh, ähm, den Umständen entsprechend ganz gut, würde ich sagen ...« Er sah ihr an, dass sie ihm die Lüge nicht glaubte.

7. KAPITEL

Sorgfältig zog Lutz die große Nadel mit dem Speckstreifen durch die Rehkeule. *Fleisch spicken ...* Vor Jahren hatte er das zum letzten Mal getan, als er seiner Großmutter bei der Vorbereitung eines Festessens geholfen hatte.

»Gut macht Ihr das.« Schwester Constantia, die mit ihren muskulösen, behaarten Armen einen Brotteig knetete – ja fast verprügelte –, nickte ihm wohlwollend zu. »Ihr habt Talent zum Koch.«

»Danke.« Lächelnd nahm Lutz das Lob entgegen. In der Klosterküche war es angenehm friedlich und still, bis auf das rhythmische Geräusch, mit dem Schwester Constantia den Teig auf die Platte des langen, groben Eichentischs hieb.

Es war kaum zu glauben, dass die abenteuerliche Rettungsaktion für Jo erst zwei Tage zurücklag. Seitdem war Lutz ein paar Mal bei ihr gewesen, aber sie hatte die meiste Zeit geschlafen. Abgesehen davon, dass Jo ihm Leonards Plan dargelegt hatte, hatten sie nur wenige belanglose Worte gewechselt. Die für die Kranken zuständige Benediktinerin war zuversichtlich, dass Jo keine bleibenden körperlichen Schäden davontragen würde. Wofür Lutz dem Himmel dankte. Und der Himmel allein mochte auch wissen, wie sie jemals wieder aus dieser Zeit in ihre Gegenwart zurückkehren konnten. Er – Lutz – hatte da im Moment jedenfalls noch keine brauchbare Idee.

Sicher war nur, dass Leonard mittlerweile wusste, dass Jo sich im Kloster Waldungen aufhielt. Peters Späher hatten dies herausgefunden. Deshalb hatte er einen Teil seiner Soldaten abgeordnet, das Kloster zu bewachen und notfalls gegen einen Angriff zu verteidigen. Auch Meister Mattis war nach der Befreiungsaktion nicht in sein Zuhause zurückgekehrt, sondern hatte es vorgezogen, sich im Gästehaus einzuquartieren. Instinktiv waren er und Lutz sich während der letzten beiden Tage so weit wie möglich aus dem Weg gegangen.

Autsch ... Lutz hatte die Nadel so fest in die Keule gerammt, dass er sich versehentlich mit der Spitze in den rechten Daumen gepikt hatte. Es war einfach völlig absurd, dass er sich wegen des Steinmetzen Gedanken machte. Jo war eine Kollegin, die er während der letzten aufregenden und aufreibenden Wochen sehr zu schätzen und respektieren gelernt hatte ... Und der Steinmetz war in eine Frau verliebt, die über sechshundert Jahre älter war als Jo ...

Eine junge Nonne trat nun in die Küche und brachte einen Schwall kalter Luft mit sich. Sie lächelte Lutz an. »Die Krankenschwester lässt Euch ausrichten, dass Josepha Weber aufgewacht ist und Euch gerne sehen möchte. Außerdem meint die Krankenschwester, dass Josepha etwas essen sollte.«

Na, das war ja ein gutes Zeichen ... »Bin schon auf dem Weg.« Lutz gab Haferbrei aus dem Bronzekessel über der Feuerstelle in eine Schüssel. Dann hängte er sich ein sauberes Leinentuch über den Unterarm und eilte mit der Schüssel voll Haferbrei davon.

»So, hier kommt der Zimmerservice, guten Morgen.« Lutz verneigte sich galant, als er Jos Kammer betrat.

»Ha ha, sehr witzig ...« Jo saß im Bett und hatte die Beine unter der bunt gestreiften Wolldecke angewinkelt. Die meisten Schrammen in ihrem Gesicht waren gut verheilt, aber ihre Nase war immer noch angeschwollen und rot-blau verfärbt. Es war nicht zu übersehen, dass sie sehr schlechte Laune hatte.

»Wenn du erlaubst ...« Lutz breitete das Leinentuch über ihren Schoß, dann reichte er ihr die Tonschüssel.

»Was ist das denn?« Misstrauisch beäugte sie den Inhalt.

»Gekochter Haferbrei, eine Art Porridge, mit Honig, Milch und Sahne zubereitet und eigenhändig von mir im Kessel gerührt.« Er setzte sich auf eine Truhe neben dem Bett.

»Seit einem Schulaufenthalt in Brighton hasse ich die englische Küche.« Immerhin nahm Jo den Löffel, der in dem Brei steckte, in die Hand und begann, vorsichtig zu essen.

Lutz stellte fest, dass er es mochte, Jo beim Essen zuzusehen, besonders, wenn sie hungrig war. Sie hatte dann immer so einen selbstvergessenen Gesichtsausdruck. *Beinahe, als ob sie Sex hätte.* Aber was dachte er da? Er bewegte sich unbehaglich.

Nachdem Jo den Haferbrei verspeist hatte, setzte sie die Schüssel mit einem Rums auf dem Steinboden ab und verschränkte die Arme vor der Brust. »Ich hätte nie gedacht, dass ich mich danach sehnen würde, in einem Krankenhauszimmer zu mir zu kommen, Neonröhren zu sehen und dieses ekelhafte Desinfektionsmittel zu riechen«, sagte sie wütend. »Aber inzwischen wäre das, glaube ich, der glücklichste Tag meines Lebens. Was soll das überhaupt? Der Fall ist gelöst. Wir wissen, wer Anselm getötet hat. Warum sind wir also noch hier?«

Lutz kratzte sich unbehaglich am Kinn. »Darüber habe ich schon mit der Äbtissin gesprochen. Sie meinte, den Mörder ausfindig gemacht zu haben, würde noch nicht ausreichen, um unseren Bann – oder was auch immer uns hier hält – zu lösen. Unsere entscheidende Prüfung stünde erst noch bevor.

Ich dachte, dass sie am besten uns beiden zusammen erklärt, worum es sich dabei handelt, und habe deshalb nicht weiter nachgefragt.«

»Hört sich wirklich super an: entscheidende Prüfung ...« Jos Stimme klang bitter, während sie gereizt mit der Hand auf die Decke schlug. Als sie nach einigen Momenten weiterredete, war ihr Tonfall etwas milder: »Wie hast du es eigentlich geschafft, mich aus meinem Gefängnis im Bischofspalast herauszuholen? Leonard hat mich doch bestimmt streng bewachen lassen.«

»Na ja, gewissermaßen haben meine Freunde und ich ein vorgezogenes Silvesterfeuerwerk veranstaltet ...« Lutz begann zu erzählen. Die Befreiungsaktion kam ihm mittlerweile selbst völlig irreal vor.

»Raketen, also wirklich. Was für eine verrückte Idee ...« Jo lachte, als er geendet hatte. Schlagartig legte sich jedoch wieder ein Schatten über ihre Miene. »Dieser Irre hätte mich tatsächlich auf einem Scheiterhaufen verbrennen lassen, wenn du mich nicht gerettet hättest«, sagte sie leise. »So etwas würde noch nicht einmal dem größten Psychopathen der Gegenwart einfallen. Kein Polizeipsychologe wird mir das jemals glauben.«

»Es ist vorbei ...«, entgegnete Lutz sanft. »Quäl dich doch nicht damit.«

Jo starrte einige Augenblicke mit leerem Gesichtsausdruck auf ihre Hände, was in Lutz den Impuls weckte, sie in die Arme zu nehmen. Eine plötzliche, ihm fremde Schüchternheit hielt ihn jedoch davon ab.

»Einen Spiegel ...«, hörte er Jo unvermittelt sagen.

»Wie bitte?« Er zuckte zusammen.

»Ich meinte, dass ich gerne einen Spiegel hätte.« Mit gerunzelter Stirn blickte sie sich in der Kammer um. »Dieses Ding da würde es aber vielleicht auch tun.« Sie deutete auf eine Bronzeschüssel, die auf einer Truhe in der Zimmerecke stand.

»Na ja, ich weiß nicht …«

»Nun gib schon her. Sonst hole ich sie mir selbst.« Da Jo tatsächlich Anstalten machte, aus dem Bett zu steigen, reichte Lutz ihr das Gefäß. Besorgt sah er ihr dabei zu, wie sie die Schüssel umdrehte und ihr Spiegelbild in dem glatten, glänzenden Boden musterte.

»Oh, Gott«, brachte Jo schließlich erstickt heraus, »meine Nase ist ja ganz schief, dieser Mistkerl …«

»Das gibt sich bestimmt wieder. Und wenn nicht – also ich finde schiefe Nasen eigentlich ganz apart.«

»Das tust du nicht.«

»Doch, ehrlich!« Er hob die rechte Hand wie zum Schwur. »Zum Beispiel finde ich Ellen Barkin ganz klasse.«

»Die hat doch keine schiefe Nase.«

»Hat sie sehr wohl. Wenn wir wieder in der Gegenwart sind, sollten wir uns einmal zu einem DVD-Abend treffen und uns *The Big Easy* ansehen.« Der *nebenbei*, wie Lutz einfiel, *einige sehr heiße Sexszenen zu bieten hat*. Er hüstelte verlegen. Aber Jo schien dies nicht mit dem Film zu assoziieren. Stattdessen sagte sie ungeduldig: »So, und jetzt möchte ich mit Äbtissin Agneta reden. Ich will endlich wissen, warum wir immer noch hier feststecken.«

»Soll ich sie rufen?« Lutz stand auf.

»Nein, lass uns lieber zu ihr gehen. Ach, und könntest du mir vorher bitte jemanden mit heißem Wasser und sauberer Kleidung schicken? Deine Seife liegt ja leider bei mir zu Hause.« Jo stockte erschrocken. »O Gott, wie ist es denn Katrein und den anderen Bediensteten ergangen? Der Mob hat sie doch hoffentlich nicht auch angegriffen?«

»Keine Sorge.« Lutz schüttelte den Kopf. »Ihnen allen geht es gut. Deine *Schwäger* haben schnell gehandelt und in ihrem

309

eigenen Interesse das Haus und die Dienerschaft schützen lassen.« Er verneigte sich wieder leicht. »So, und nun verschwindet der Zimmerservice und wird sich umgehend um die Erledigung deiner Aufträge kümmern.«

Äbtissin Agneta empfing sie in einer Art Wohnzimmer, wo Felle und Teppiche auf den Steinfliesen lagen und drei mit roten Samtkissen gepolsterte Stühle vor einem prasselnden Kaminfeuer standen. Jo fragte sich flüchtig, ob der Raumwechsel der besonderen Schwierigkeit der Lage geschuldet war oder ihrer immer noch angeschlagenen Gesundheit.

Letztlich war ihr dies jedoch gleichgültig. Kaum dass sie und Lutz Platz genommen hatten, wandte sie sich an die Äbtissin und sagte heftig: »Könntet Ihr mir bitte erklären, warum mein Kollege und ich uns immer noch hier befinden, bei Euch in diesem Zimmer und in Eurer Zeit? Schließlich haben wir unsere Aufgabe erfüllt und den Mord an Anselm aufgeklärt. Wir wissen, dass Leonard ihn umgebracht hat. Ich möchte endlich wieder in meine Zeit zurückkehren. Ich möchte nach Hause.« Irgendwie, schoss es Jo durch den Kopf, hörte sie sich an wie dieser kleine, glupschäugige Alien in jenem Spielberg-Film, an dessen Namen sie sich gerade nicht erinnern konnte. Na ja, sie fühlte sich auch wie ein Alien.

»So leid es mir tut und sosehr ich Eure Ungeduld und Eure Enttäuschung verstehe«, Äbtissin Agneta schüttelte den Kopf, »aber dass Ihr den Mord aufgeklärt habt, ist nicht genug. Eine Ordnung wurde zerstört und muss wiederhergestellt werden. Deshalb werdet Ihr erst dann diese, meine Zeit verlassen können, wenn Ihr Leonard öffentlich des Mordes angeklagt habt.«

»Und warum muss ausgerechnet ich das tun? Warum könnt zum Beispiel Ihr ihn nicht anklagen?«

»Weil zwischen Euch und ihm eine besondere Verbindung besteht. Ihr habt zuerst entdeckt, dass Leonard all diese schrecklichen Taten begangen hat.« Die Äbtissin schaute Jo in die Augen. Der Schein des Feuers spiegelte sich in ihren Pupillen. Unwillkürlich fragte sich Jo, ob die alte Frau ahnte, dass sie sehr nahe daran gewesen war, mit Leonard ins Bett zu gehen.

»Leonard wird am 6. Januar, am Fest der Heiligen Drei Könige, wie Ihr ja Lutz berichtet habt, in der Gertrudiskirche jene Messe feiern, bei der er die zermahlenen Reliquien und das Blut seiner Opfer mit dem gewandelten Messwein vermischen will, um so die Unsterblichkeit zu erlangen.« Sehr bestimmt sprach die Äbtissin weiter. »Ihr müsst verhindern, dass ihm dies gelingt. Denn das ist der wahre Grund, warum Ihr hierhergekommen seid, und nur dann habt Ihr Eure Aufgabe wirklich erfüllt.«

»Und wie stellt Ihr Euch das vor?«, gab Jo erbost zurück. »Sobald mich irgendjemand erkennt, werde ich doch sofort auf den Scheiterhaufen geschleppt.«

»Damit hat Jo nicht ganz unrecht.« Lutz, der dem Gespräch bislang schweigend zugehört hatte, ergriff endlich einmal das Wort. Er sah Jo an. »Ich wollte dir das vorhin nicht gleich erzählen. Ich fand das ein bisschen viel, so gleich nach dem Aufwachen und sozusagen auf nüchternen Magen. Aber Gregorius, Leonards Arzt, wurde ermordet. Leonard hat in der Stadt verbreiten lassen, du hättest diese Tat begangen.«

»Wirklich super.« Jo klang verbittert. »Wahrscheinlich lässt dieser Verrückte bald auch noch verkünden, ich hätte Rom in Brand gesteckt und den Tempel in Jerusalem zerstört. Den Dritten Weltkrieg könnte er mir ja auch gleich noch in die Schuhe schieben.«

»Mit diesem Mord wollte Leonard wahrscheinlich einen

wichtigen Zeugen beseitigen.« Lutz wiegte nachdenklich den Kopf.

Jo nickte. »Ja, er muss befürchtet haben, dass wir Gregorius dazu bringen könnten, gegen ihn auszusagen.«

Die Äbtissin berührte ihre Hand. »Wollt Ihr denn wirklich, dass ein Mörder wie Leonard ewig lebt und durch die Jahrhunderte sein Unwesen treibt?«, fragte sie sanft, was Jo etwas entwaffnete. Trotzdem war sie immer noch zornig und fühlte sich hilflos.

»Glaubt Ihr, eine Ordensfrau, denn an Schwarze Magie?«, versetzte sie aufgebracht.

Die alte Frau seufzte: »Nun, ich möchte es lieber nicht darauf ankommen lassen, dass Leonard dieser Zauber gelingt ...«

»Aber wie soll ich überhaupt unentdeckt in die Stadt und bis in diese Kirche gelangen?«, beharrte Jo. »Diese Frage habt Ihr mir immer noch nicht beantwortet. Außerdem ... Wenn ich Leonard wäre, würde ich mittlerweile davon ausgehen, dass ich mich wahrscheinlich hier versteckt habe. Immerhin weiß er, dass Ihr mich und meinen Kollegen damit beauftragt habt, den Mord an Anselm zu untersuchen. Das hat er mir selbst gesagt.«

»Ja, er weiß Bescheid.« Lutz nickte. »Bislang hat er es noch nicht gewagt, das Kloster anzugreifen, aber er hat Soldaten vor den Toren postiert.«

»Auch das noch ... Wir sitzen also sozusagen in der Falle.« Jo ließ sich frustriert in ihrem Stuhl zurücksinken. »Wir bräuchten einen Hubschrauber.« An die Äbtissin gewandt, fügte sie hinzu: »Das ist eine Maschine aus Metall, die fliegen kann.«

»Wie ein Vogel?« Die Augen der Äbtissin blinzelten interessiert.

»Ja, gewissermaßen. Nur hat ein Hubschrauber eine Art Rad auf seinem Rücken.« In nicht allzu ferner Zukunft würde sie hoffentlich nicht mehr solche Begriffe in eine Babysprache übersetzen müssen. Plötzlich bemerkte Jo, dass Lutz in den Kamin starrte, wo über dem Feuer die warme Luft zitterte. »Heißluft ...«, hörte sie ihn murmeln.

»Wie bitte?«, fragte sie konsterniert.

»Ein Ballon ...«

»In dieser Zeit gibt es kein Gas«, versetzte sie ungeduldig.

Er schüttelte den Kopf. »Ich rede nicht von einem Gas-, sondern von einem Heißluftballon.«

Die Äbtissin pochte mit ihrem Stock energisch auf den Boden. »Es ist durchaus anregend, Euch zuzuhören. Aber könnte mir bitte jemand erklären, wovon Ihr eigentlich redet?«

Lutz beugte sich vor. Mit den Händen beschrieb er einen großen Kreis. Sein Gesichtsausdruck war verzückt wie der eines kleinen Jungen, der seine erste Modelleisenbahn aufbauen darf. »Stellt Euch eine riesige mit Luft gefüllte Schweinsblase vor. So groß wie dieses Zimmer. Und an dieser Blase hängt ein Korb. Wenn heiße Luft von einem Feuer in die Blase strömt, ist die Luft in ihrem Inneren leichter als die außerhalb. Deshalb kann die Blase samt dem Korb von der Erde abheben.«

»Tatsächlich ...?« Die Äbtissin wirkte nicht völlig überzeugt.

»Das meinst du jetzt doch nicht ernst?«, warf Jo erregt ein. »Wie sollen wir in einer knappen Woche einen solchen Ballon bauen? Von den Berechnungen, die vorher nötig sein werden, ganz zu schweigen.«

»Oh, im Sommer habe ich zusammen mit meinen beiden Neffen einen kleinen Heißluftballon gebaut.« Lutz winkte lässig ab. »Wir sind damit immerhin über eine Wiese geflogen. Dann hat sich der Ballon leider in einem Baum verfangen.«

»Eine Wiese ... Da habt ihr ja eine weite Distanz zurück-gelegt.« Jo konnte es nicht fassen. »Wir müssten es bis in die Stadt schaffen. Das sind immerhin sechs Kilometer. Außer-dem lässt sich ein Heißluftballon nicht steuern ...«

»Nun, der Wind wird in den nächsten Tagen voraussicht-lich gleichmäßig von Ost nach West wehen«, mischte sich die Äbtissin ein.

»Woher wollt Ihr das wissen? Google Wetter könnt Ihr ja nicht konsultiert haben«, musste Jo einfach bemerken.

Die Äbtissin bedachte sie mit einem tadelnden Blick. »Ich habe heute Morgen mit Schwester Constantia über das Wet-ter gesprochen. Es ging um den besten Zeitpunkt für die Aussaat des Frühjahrsgemüses. Sie besitzt in solchen Dingen eine Art siebten Sinn und irrt sich höchst selten.«

Lutz grinste Jo an. »Siehst du? Ich habe dir doch schon öf-ter gesagt, dass du dazu neigst, die Dinge zu pessimistisch zu betrachten. Wind aus dieser Himmelrichtung ist per-fekt. Schließlich liegt die Stadt von hier aus genau im Wes-ten.«

Wieder klopfte die Äbtissin mit ihrem Stab auf den Boden, während sie sich Lutz zuwandte. »Wie wollt Ihr diese riesige Schweinsblase denn anfertigen?«

»Sie müsste aus Stoffen genäht werden.«

»Gut, dazu werde ich meine Nonnen abstellen. Sie werden Euch auch einen Korb flechten, so groß, wie Ihr ihn braucht.«

»Einen fähigen Schmied benötige ich außerdem.« Lutz nickte ihr zu. »Und eine Substanz, die mich wach hält. Ich werde die Nacht durcharbeiten und Berechnungen wegen des Ballonvolumens und des Gewichts des Korbs anstellen müs-sen. Habt Ihr nicht vielleicht einen Joint für mich?« Hastig fügte er hinzu, als er Jos finstere Miene sah: »War nur ein kleiner Scherz.«

Der Himmel war immer noch klar. Der Wetterhahn auf dem rechten Turm der Klosterkirche zeigte nach Westen. Während Jo über das Klostergelände ging, kontrollierte sie wieder einmal die Windrichtung, wie häufig in den vergangenen Tagen. Aus der Schmiede drang ein gleichmäßiges Hämmern. Dort wurden nach Lutz' Anleitung lange Eisenstangen angefertigt, an denen die beiden Ballonhüllen aufgehängt werden sollten. Ja, tatsächlich benötigten sie zwei Ballone. Denn in einer langen Beratung in der vergangenen Nacht hatte sich der Plan herauskristallisiert, dass Peter und ein Trupp seiner Stadtsoldaten sie gewissermaßen als *Back-up* in einem anderen Ballon begleiten würden.

In der Scheune flocht eine Gruppe Nonnen zwei riesige Körbe, und im Kapitelsaal waren unterdessen mehr als vierzig Schwestern damit beschäftigt, die Hüllen zu nähen. Dabei, so war es Jo erschienen, wurden fast sämtliche Stoffvorräte des Klosters verarbeitet. Sie hatte selbst versucht, beim Nähen zu helfen, war dann jedoch von der älteren Nonne, die die Arbeit koordinierte, höflich, aber entschieden aus dem Raum komplimentiert worden, nachdem sie Jos schiefe Naht mit den unregelmäßigen Stichen gesehen hatte. Jos Fähigkeiten, hatte die Schwester gemeint, würden sicher woanders besser zur Geltung kommen.

Noch immer erschien Jo das Vorhaben, mit Hilfe eines Heißluftballons nach Ebersheim zu gelangen, völlig irrwitzig. *Immerhin*, dachte sie sarkastisch, *ist der Einsatzplan verblüffend einfach. Keine komplizierten Zeitabläufe müssen festgelegt und eingehalten werden. Keine Einsatzwagen mit aufwendiger Technik werden benötigt. Nein, Lutz, ich und einige Stadtsoldaten werden mit dem einen Ballon, Peter, Herbert und weitere Soldaten mit dem anderen zur Stadt fliegen.*

Starten würden sie etwa eine halbe Stunde vor Beginn der Dreikönigsmessen. Denn so lange, so hatte es Lutz auf zig

Wachstäfelchen berechnet, würde der Flug ungefähr dauern. Wenn sie also die Stadt erreicht hatten, würde sich kaum ein Mensch mehr auf den Straßen befinden. Von ihrem Landeplatz aus – wo auch immer der sich befinden mochte – würden sie sich dann zur Gertrudiskirche durchschlagen. Peter, der als Kind im Chor gesungen und viel Zeit in der Kirche verbracht hatte, kannte dort einen versteckten Eingang, der, so nahm er an, nicht streng bewacht werden würde. Durch ihn wollten sie versuchen, in die Kirche zu gelangen. Wo dann erst ihr eigentliches Himmelfahrtskommando beginnen würde. Alles andere war nur das Vorspiel gewesen.

Hinter einer nahen Mauer sah Jo nun eine riesige, buschige Eibe. Sie hatte ihr Ziel, den Klosterfriedhof, erreicht. Der Schnee lag in kleinen Hügeln auf den Gräbern. Da und dort lugten einfache viereckige Steine unter der weißen Decke hervor. Jo folgte einem der Trampelpfade, der sie zur hintersten Reihe der Gräber führte. Bei einem Holzkreuz blieb sie stehen. Anselms Grab lag im Schatten einer anderen, jüngeren Eibe. Da und dort hingen noch Beeren zwischen den Nadeln. Sie leuchteten tiefrot im Sonnenlicht und wetteiferten mit den Beeren des Stechpalmenzweigs, den jemand an das Kreuz gelehnt hatte.

Ich habe keine Ahnung, Anselm, wie es möglich ist, dass du hier begraben bist und dein Leichnam in meiner Zeit an einem ganz anderen Ort entdeckt wurde, dachte Jo. Aber eine Reise durch die Zeit ist ja ein noch viel größeres Mirakel, das ich mir erst recht nicht erklären kann. Wenn ich ins Mittelalter gehören würde, würde ich wahrscheinlich für dich beten. Aber ich bin kein gläubiger Mensch. Ich hoffe jedoch, dass du deinen Frieden gefunden hast.

Jo hatte das schmiedeeiserne Friedhofstor wieder hinter sich zugezogen, als sie auf der anderen Seite der Wiese Meister Mattis entdeckte. Er schnitt Zweige von einer der Weiden, die am Klosterbach wuchsen. Sollte sie zu ihm gehen? Lutz hatte ihr gesagt, dass der Steinmetz dabei geholfen hatte, sie aus dem Gefängnis zu befreien. Ja, sie war es ihm schuldig, mit ihm zu sprechen.

Als Jo nur noch wenige Meter vom Bach entfernt war, hörte Meister Mattis ihre Schritte im Schnee knirschen und drehte sich um. »Josepha ...« Er zuckte ein wenig zusammen, als er sie bemerkte. Seine Stimme klang unsicher, aber seine Augen leuchteten. *Ach herrje ...*

»Die Nonnen benötigen mehr Material zum Flechten der Körbe, als sie ursprünglich dachten.« Er deutete auf das dicke Bündel Zweige, das neben der Weide im Schnee lag.

»Ja, die Körbe werden wohl wirklich sehr groß«, bestätigte Jo. Ein verlegenes Schweigen breitete sich zwischen ihnen aus. Sie gab sich einen Ruck. »Meister Mattis, ich möchte Euch dafür danken, dass Ihr mitgeholfen habt, mich aus dem Gefängnis zu retten. Mein Kollege ... also Lutz Jäger ... hat mir davon erzählt. Aber ... Ihr erinnert Euch doch sicher noch an das Gespräch, das wir in Eurer Werkstatt miteinander hatten ...«

Er nickte. »Ich habe es nicht vergessen.«

»Ihr habt damals gesagt, ich sei Euch plötzlich völlig fremd geworden. Euer Gefühl hat Euch nicht getrogen. Ich bin nicht die Josepha Weber, die Ihr kennt. Diese Josepha ist meine Ahnin. Ich selbst komme aus einer Zeit, die in der fernen Zukunft liegt. Genau genommen stamme ich aus dem 21. Jahrhundert. Auch Lutz Jäger kommt von dort.«

»Der Wirt der *Grünen Traube* hat mir bereits gesagt, dass Ihr nicht die Frau seid, für die ich Euch halte. Aber wie ist es möglich, dass Ihr zwischen den Jahrhunderten hin- und herwandern könnt? Ich kann das einfach nicht verstehen.«

»Eine alte Frau vom fahrenden Volk hat Lutz Jäger und mir kürzlich gesagt, manche Menschen besäßen diese Gabe.

Lutz und ich seien hierhergekommen, um den Mord an Anselm zu sühnen. Aber auch ich habe nicht die geringste Ahnung, wie so etwas möglich ist.« Jo seufzte. »Eine Zeitreise spricht allen wissenschaftlichen Erklärungen Hohn.« *Hohn ist dafür eigentlich ein viel zu schwaches Wort ...*

»Müsst Ihr den Bischof denn wirklich öffentlich des Mordes anklagen? Ich habe Angst um Euch. Was, wenn es Leonard gelingt, Euch wieder gefangen zu nehmen?« Meister Mattis machte eine Bewegung auf Jo zu, als ob er sie schützen wollte.

Bloß nicht über diese Option nachdenken! »Äbtissin Agneta ist davon überzeugt, dass wir nur so wieder in unsere eigene Zeit zurückkehren können«, sagte Jo viel zuversichtlicher, als ihr zumute war. »Ich muss das Risiko einfach eingehen. Lutz Jäger und ich gehören nicht hierher.« *Ach, wie sehr sie sich nach so etwas Profanem wie einem heißen Bad mit fließendem Wasser sehnte. Danach, einfach wieder ihre Arbeit tun zu können. »Normal« zu sein ...*

Die Traurigkeit, die Jo in Meister Mattis' Miene wahrnahm, brachte sie wieder in die mittelalterliche Gegenwart zurück.

»Wenn Ihr nicht die wirkliche Josepha Weber seid – wo befindet sie sich denn dann?«, fragte er leise.

»Diese Frage kann ich Euch leider auch nicht beantworten«, erwiderte Jo sanft. »Aber ich hoffe, dass, wenn ich in meine Zeit zurückgekehrt sein werde, auch meine Ahnin wieder hierherfinden wird. Wo auch immer sie sich zurzeit aufhalten mag.«

Meister Mattis schwieg. Schließlich erschien der Anflug eines Lächelns um seinen Mund. »Nach unserem letzten Gespräch war ich sehr zornig auf Euch. Trotzdem habe ich an der Marienstatue weitergearbeitet und ihr Euer Gesicht gegeben. Sie ist noch nicht fertig. Aber sie wird, glaube ich, sehr schön werden.«

Noch einmal: Ach herrje ... Jo berührte seine Wange. »Wenn ich in Eure Zeit gehören würde, hätte ich mich in Euch verlieben können«, sagte sie impulsiv. *Hoffentlich wird meine Ahnin erkennen, was für ein seltenes Goldstück dieser Mann ist, und seine Gefühle erwidern,* dachte sie etwas melancholisch, während sie zum Kloster zurückging.

»Du glaubst also wirklich, dass diese Dinger fliegen werden?« Jo wandte sich an Lutz und deutete auf die beiden Ballone, die auf dem Platz zwischen der Scheune und den Stallungen standen.

Die Gebäude schützten sie vor Blicken außerhalb des Klostergeländes für den Fall, dass dort Leonards Späher herumschleichen sollten.

Die beiden Hüllen, die an Eisenstangen befestigt waren, wirkten wie riesige, geschmacklose Patchworkdecken, zusammengestückelt aus hellen Leinentischtüchern und den schwarzen Stoffen der Nonnengewänder. Dazwischen blitzten roter Samt und goldene Stickereien auf. Jo vermutete, dass es sich dabei um Altardecken und Priestergewänder handelte. Die Nonnen waren wirklich ans Eingemachte gegangen. Die beiden Körbe ähnelten plumpen, überdimensionierten Badewannen, und die Brenner, die nun einige von Peters Soldaten heranschleppten, glichen avantgardistischen Grillgeräten.

»Ich verstehe gar nicht, was du jetzt schon wieder für Bedenken hast.« Lutz wedelte lässig mit der Hand, eine Bewegung, die den Platz, den strahlend blauen Himmel und die Bäume hinter den Gebäuden umfasste. »Wir haben bestes Ballonflugwetter, und der Wind weht gleichmäßig nach Westen.«

Doch trotz der Zuversicht, die er zur Schau trug, glaubte Jo, in seiner Stimme eine gewisse Nervosität wahrzunehmen.

Egal, es gab kein Zurück mehr. Wahrscheinlich war es wenigstens ein angenehmerer Tod, bei einem Ballonflug abzustürzen, als auf einem Scheiterhaufen zu enden.

Die Soldaten wuchteten die beiden Brenner in die Körbe. Andere karrten Kohlen heran. »Ich kümmere mich mal um die Befeuerung«, bemerkte Lutz.

»Nur zu ...«, murmelte Jo so leise, dass er es nicht hören konnte. »Vielleicht heben die beiden Dinger ja noch nicht einmal ab.«

Einige Momente sah sie Lutz hinterher, der in einen der beiden Körbe kletterte und sich dort an der Brennvorrichtung zu schaffen machte. Peter und Herbert werkelten in dem anderen Ballon herum. Dann ging sie zu Äbtissin Agneta, die, umgeben von ihren Nonnen, auf ihren Stock gestützt dastand und die Geschehnisse mit ihrer üblichen wachen Neugier verfolgte.

»Ich hätte nicht gedacht, dass Gott mir einmal die Gnade schenken und es mich erleben lassen würde, Menschen beim Fliegen zuzusehen«, erklärte sie fröhlich.

Ihr wäre es lieber gewesen, Gott, sofern es ihn überhaupt gab, hätte sich für diesen Flug andere Versuchskaninchen ausgesucht ... Jo räusperte sich. »Nun, hoffen wir einmal das Beste ... Ich möchte Euch noch danken, dass Ihr uns ermöglicht habt, all das zu bauen.« Sie nickte in Richtung der Körbe, wo nun Rauch von den heißen Kohlen aufstieg. Die Stoffhüllen schienen ein wenig zu zittern. Aber vielleicht kam das auch nur vom Wind. »Und ich möchte Euch auch für Eure andere Hilfe danken.«

»Oh, ich habe Euch und Eurem – wie nennt Ihr ihn noch einmal? – Kollegen zu danken.« Die Äbtissin lächelte Jo an. »Ihr beide seid im Begriff, ein entsetzliches Unheil von der Welt abzuwenden. Während der nächsten Stunden werden meine Nonnen und ich unablässig für Euch beten.«

Nun, schaden würde das Beten wohl nicht ... »Das ist sehr nett von Euch«, murmelte Jo. Am Rand des Platzes, bei einigen Stadtsoldaten, entdeckte sie nun Meister Mattis. Er hob die Hand wie zu einem Abschiedsgruß. »Würdet Ihr mir wohl einen Gefallen tun?«, sagte Jo hastig. »Meister Mattis, der Steinmetz, liebt Josepha Weber. Also die richtige Josepha Weber. Würdet Ihr meiner Ahnin, wenn sie wieder in Eure Zeit zurückkehrt, bitte begreiflich machen, dass sie mit diesem Mann einen guten Griff tut? Auf ihn kann sie sich wirklich verlassen.«

»Ich verspreche Euch, das werde ich.« Die Äbtissin nickte.

»Oh, seht doch, die Hülle bewegt sich!«

»Ja, sie fliegt!«

»Welch ein Wunder!« Erstaunte und entzückte Rufe ertönten ringsum. Tatsächlich – die beiden Hüllen hatten sich vom Boden gehoben und schwebten nun wie monströse, überreife Birnen in Schräglage neben den Körben.

»Jo, beeil dich, damit wir unseren Abflug nicht verpassen!«, schrie ihr Lutz zu.

Ehe Jo reagieren konnte, fühlte sie sich plötzlich umarmt. Äbtissin Agneta hatte sie an sich gezogen. »Ich wünsche Euch alles Gute, und sosehr ich Euch auch schätze, hoffe ich, dass wir uns nicht noch einmal wiedersehen«, hörte sie die alte Frau sagen.

»Das hoffe ich auch.«

»Ich möchte Euch noch zwei Ratschläge für Eure eigene Gegenwart mitgeben: Fühlt Euch nicht schuldig, wenn Ihr nach bestem Gewissen gehandelt habt. Zu glauben, für alles verantwortlich zu sein, ist übrigens auch eine Art Hochmut. Und außerdem: Folgt endlich Eurem Herzen. Auch in Liebesdingen.« Die Äbtissin schenkte ihr einen ihrer unergründlichen Blicke.

Ehe Jo sie fragen konnte, was sie denn damit hatte sagen

wollen, rief Lutz wieder: »Jo, nun komm endlich!« Prall und voll blähten sich die Ballone senkrecht über den Körben im Wind.

Jo rannte über den verschneiten Platz und stieg die kleine Leiter hinauf, die an dem Korb lehnte. Lutz zog sie über den geflochtenen Rand ins Innere, wo sich bereits sechs Soldaten wie die Ölsardinen um den Brenner drängten. Heiße Luft und Qualm schlugen Jo entgegen.

»Wir sind auch so weit!« Peter und Herbert winkten ihnen aus dem anderen Korb zu, der mit ihnen und sieben weiteren Männern gefüllt war.

»Gut!«, brüllte Lutz und hob die Hand. »Dann können die Leinen gekappt werden.« Während er heftig den Blasebalg betätigte, schnitten die am Boden gebliebenen Soldaten die Taue durch.

Ein Ruck ging durch den Ballon. Er hob vom Boden ab und stieg höher und höher in die Luft. Auch der Schwesterballon überwand die Schwerkraft und begann zu fliegen.

»Viel Glück!«

»Gottes Segen!«, hörte Jo die Nonnen rufen. Mittlerweile hatte der Ballon schon den First der Scheune passiert und trieb in Richtung der Kirche.

»Bist du dir sicher, dass ich keinen Joint geraucht habe?«, murmelte Jo an Lutz gewandt.

»Von mir hast du jedenfalls keinen bekommen.« Er grinste sie an, während er den Blasebalg nun langsamer betätigte und sie an den Kirchtürmen vorbeiglitten. »Findest du nicht, dass es an der Zeit wäre, mir Abbitte zu leisten und zu sagen: ›Lieber Lutz, es tut mir leid, dass ich dich so sträflich unterschätzt habe?‹ Vor mir niederknien musst du nicht, denn dazu ist hier ohnehin kein Platz.«

»Dafür werfe ich mich im Geiste vor dir auf die Knie.«

»Das ist gut so!«

»Sobald wir sicher gelandet sind«, konnte Jo sich nicht verkneifen zu bemerken. Doch dann legte sie ihm rasch die Hand auf den Arm. »Ohne dich wäre ich in dieser Zeit verloren gewesen«, sagte sie leise.

»Na ja, ich ohne dich auch.« Lutz schien noch etwas hinzufügen zu wollen. Stattdessen wandte er sich jedoch dem Brenner zu, warf Kohlen in die Glut und fachte das Feuer erneut vorsichtig an. Erst jetzt registrierte Jo wieder die Soldaten. Alle waren sehr weiß geworden. Einer hielt die Augen fest geschlossen. Ein anderer beugte sich über den Korbrand und würgte.

Unter ihnen zog der dichtverschneite Wald vorbei. In der Ferne stieg Rauch aus den Schornsteinen von Ebersheim in dicken Dunstwolken in den klaren blauen Himmel auf. Irgendwann glaubte Jo, in der Ferne Kirchenglocken läuten zu hören, die nach einer Weile wieder verstummten.

Bald würde sich entscheiden, ob sie und Lutz die Konfrontation mit Leonard überleben und wieder in ihre eigene Zeit zurückkehren würden. Jo war zu angespannt, um zu reden. Sie versuchte, sich zu fokussieren, sich mental ganz auf die Situation in der Gertrudiskirche einzustellen, doch es wollte ihr einfach nicht gelingen. Wie eine Wohnung zu stürmen war, in der sich ein Verbrecher verschanzt hatte, oder wie sie bei einer Geiselnahme zu reagieren hatte, hatte sie häufig trainiert. Aber nichts in ihrem Leben als Polizistin hatte sie darauf vorbereitet, wie mit einem psychopathischen Bischof zu verfahren war, der versuchte, während einer Messe Unsterblichkeit zu erlangen.

Stumm verfolgte Jo, wie die beiden Ballone sich stetig der Stadt näherten. Nun konnte sie den Fluss erkennen. Er erschien ihr sehr schön, wie er sich silbrig glitzernd durch die weißen Weinberge wand. Auch Lutz war nicht nach Reden zumute. Wortlos gab er Kohlen in den Brenner und benutzte hin und wieder den Blasebalg. Den Soldaten, die noch käsiger als vorhin wirkten, hatte es ohnehin die Sprache verschlagen.

Die weitläufigen Wiesen, die die Stadt umgaben, tauchten jetzt unter ihnen auf. Lutz bückte sich und hob eine Metallschale vom Boden des Korbs auf, die er über den Brenner legte. Erst geschah nichts, doch dann begann die Hülle zu schrumpfen, und der Ballon sank.

»O Gott ...«, stöhnte einer der Soldaten.

»Ist mir schlecht«, jammerte ein anderer.

»Jo ...«, sagte Lutz. Sie sah ihn an. »Jo ...«, wiederholte er. Er wirkte sehr ernst und gleichzeitig fast schüchtern.

Dem Herzen folgen ... Sie küsste ihn. Eigentlich hatte sie das schon lange tun wollen. Lutz wirkte überrascht. Dann erwiderte er den Kuss. *Es fühlte sich gut an ... Und richtig ...* Jo schloss die Augen, während sie sich eng an ihn schmiegte.

Rumms ... Der Ballon krachte auf den Boden. Die Soldaten schrien auf. Der Korb kippte um, als der Wind in die Hülle fuhr. Jo kam neben Lutz auf einer verschneiten Wiese zu liegen, während sich die zusammengenähten Stoffbahnen über sie breiteten.

»Mist!« Jo trat um sich. Als sie und Lutz sich unter der Hülle hervorgearbeitet hatten, sahen sie, dass der andere Ballon ganz in ihrer Nähe gelandet war. Sie befanden sich auf einer Brache, die direkt an die Stadtmauer grenzte. Peter und Herbert, die nun unter einem golddurchwirkten Altartuch auftauchten, wirkten ebenfalls sehr bleich. »Bei Gott!« Herbert stöhnte. »Nie mehr will ich wie ein Vogel fliegen.«

Haben wir uns eben wirklich geküsst ...?, durchfuhr es Jo.

»Tja«, Lutz fuhr sich durch die Haare und vermied es, sie anzublicken, »dann sollten wir uns einmal auf den Weg machen ...«

Die Straßen waren nahezu ausgestorben – als hätte eine Großevakuierung stattgefunden oder als würde ein wichtiges WM-Spiel der Fußball-Nationalmannschaft übertragen. Nur gelegentlich trafen sie auf Bettler, die sich anscheinend nicht zum Gottesdienstbesuch verpflichtet fühlten. Manchmal, wenn sie eine Kirche passierten, drang Gesang nach draußen. Jo war fast erleichtert, als sie sich endlich der Gertrudiskirche näherten und sie den vertrauten Adrenalinstoß in ihren Adern spürte.

Der Eingang, den Peter noch aus seiner Kindheit kannte, befand sich auf der Rückseite der Kirche, am Rand eines kleinen Hofs, und war eigentlich wenig mehr als eine von Büschen umwucherte Kellerluke. Die vier bischöflichen Soldaten, die davor Wache hielten, waren völlig überrumpelt, als plötzlich Peter und dessen Männer auf sie zustürzten. Sie konnten überwältigt werden, ehe es ihnen gelang, auch nur einen Warnruf auszustoßen.

Lutz und Herbert hatten eben, untermalt vom Gesang aus der Kirche, die Luke aufgestemmt, als ein triumphierender Schrei über den Hof schallte.

»Wirt der *Grünen Traube*, dachte ich mir's doch, dass Ihr Euch noch einmal in der Stadt blicken lassen würdet!« Jörg Schreiber und sechs seiner Leute rannten mit gezogenen Schwertern auf sie zu.

»Verdammt!«, fluchte Lutz, »hätte dieser Kerl denn nicht die Christenpflicht, jetzt in der Kirche zu sitzen?«

»Wir kümmern uns um ihn!«, rief ihm Peter zu, während er sich Schreiber mit erhobener Waffe in den Weg stellte. »Verschwinde schleunigst mit Josepha von hier!«

»Hol Verstärkung!«, brüllte Schreiber einem seiner Kumpane zu. Der, ein dicker Kerl, wetzte davon, einen der Stadtsoldaten dicht auf seinen Fersen.

Ja, *nichts wie weg* ... Jo schlüpfte durch die Luke. Als sie sich nach Lutz umdrehte, sah sie, wie dieser seinen Geldbeutel vom Gürtel nestelte, ihn Herbert reichte und etwas zu seinem Freund sagte. Die beiden Männer umarmten sich, dann kam ihr Kollege endlich nach.

»Was sollte das denn? Wolltest du noch deine letzten Devisen loswerden, bevor wir in die Gegenwart zurückkehren?«, fragte sie ungeduldig.

»Nein, ich habe Herbert gebeten, sich um den Betteljungen zu kümmern, der mir verriet, dass Leonard dich verschleppt hatte.«

»Gute Idee. Entschuldigung ...«

Ein langer, dunkler Gang tat sich vor ihnen auf. Während sie sich hindurchtasteten, empfand Jo eine wachsende Beklemmung. Aus der Kirche war immer noch Gesang zu hören, der dumpf zwischen den Wänden widerhallte.

»Ich hoffe ja sehr, dass nicht plötzlich ein Monster aus den Wänden bricht, das uns den Weg versperrt, oder sich eine mit Speeren gespickte Fallgrube vor uns auftut«, murmelte sie. »Zutrauen würde ich Leonard so etwas ja ...«

»Ach, du hast zu viele James-Bond- und Indiana-Jones-Filme gesehen.«

»Hab ich nicht. Ich kenne nur den *Jäger des verborgenen Schatzes*. Und den fand ich blöd.«

»Ein super Film. Außerdem lautet der Titel *Jäger des verlorenen Schatzes*. Warte mal, hier ist anscheinend der Gang zu Ende ...« Jo hörte, wie Lutz über etwas tastete, dann quietschte eine Klinke. Die Tür war unverschlossen. Als sie hindurchgegangen waren, befanden sie sich am Fuße einer schmalen, steinernen Wendeltreppe. Die Stufen führten sie in den rückwärtigen Teil des rechten Seitenschiffs.

Plötzlich glaubte Jo zu hören, wie sich in den getragenen lateinischen Gesang gedämpfte Schreie und Waffengeklirr mischten. Auch Lutz hatte den Lärm wahrgenommen. »Dieser Mistkerl von Schreiber«, zischte er, »wir müssen uns beeilen!« Mit gesenkten Köpfen eilten sie an den vollbesetzten Kirchenbänken entlang. Da und dort drehten sich Köpfe zu den Kirchenfenstern um, und die Menschen lauschten nach draußen. Getuschel setzte ein.

Nun konnte Jo die Statue der heiligen Gertrudis sehen. Sie lächelte ihr sanftes, friedvolles Lächeln, als wäre sie niemals entweiht und ihre Reliquie von einem Mörder geraubt worden. Im Altarraum, hinter dem Lettner, stand Leonard mit dem Rücken zum Kirchenvolk. Sonnenlicht fiel durch die hohen Fenster der Apsis. Die Strahlen umgaben ihn wie eine glühende Aureole. Der Gesang verstummte. Langsam hob Leonard eine Hostie aus einer goldenen Schale. *Wenn eine katholische Messe ähnlich aufgebaut ist wie eine protestantische Abendmahlfeier, wird es nicht mehr lange dauern, bis Leonard beginnt, den Wein zu wandeln,* schoss es Jo durch den Kopf. Sie und Lutz wechselten einen raschen Blick und hasteten vorwärts.

Sie hatten die Tür in dem Lettner fast erreicht, als plötzlich ein Schrei durch das Schiff hallte: »Lutz Jäger befindet sich in der Kirche! Josepha Weber, die mörderische Hexe, ist bei ihm. Haltet sie auf!«

Während sie und Lutz auf den Lettner zurasten, riskierte Jo einen schnellen Blick über die Schulter. Jörg Schreiber, der mit seinem blutverschmierten und wutverzerrten Gesicht wie ein Zombie wirkte, stürmte, einen Dolch schwingend, durch das Seitenschiff. Peter und Herbert waren ihm dicht auf den Fersen.

»Dort vorn am Lettner sind sie!«, gellte wieder Jörg Schreibers Schrei durch das Gotteshaus.

Die Menschen, die eben noch gekniet hatten, waren aufgesprungen. Für einige Augenblicke schien die Zeit stillzustehen. Während Lutz die Tür in dem Lettner aufriss und Jo hindurchzog, drehte Leonard sich um. Jo konnte einen Blick auf sein Antlitz erhaschen. Es spiegelte Erschrecken und tiefen Hass. Sofort hatte er sich jedoch wieder gefasst und nahm den Weinkelch in die Hand. Aus den Augenwinkeln beobachtete sie, wie Lutz die Lehne eines Gebetsstuhls unter die Türklinke klemmte. »Mach schnell, Jo«, rief er ihr zu. »Klag ihn an!«

»Dieser Mann dort – Bischof Leonard – hat vier Menschen auf dem Gewissen! Anselm, Frowin, Anna und eine namenlose Bettlerin«, schrie Jo und deutete auf Leonard. »Er verübte diese Taten, weil er das Blut der Getöteten sowie vier Reliquien von Heiligen benötigte, um sich einen Trank zu brauen. Einen Trank, der ihm für immer Unsterblichkeit verleihen soll.«

»Lüge! Nichts als eine abscheuliche Lüge!«, rief Leonard mit kalter Stimme. »Gott ist mein Zeuge: Wenn an den Worten dieses durch und durch verdorbenen Weibes auch nur das Geringste wahr ist, soll Gott mich auf der Stelle richten.« Er hob den Kelch dem Licht entgegen. Seine Lippen bewegten sich wie im Gebet.

Er sprach die Wandlungsworte …! Jo stürzte auf ihn zu. Wie aus großer Ferne hörte sie die Menschen brüllen: »Lüge, Lüge!«

»Die Hexe lügt!«

»Tötet das verfluchte Weib und ihren Kumpanen!«

Der hölzerne Lettner erzitterte unter dumpfen Schlägen. Sie spürte mehr, als dass sie sah, dass Lutz sich dicht neben ihr befand.

Nun hob Leonard den Weinkelch an seine Lippen. Noch einmal blickte er Jo an, während ein triumphierendes Lächeln um seinen Mund erschien. Nein, er durfte diesen Wein nicht trinken!

Mit aller Kraft stieß sich Jo vom Boden ab. Im Sprung riss sie ihr rechtes Bein hoch. Ihr Fuß traf den Kelch und schleuderte ihn aus Leonards Händen. Wein spritzte in hohem Bogen auf und regnete dann wie Blutstropfen auf den Altar und die Fenster.

»Verfluchtes Weib!« Leonards Gesicht bildete eine einzige Fratze des Hasses. Blitzschnell bewegte er sich auf Jo zu. Eine Waffe blitzte in seiner Hand auf. Sie wich ihm aus. Sein eigener Schwung riss Leonard zu Boden. Doch Jo verheddertte sich in den Falten ihres Rocks und stürzte ebenfalls.

Auf den Steinplatten liegend sah sie, dass Lutz ein Messer aus seinem Gürtel riss und sich auf Leonard zubewegte, der schon wieder aufgesprungen war.

»Lutz, Vorsicht!«, hörte sie plötzlich Herbert durch das Lärmen der zornigen Menge brüllen. Sie wandte den Kopf. Herbert und Peter rangen vor dem Lettner mit einigen Männern. Herberts Blick war auf Jörg Schreiber gerichtet, der einen Dolch hoch über seinem Kopf schwang. Die Waffe löste sich aus Schreibers Hand, flog durch die Stäbe des Lettners und durch den Altarraum, direkt auf Lutz zu.

»Lutz! Achtung!«, schrie auch Jo. Doch er war ganz auf Leonard konzentriert, der mit seiner Waffe auf ihn eindrang. Verzweifelt schnellte sie vor und warf sich gegen seine Beine. Sie hörte den Dolch durch die Luft zischen. Gleichzeitig brach Lutz neben ihr zusammen. *Zu spät, sie hatte wieder zu spät reagiert ...*

»Lutz ...« Sie warf sich auf ihn. »Lutz ...« Ein trockenes Schluchzen schüttelte sie. Es war ihre Schuld, dass er tot war.

Aber ... was war das? Lutz regte sich unter ihr, starrte sie verblüfft an. Ein stöhnendes Keuchen ließ Jo aufblicken. Leonard stand vor dem Altar. Seine Hände hielten den Griff des Dolchs umklammert, der tief in seiner Brust steckte. Ein Blutschwall drang aus seinem Mund, während er sterbend in die Knie sackte und die Altarstufen hinunterrollte.

Jo fühlte, wie sich Lutz' Arme um sie legten. Das Schreien

und Toben der Menge wurde leiser. Die Farben ringsum verblassten, und der Altarraum verschwamm vor ihren Augen, löste sich schließlich ganz auf. Schwärze senkte sich über sie.

Sie fiel und fiel und fiel ... Das Letzte, das Jo noch bemerkte, war, dass ein Strudel sie erfasste und sie von Lutz weggerissen wurde.

Leiser lateinischer Gesang drang an Jos Ohren. Befand sie sich etwa immer noch im Mittelalter? Hatte sie nur geträumt, dass Leonard von Jörg Schreibers Dolch getötet worden war, und würde sie in einer Zelle des bischöflichen Palasts zu sich kommen, nur um gleich auf den Scheiterhaufen geschleppt zu werden? *Piep ... Piep ... Piep ...* Ein Geräusch mischte sich in den Gesang. Laute, die sehr technisch und gar nicht mittelalterlich klangen.

Jo riss die Augen auf. Durchdringendes weißes Licht aus einer Neonröhre an der Decke blendete sie. Der scharfe Geruch von Desinfektionsmitteln stach in ihre Nase. Sie blinzelte. Eine Batterie von Geräten stand neben dem Bett, in dem sie lag. Dahinter befand sich ein großes Glasfenster. Richtiges, durchsichtiges Glas, durch das Jo einen bewölkten Himmel und kahle Bäume erkennen konnte.

»Frau Weber kommt zu sich«, vernahm Jo nun eine leise Stimme. Eine große blonde Frau schob sich in ihr Blickfeld. »Frau Weber ... Können Sie mich sehen und hören?«, fragte sie.

»Ja«, wollte Jo antworten. Doch es fiel ihr zu schwer, die Lippen zu bewegen. Deshalb nickte sie nur. Die Frau zog sich einen Stuhl heran und setzte sich neben das Bett. Sie trug einen langen blauen Kittel. Noch zwei andere Frauen und ein Mann hielten sich in dem Raum auf, die ebenfalls in diese irgendwie priesterlich wirkenden Gewänder gekleidet waren.

»Frau Weber, Sie hatten einen schweren Autounfall«, redete die Frau weiter. »Können Sie sich daran noch erinnern?«

Ja, daran erinnerte sie sich allerdings … Wieder nickte Jo mühsam. Nun bemerkte sie, dass ihr rechtes Bein geschient war. Ihr rechter Arm lag angewinkelt über ihrer Brust. Auch ihn konnte sie nicht bewegen. Über dem Gesicht trug sie eine Art Maske. Die Frau schien ihr Erschrecken zu spüren, denn sie ergriff Jos unverletzte Hand. »Ihre Verletzungen waren so gravierend, dass wir Sie für einige Wochen in ein künstliches Koma versetzen mussten. Aber nun sind Sie über den Berg.« Sie lächelte Jo aufmunternd an. »Sie befinden sich im Katharinen-Hospital. Mein Name ist Doktor Heuner. Ich bin Ihre behandelnde Ärztin.«

Lutz Jäger!, durchfuhr es Jo. Was war mit ihm? »Mein Kollege …«, brachte sie mühsam über die Lippen.

»Er erlitt ebenfalls so schwere Verletzungen, dass er in ein künstliches Koma versetzt werden musste. Aber heute Morgen erhielten wir die Nachricht aus dem Georgen-Krankenhaus – dorthin wurde er nach dem Unfall gebracht –, dass er wieder zu sich gekommen ist. Auch er befindet sich auf dem Weg der Besserung.«

Während die Ärztin Jo erneut aufmunternd anlächelte, erhob sie sich. Sie trat zu einer Maschine, die über einen dünnen Schlauch mit einer Nadel in Jos linkem Arm verbunden war, und machte sich daran zu schaffen. »Aber nun ist es an der Zeit, dass Sie wieder eine Weile schlafen«, sagte sie sanft, aber bestimmt. »Morgen können Sie vielleicht schon für einige Minuten Besuch empfangen. Ihre Mutter und Ihre Großmutter möchten Sie unbedingt sehen. Und auch Doktor Seidel war häufig hier.«

O Gott, Friedhelm … Plötzlich nahm Jo wahr, dass der leise lateinische Gesang immer noch durch den Raum schwebte. »Die Musik …«, flüsterte sie.

Frau Doktor Heuner begriff. »Das ist eine CD mit gregorianischen Gesängen«, erklärte sie. »Wir haben festgestellt, dass diese Musik Sie zu beruhigen schien. Immer, wenn wir die CD anstellten, wurde Ihr Herzschlag langsamer und gleichmäßiger.«

Sie hatte gregorianische Gesänge und deren getragene Feierlichkeit nie gemocht.

Jo spürte, wie Schläfrigkeit von ihr Besitz ergriff. Die Ärztin beugte sich über sie. »Zweimal fürchteten wir, Sie zu verlieren, und mussten Sie mit Elektroschocks zurückholen. Aber nun wird alles wieder gut.« Ihr lächelndes Gesicht wurde plötzlich ganz undeutlich.

»Oh, seht einmal, dort unten im Garten sind die Heiligen Drei Könige mit ihrem Stern unterwegs«, vernahm Jo noch eine andere Stimme, dann schlief sie endgültig ein.

Sie fror, der Gestank von fauligem Stroh kroch in ihre Nase. Sie begriff: Sie befand sich wieder in ihrem Kellerverlies. Leonard würde sie als Hexe verbrennen lassen. Sie sprang auf, wollte weglaufen. Doch eine eiserne Fessel um ihren Knöchel hielt sie unerbittlich fest. Sie zerrte daran, schrie um Hilfe …

»Frau Weber, können Sie mich hören? Frau Weber?«

Mühsam öffnete Jo die Augen. Ein hochgewachsener Mann um die fünfzig beugte sich über ihr Bett. Er trug einen weißen Arztkittel über seinem blau-weiß gestreiften Hemd und der Jeans. Sein blondes Haar war sorgfältig gescheitelt. »Frau Weber … Mein Name ist Doktor Clemens Meyerhoff. Ich bin der Psychiater dieses Krankenhauses.« Er lächelte sie an. *Hier lächelten alle … Ständig …* »Haben Sie eben einen Albtraum durchlitten?« Das Neonlicht spiegelte sich in seinen goldumrandeten Brillengläsern.

»Ich war wieder im Mittelalter«, flüsterte Jo. »In einem Verlies. Ein Bischof namens Leonard hatte mich eingesperrt. Er war ein Serienmörder und wollte mich als Hexe verbrennen lassen.«

Doktor Meyerhoff nickte und setzte sich neben das Bett. »Nun, das hört sich ja äußerst interessant an. Möchten Sie mir noch mehr darüber erzählen?«

»Nach dem Autounfall erwachte ich im Mittelalter«, sagte Jo mühsam. Es fiel ihr schwer, sich zu konzentrieren. Draußen war es dunkel geworden, der hellerleuchtete Raum spiegelte sich in der Fensterscheibe. »Ich war die Witwe eines Zunftmeisters ... Eines Webers ... Agneta, die Äbtissin des Klosters Waldungen, bat mich und Lutz Jäger, den Mord an einem jungen Mann aufzuklären. Er hieß Anselm. Leonard hatte ihn umgebracht, wie wir schließlich herausfanden.« *Wie absurd sich das alles doch anhörte ...*

»Wirklich ausnehmend interessant, Ihr Traum.« Doktor Meyerhoff nickte. »Und sehr viele aussagekräftige Symbolfiguren. Damit werden wir gut arbeiten können.«

»Aber es war kein Traum ... Ich habe das alles erlebt«, protestierte sie.

»Natürlich haben Sie geträumt.« Er lächelte wieder. »Denn, Frau Weber, wenn es kein Traum gewesen wäre, wären Sie in der Zeit gereist. Und das ist nun einmal für uns Sterbliche unmöglich.«

Jo starrte in das kalte Licht der Deckenbeleuchtung. Hatte er recht? War es wirklich unmöglich, in der Zeit zu reisen?

»Es ist ganz normal, dass für Sie, nach einer so langen Zeit im künstlichen Koma, die Grenzen zwischen Einbildung und Realität verschwimmen«, sprach Doktor Meyerhoff weiter. »Auch wenn ein Traum natürlich – das will ich gar nicht in Abrede stellen – eine gewisse eigene Realität besitzt. Eine Traum-Realität sozusagen, geschaffen von unserem Unterbewusstsein. Das wiederum einen wichtigen Schlüssel zu unserem Bewusstsein darstellt.«

Hinter der gläsernen Trennscheibe erschien nun Frau Doktor Heuner, die blonde Ärztin. Auf einen Wink des Psychiaters hin trat sie ins Zimmer. Sie wechselte einige leise Worte mit Clemens Meyerhoff, die Jo nicht verstand. Daraufhin erhob er sich. *Wieder ein Lächeln ...* »Wann immer Sie mit mir über Ihren ›Traum‹ sprechen möchten, Frau Weber, bin ich für Sie da.«

EPILOG

Jo betrachtete sich kritisch im Badezimmerspiegel. Ihre Nase stand – als Folge des Unfalls – leicht schief. Positiv ließ sich dagegen vermerken, dass sie während der Zeit im Krankenhaus stark abgenommen und in der Reha-Klinik nur in Maßen zugenommen hatte. Ihr ehemaliges Wunschgewicht unterbot sie nun um zwei Kilo. Vor einigen Tagen war das Wetter nach einem verregneten Frühjahr endlich sommerlich warm geworden. Sie hatte viel Zeit im Freien verbracht, und die Sonne hatte ihre Haut gebräunt, was einen – wie Jo fand – hübschen Kontrast zu ihrem neuen, geblümten Sommerkleid bildete. Sorgfältig schminkte sie ihre Lider und ihre Lippen in einem passenden Farbton.

Während der Therapie bei Doktor Meyerhoff hatte sie ihre Komafantasien aufgearbeitet. Diese hatten, so der Psychiater, ihren Ursprung in jener missglückten Geiselbefreiung. Bischof Leonard, so hatte Doktor Meyerhoff diagnostiziert, stand für das nicht bewältigte Trauma, das sie damals erlitten hatte. Es hatte sie am Leben gehindert. Was dadurch symbolisiert wurde, dass die Traumfigur Leonard sie habe töten wollen. Ihr Unterbewusstsein habe ihr den Weg zur Heilung gewiesen, indem sie sich während der Messe dem Bischof gestellt habe. Äbtissin Agneta symbolisierte dagegen zwei wichtige Menschen aus Jos Leben. Ihre Chefin Brunhild Birnbaum und ihre Großmutter. Beides starke, dominante Frauen, deren Ansprüchen Jo oft glaube, nicht genügen zu können.

Je mehr es Jo gelungen war, sich von ihrem Trauma und von der Fantasie-Welt ihres Komas zu lösen, desto besser hatte sie wieder in ihr altes Leben zurückgefunden. Sobald sie Besuch empfangen durfte, war Friedhelm fast täglich bei ihr im Krankenhaus gewesen, und auch in der achtzig Kilometer entfernten Reha-Klinik suchte er sie häufig auf. Anfangs war er Jo sehr fremd gewesen. Wie so vieles, seit sie zu sich gekommen war.

Doch Doktor Meyerhoff hatte sie beruhigt. »Nach einem so traumatischen Erlebnis, wie es ein schwerer Unfall darstellt, und nach den Wochen im künstlichen Koma ist es völlig normal, dass Ihnen Ihr bisheriges Leben fremd sein wird«, hatte er ihr versichert. »Geben Sie sich und den Menschen, die Ihnen nahestehen, Zeit.«

Tatsächlich hatte sich Jo im Laufe der Wochen immer mehr auf Friedhelms Besuche gefreut. Doktor Meyerhoff hatte dies mit einem ermutigenden Lächeln zur Kenntnis genommen. Geschlafen hatten sie noch nicht wieder miteinander. Aber früher oder später würden sie es gewiss tun. Was Jos Mutter und Großmutter betraf, gestaltete sich ihr Verhältnis auch nach der ersten Fremdheitsphase schwierig. *Aber das ist,* dachte Jo, *ja eigentlich auch die Normalität.*

Die Türglocke läutete. Ein Blick auf ihre Armbanduhr zeigte Jo, dass Friedhelm wie immer pünktlich auf die Minute war. Nach einem letzten, raschen Blick in den Spiegel griff sie nach ihrem Sommermantel und ihrer Handtasche und eilte aus der Wohnung.

Friedhelm wartete im Garten vor der Haustür. Er trug eine lässige Designer-Jeans und ein weißes T-Shirt, das seine Bräune gut zur Geltung brachte. Sonst stand Jo nicht so sehr auf zurückgegelte Haare. Aber Friedhelm, musste sie zugeben, wirkte damit ausgesprochen attraktiv. Zur Begrüßung küssten sie sich auf die Wangen. Jo hakte sich bei ihm unter, während sie zu seinem Porsche-Cabriolet gingen, das mit zurückgeklapptem Verdeck unter den alten Kastanien am Straßenrand stand.

»Ich möchte dich gerne einladen, um deine Genesung und deine Rückkehr morgen in den Dienst zu feiern«, sagte Friedhelm und lächelte sie an. *Er war wirklich ein sehr gutaussehender Mann ...* »Es ist dein Abend. Also wähl du bitte das Restaurant aus.« Der Geruch seines Aftershaves, Sandelholz mit einer leichten Citrus-Obernote, stieg Jo in die Nase und erfüllte sie mit einem angenehmen Prickeln.

Jo dachte kurz nach. »Was hältst du davon, wenn wir im Restaurant des Klosters Waldungen essen?«, meinte sie dann.

»Ausgerechnet dort?« Er musterte sie besorgt. »Weckt das nicht schlimme Erinnerungen?«

»Bitte, lass uns dorthin fahren.« Jo war sich plötzlich ganz sicher. »Seit dem Unfall war ich nicht mehr in dem Kloster. Ich möchte gerne mit all dem abschließen, um mein Leben endlich neu beginnen zu können.«

»Natürlich, das kann ich schon verstehen ...«, lenkte er ein, ehe er ihr die Beifahrertür öffnete.

Jo ließ sich in den weichen Ledersitz sinken. Auch er duftete – so schien es ihr – dezent nach Aftershave. Friedhelm schob eine CD in den Player. Klassische Klänge ertönten, während sie durch die Straßen fuhren. Es war derselbe Weg, den Jo und Lutz Jäger damals an jenem Dezembertag genommen hatten. Durch die Stadt. Dann in Serpentinen die Weinberge hinauf. Nur dass die Rebstöcke jetzt nicht kahl und von Schnee überhaucht waren, sondern Blätter und kleine Trauben trugen. Weit unten schimmerte der Fluss im Dunst der Ebene.

Erst als sie in den Wald einbogen und das steile Straßenstück hinunterfuhren, wo sich der Unfall ereignet hatte, spürte Jo nun doch ein flaues Gefühl in der Magengrube.

»Ist alles in Ordnung mit dir?« Friedhelm warf ihr einen Blick von der Seite zu und griff mit seiner Rechten nach ihrer Hand.

»Ja, ja ...«, erwiderte Jo rasch.

»Ich werde es niemals vergessen, wie ich durch das Handy deine Schreie und dann den Aufprall hörte«, seufzte er. »Und dann die entsetzliche halbe Stunde, bis ich von der Polizei erfuhr, was geschehen war ...«

Das hat er mir bei fast jedem unserer Treffen gesagt, durchfuhr es Jo. Sie drückte seine Hand etwas fester, als es nötig gewesen wäre.

»Tritt dieser Jäger eigentlich morgen auch seinen Dienst an?« Friedhelm konzentrierte sich wieder auf die Straße.

»Ähm, ich glaube schon ... Aber Brunhild Birnbaum sagte mir, dass er wahrscheinlich in einem anderen Dezernat arbeiten wird.«

»Nach allem, was ich über ihn weiß, wird das kein großer Verlust für die Mordkommission Ebersheim sein.«

»Nein, ich meine: Ich bin froh, nicht mehr mit ihm zusammenarbeiten zu müssen ...« Nur ein einziges Mal hatte Jo seit dem Ende der Therapie Traum und Wirklichkeit durcheinandergebracht. Als sie mit Lutz Jäger telefonierte, um ihn zu fragen, wie es ihm ginge, und seine Stimme hörte. Sie hatte einige Momente benötigt, um zu begreifen, dass dies nicht der Lutz war, der ihr in ihrem Traum so vertraut geworden war, sondern im Grunde genommen ein Mensch, den sie kaum kannte und eigentlich nicht besonders mochte.

Plötzlich war sie völlig befangen gewesen. Lutz Jäger hatte auf ihre Fragen nur einsilbig reagiert. Wahrscheinlich trug er ihr den Streit vor dem Unfall noch nach. *Bekifft hatte sie mit ihm einen möglichen Tatort untersucht* ... Ein Symbol für eine nicht ausgelebte Facette ihrer Persönlichkeit, laut Doktor Meyerhoff. Nun, wahrscheinlich käme sie noch nicht einmal im Traum auf die Idee, so etwas Abwegiges zusammen mit Friedhelm zu tun. Jo entspannte sich wieder.

Friedhelm bog nun in die Abzweigung zum Kloster ein. Am Ende des Tals mit seinen Wiesen und Weiden tauchte der barocke Zwiebelturm der Kirche auf. Obwohl es noch recht früh am Abend war, standen auf dem Parkplatz bereits einige Autos. Wahrscheinlich gehörten sie Restaurantbesuchern, vermutete Jo.

»Der Kräutergarten soll sehr hübsch sein. Sollen wir noch einen Spaziergang dahin machen, bevor wir essen gehen?«, fragte Friedhelm, während er den Wagen parkte.

Im Kräutergarten hatte sie damals vor dem Unfall jene mittelalterlich gekleideten Menschen gesehen. »Also ehrlich gesagt, habe ich ziemlich großen Hunger«, erklärte Jo rasch.

»Ganz wie du möchtest.« Friedhelm lächelte verständnisvoll.

Am Rand der Restaurant-Terrasse fanden sie einen sonnigen Tisch zwischen mit Oleander und Buchsbaum bepflanzten Kübeln. Schnell hatten sie ihre Speisen gewählt. Friedhelm winkte die junge Kellnerin herbei, und nachdem er ihr das Gewünschte genannt hatte, orderte er noch eine Flasche Champagner vor dem Essen.

»Findest du nicht, dass das ein bisschen übertrieben ist?«, fragte Jo überrascht.

»Nun, wenn deine Genesung kein Grund für Champagner ist ...« Wieder griff Friedhelm nach ihrer Hand und streichelte sie.

Ach, er hat ja recht, das Leben ist so kurz ... Der Gedanke durchfuhr Jo, dass sie etwas Ähnliches auch einmal in ihrem Traum gedacht hatte, doch sie war nicht gewillt, sich noch länger mit ihren Komafantasien zu befassen. Stattdessen schloss sie ihre Finger um die Friedhelms. Ein Kribbeln rann ihre Wirbelsäule hinunter.

Die Kellnerin erschien mit einem Tablett, auf dem ein Kühler sowie zwei Champagnerschalen standen. Nachdem Friedhelm selbst eingeschenkt hatte, prostete er Jo zu. »Auf deine Genesung. Und darauf, dass wir uns wieder nahegekommen sind.«

»Ja, auf uns.« Jo erwiderte sein Lächeln und trank einen tiefen Schluck.

»Jo, da ist noch etwas, weshalb ich den Champagner bestellt habe ...« Während Jo einen weiteren großen Schluck nahm und sich das Kribbeln in ihrem Körper verstärkte, stellte Friedhelm ein kleines, in blauen Samt eingeschlagenes Schächtelchen auf den Tisch. »Jo, in den Wochen, als du im Koma lagst, wurde mir klar, dass ich dich liebe und ich mir ein Leben ohne dich nicht mehr vorstellen kann.« Er blickte ihr in die Augen. »Jo, ich möchte dich bitten, meine Frau zu werden.«

Das Kästchen schnappte auf und präsentierte einen Silberring. Drei kunstvoll gefasste Diamanten funkelten in allen Regenbogenfarben.

»Oh ...« Jo schnappte nach Luft und blinzelte.

»Jo ...« Friedhelm blickte sie erwartungsvoll an.

»Oh, ich fühle mich geehrt. Wirklich ... Aber ...« Jo sprang auf. »Es tut mir leid. Ich muss ganz dringend zur Toilette ... Ich bin gleich wieder da.« Sie sprang auf und hastete blindlings davon.

Was war nur mit ihr los? Da bekam sie zum ersten Mal in ihrem Leben einen formvollendeten Heiratsantrag und ihr fiel nichts anderes ein, als die Flucht zu ergreifen?

Jo bemerkte, dass sie außen am Restaurant vorbeigerannt war und mitten auf dem Klosterhof stand. Nicht weit entfernt

340

von ihr befand sich die Kirche. Einer der Türflügel stand offen. Während ihres Traums hatte sie sich nie in der Kirche aufgehalten. Dort würde sie also nicht von halluzinatorischen Erinnerungen heimgesucht werden. Um sich wieder etwas zu sammeln, trat sie durch das Portal. Im Inneren empfing sie angenehm kühle Luft.

Langsam schritt Jo durch eines der Seitenschiffe. Nur, um plötzlich wie angewurzelt stehen zu bleiben. Ein herzförmiges Gesicht, von langen lockigen Haaren umrahmt, so wie sie es gelegentlich in einem glänzend polierten Bronzespiegel gesehen hatte, blickte ihr entgegen. *Das Gesicht Josephas …* Jo schluckte nervös. Dann erst bemerkte sie, dass das Gesicht nicht lebendig, sondern aus Stein gehauen war und zu einer etwa anderthalb Meter großen Statue gehörte. Ihre Einbildung und das Licht der Kerzen, die auf Haltern davor brannten, hatten sie genarrt.

Neben der Statue war eine kleine Tafel an der Wand befestigt. Verwirrt nahm Jo Bruchstücke des Textes wahr. »Marienstatue. Frühe Blüte der hochmittelalterlichen Bildhauerkunst. Mögliches Porträt einer reichen Ebersheimerin. Eventuell einem Bildhauer namens Meister Mattis zuzuordnen. Galt seit den letzten Kriegsmonaten als verschollen. Vor zwei Jahren im Magazin eines amerikanischen Museums aufgetaucht. Sorgfältig restauriert. An Ostern 2013 im Rahmen eines feierlichen Gottesdienstes wieder in die Kirche zurückgebracht.«

»Ja, das bist du. Ich meine, das ist Josepha Weber aus dem Mittelalter«, hörte Jo eine vertraute Stimme sagen. Sie wirbelte herum. Tatsächlich – Lutz Jäger stand vor ihr. Auch er hatte während der langen Genesungszeit abgenommen und sich so ein wenig von seinem piratenhaften Aussehen bewahrt. Der an sich positive Effekt wurde jedoch von seinem Hawaiihemd in schreienden Farben und den Cowboy-Stiefeln, die er selbst an einem warmen Sommerabend zu seinen Jeans trug, wieder zunichtegemacht. Außerdem – verbesserte sich Jo in Gedanken – *hat der piratenhafte Lutz Jäger ohnehin nur in meiner Fantasie existiert.*

»Was machen Sie denn hier?«, fuhr sie ihn unfreundlicher an, als sie beabsichtigt hatte.

»Na ja, anscheinend das Gleiche wie du.« Er zuckte mit den Schultern. »Vor meinem Dienstantritt mit dem Unfall und unserem Ausflug ins Mittelalter abschließen.«

Jo starrte ihn an. Seine Miene wirkte völlig ernst. »Es gab niemals einen Ausflug ins Mittelalter«, erklärte sie schließlich fest. »Das waren alles nur Komafantasien. Also ich meine, *ich* hatte diese Komafantasien ...«

»Ach, dich hat also auch so ein Psycho-Fritze bearbeitet.« Lutz grinste und vollführte eine wegwerfende Handbewegung.

»Seit wann sind wir eigentlich per Du?«, brachte Jo mühsam heraus.

Eine ältere Dame mit onduliertem grauem Haar, deren Schärpe sie als Aufsicht auswies, eilte auf sie zu. »Entschuldigen Sie, aber Sie befinden sich in einem Gotteshaus«, zischte sie. »Würden Sie bitte Ihre Stimmen senken oder sich woanders weiter unterhalten?«

»Ja, wir sollten besser nach draußen gehen.« Lutz nickte Jo zu. Widerstrebend folgte sie ihm durch eine Seitentür aus der Kirche und in den Kräutergarten, wo sie sich in einigem Abstand zu ihm auf einer Bank niederließ. Der Brunnen am Schnittpunkt der vier kiesbestreuten Wege gluckerte vor sich hin. Jo registrierte erleichtert, dass der Stein verwittert war.

»Mein Psychiater hieß Stefan Bender«, nahm Lutz das Gespräch wieder auf. »So ein glatter Mittdreißiger. Sehr empathisch und verständnisvoll. Hat ständig gelächelt ...« Er verzog angewidert das Gesicht.

Auch Clemens Meyerhoff hatte ständig gelächelt. Zumindest war es Jo so vorgekommen.

»Na ja, ich wollte nicht in der Klapse landen, sondern in den Polizeidienst zurückkehren«, sprach Lutz weiter, »deshalb habe ich sein Spiel mitgespielt und ihm zugestimmt, ich hätte nur einen ›symbolträchtigen, komatösen Traum‹ gehabt, in dem ich meine ›kindlich regressive Seite‹ ausgelebt hätte.« Er schüttelte den Kopf. »Fußball war für den Kerl ›kindlich-regressiv‹. Wahrscheinlich wollte ihn als Kind niemand in der Mannschaft haben, was er verdrängt und nicht verarbeitet hat.«

»Nein, alles war nur ein Traum.« Jos Stimme überschlug sich. »Leonard hat für mich ein tiefsitzendes Trauma verkörpert und ...« Sie brach ab. Warum erzählte sie das diesem Mann, der ihr eigentlich völlig fremd war? Und warum hatte auch er ausgerechnet vom Mittelalter geträumt?

Als hätte er ihre Gedanken erraten, beugte sich Lutz vor und blickte sie eindringlich an. »Ach ja? Und weshalb kam dann dieser Leonard in meinem Traum ebenfalls vor? Und was ist mit Äbtissin Agneta? Und Meister Mattis? Und Anselm? Von diesem Wichser Jörg Schreiber gar nicht zu reden, der mich fast umgebracht hätte, wenn du mich nicht im Altarraum der Gertrudiskirche zu Fall gebracht hättest? Durch einen geschleuderten Dolch in Ausübung seiner dienstlichen Pflichten getötet ... Wäre immerhin mal eine originellere Todesart gewesen als eine simple Schussverletzung ...«

Ja, woher kannte Lutz all diese Personen und wusste zudem, wie die Josepha ihres Traumes ausgesehen hatte? Und warum konnte sie wieder das Entsetzen spüren, das sie durchströmt hatte, als Jörg Schreiber den Dolch auf ihren Kollegen geschleudert hatte? Jo atmete tief durch. »Mein Psychiater hat das so erklärt, dass mein Traum im Mittelalter angesiedelt war, da das Kloster der letzte prägende Eindruck war, bevor wir den Unfall hatten.« Ihr eben noch so energischer Tonfall wurde zögerlich. Selbst in ihren eigenen Ohren klangen diese Worte plötzlich nicht mehr sehr glaubhaft.

Lutz lachte verächtlich. »Das ist ja eine sehr wissenschaftliche Erklärung ...« Unvermittelt wurde er wieder ernst und sagte sanft: »Jo, du hast doch eben auch die Marienstatue gesehen ...«

»Ich muss irgendwann einmal ein Vorkriegsfoto der Statue zu Gesicht bekommen haben ...«, begann Jo reflexhaft.

»Aber ich garantiert nicht. Kunstgeschichte gehört nun mal nicht zu meinen Hobbys«, unterbrach Lutz sie ungeduldig. »He, Jo, ich habe dich mit Hilfe von Feuerwerkskörpern aus dem Gefängnis geholt. Wir haben zusammen gekifft und sind in einem nach meinen Plänen konstruierten Ballon vom Kloster Waldungen nach Ebersheim geflogen ...«

»Das Ballonsymbol hat Ihr Unterbewusstsein gewählt, da Sie sich langsam dem Wachzustand und damit auch der Gegenwart annäherten«, hatte ihr Clemens Meyerhoff erläutert. *Ja, er hatte wirklich ständig gelächelt ...*

Ein Wind frischte auf und brachte die Büsche zum Wispern. Plötzlich glaubte Jo, Äbtissin Agneta ganz deutlich sagen zu hören: »Folgt Eurem Herzen.« *In ihrem Herzen hatte sie es immer gewusst ...*

Ein Lächeln breitete sich auf ihrem Gesicht aus, während sie näher an Lutz heranrückte. »Die Ballonhülle sah aus, als hätte ein Irrer versucht, Patchwork zu nähen. Den Stadtsoldaten war völlig übel, und wir haben fast eine Bruchlandung hingelegt.«

»Trotzdem musst du zugeben – es war ein super Flug.« Lutz grinste sie wieder an. *Ich habe seine Fröhlichkeit vermisst ... Ich habe ihn vermisst ...*, begriff Jo.

Lutz rieb sich über das Kinn. Er wirkte plötzlich fast ein

344

bisschen verlegen. »Ich würde gerne in deiner Abteilung bleiben und weiter mit dir zusammenarbeiten. Aber bevor ich mit Brunhild Birnbaum spreche, wollte ich wissen, ob dir das recht ist.«

»Ja, es ist mir recht. Ich ... Ich freue mich darüber«, sprudelte Jo hervor. Sie fühlte sich ganz leicht und beschwingt.

»Oh, schön ...« Täuschte sie sich, oder errötete Lutz tatsächlich ein bisschen? Erinnerte er sich noch daran, wie sie sich während der Ballonlandung geküsst hatten? Oder wollte er sich vielleicht gar nicht mehr daran erinnern? Oder hatte sie sich diesen Kuss ohnehin nur eingebildet?

Sie sahen sich an. Lutz fuhr sich durch die Haare und räusperte sich. »Jo ...«

»Jo ...«, ertönte wie ein Echo Friedhelm Seidels Stimme hinter der Buchsbaumhecke. Hastig rutschte Jo von Lutz weg. Gleich darauf betrat Friedhelm Seidel den Garten. Er blickte sich suchend um und eilte, nachdem er sie bemerkt hatte, auf sie zu. »Jo, ist etwas passiert? Ich habe dich überall gesucht«, sagte er vorwurfsvoll, während er Lutz mit einem konsternierten Blick bedachte.

»Ich habe nur meinen Kollegen in der Kirche getroffen.«

»Herr Jäger, ich hoffe, es geht Ihnen wieder gut?« Friedhelm Seidels Stimme hatte einen unverkennbar frostigen Ton angenommen.

»Ja, danke der Nachfrage, alles bestens«, erklärte Lutz lässig. Sein Gesicht verschloss sich. Er erhob sich und winkte Jo zu. »Bis morgen dann, man sieht sich ...«

»Was soll das denn heißen? Ich dachte, der Mann arbeitet in einer anderen Abteilung ...« Aufgebracht starrte Friedhelm Seidel Lutz hinterher. Im Abendsonnenschein wirkte das knallbunte Muster auf dessen Hawaiihemd wie Feuerwerksfunken.

»Friedhelm, es tut mir leid, aber ich kann dich nicht heiraten«, hörte Jo sich sagen. Eine Windböe fegte erneut über den Garten, wirbelte Erde von den Beeten und einen feinen Regen von der Brunnenschale auf. Für den Bruchteil einer Sekunde, so kam es Jo vor, erschien hinter dem Schleier aus Tropfen das Gesicht der Äbtissin. Sie zwinkerte Jo zu.

SCHLUSSBEMERKUNG

Die Stadt Ebersheim ist fiktiv. Ebenso der Zwist zweier Grafen um das Jahr 1370 in der Gegend von Worms, bei dem Anselms Heimat verwüstet wurde. Das Kloster Waldungen ist vom Kloster Eberbach bei Wiesbaden inspiriert, und als ich die Gegend beschrieb, hatte ich den Rheingau vor Augen.

DANKE AN …

… meinen Partner Hartmut Löschcke, der den Roman mit vielen Gesprächen und konstruktiver Kritik begleitet hat und ohne den Lutz Jäger sicher viel weniger fußballbegeistert gewesen wäre.

… meine Freundin und Kollegin Mila Lippke, die den Roman schon kennenlernte, als er noch ein Ideen-Keim war, für ihre Anregungen und ihre Inspiration durch all die Jahre.

… meine Freundinnen und Kolleginnen Brigitte Glaser und Ulrike Rudolph, die mit Mila Lippke und mir den Blog »Die Seitenspinnerinnen« betreiben, für den Austausch und unsere wunderbaren gemeinsamen Essen.

Beate Maly
DAS SÜNDENBUCH
Historischer Roman

»Dieses Buch ist Sünde – wer es besitzt, ist dem Tode geweiht!«

ISBN 978-3-548-28464-4

Eine junge Frau auf einer gefährlichen Reise von Prag nach Lissabon. An ihrer Seite: der Arzt Conrad. Ihr Gegner: geheime Mächte innerhalb der Kirche. Jana und Conrad sind die Hüter eines besonderen Schatzes; eines Manuskriptes mit brisantem Inhalt. Für die Kirche ist es das Sündenbuch. Noch fehlt ihnen der Schlüssel, um das Geheimnis des Buches zu enträtseln. Und sie sind nicht die Einzigen, die ihn suchen. Eine gefährliche Jagd durch das Europa des 17. Jahrhunderts beginnt.

www.ullstein-buchverlage.de

James Kimmel
WAS DANACH GESCHAH
Roman

Ein ungewöhnlicher Roman über die großen Fragen des Lebens

ISBN 978-3-548-28483-5

Als die Anwältin Brek Cuttler an einem verlassenen Bahnhof aufwacht, weiß sie nicht, was passiert ist. Ihre kleine Tochter ist weg, und weit und breit sieht sie keinen Menschen. Brek ist tot. Im Jenseits muss sie nun andere Verstorbene vor dem Jüngsten Gericht verteidigen. Ihre Mandanten haben alle große Schuld auf sich geladen. Und dennoch hat ihr Handeln auch Gutes hervorgebracht. Brek lernt ihre größte Lektion, und sie muss erkennen, dass Gott den schmalen Grat zwischen Gut und Böse immer im Blick hat.

www.ullstein-buchverlage.de

ullstein

Corina Bomann
DER MONDSCHEIN-GARTEN
Roman

SPIEGEL-Bestseller-Autorin

ISBN 978-3-548-28526-9

Antiquitätenhändlerin Lilly bekommt eine ungewöhnliche alte Geige angeboten: Auf ihrer Unterseite ist eine Rose ins Holz gebrannt. Lilly ist fasziniert und will das Rätsel der Rose unbedingt entschlüsseln. Sie sucht Hilfe bei dem charmanten Musikexperten Gabriel. Gemeinsam finden sie heraus, dass die Geige vor über hundert Jahren einer berühmten Violinistin gehörte, die damals plötzlich verschwand. Lilly begibt sich auf deren Spuren, die sie nach Italien und schließlich nach Sumatra führen. Dort findet sie des Rätsels Lösung – das auch ihr eigenes Leben in seinen Grundfesten erschüttert …

Auch als ebook erhältlich
e-book

www.ullstein-buchverlage.de